Das Grundgesetz

Das Grundgesetz

Verständlich erklärt

Von Alexander Thiele

Mit einem Geleitwort von Jagoda Marinić

Reclam

Stand: November 2025

2., durchgesehene und aktualisierte Auflage

RECLAMS UNIVERSAL-BIBLIOTHEK Nr. 14752
2023, 2025 Philipp Reclam jun. Verlag GmbH,
Siemensstraße 32, 71254 Ditzingen
info@reclam.de
Umschlagabbildung: istock.com/Kubkoo
Gestaltung: Cornelia Feyll, Friedrich Forssman
Druck und Bindung: Druckerei C.H.Beck,
Bergerstraße 3–5, 86720 Nördlingen
Printed in Germany 2025
RECLAM, UNIVERSAL-BIBLIOTHEK und
RECLAMS UNIVERSAL-BIBLIOTHEK sind eingetragene Marken
der Philipp Reclam jun. GmbH & Co. KG, Stuttgart
ISBN 978-3-15-014752-8
reclam.de

FSC www.fsc.org
MIX
Papier | Fördert gute Waldnutzung
FSC® C019821

Inhalt

Geleitwort

Von Jagoda Marinić

Achtung, das hier ist eine Liebeserklärung an die deutsche Verfassung. Ich werde versuchen, den Boden des Sachlichen dennoch nicht zu verlassen. Ich weiß, ich müsste an dieser Stelle korrekterweise Grundgesetz schreiben, doch das Grundgesetz erfüllt nun einmal in unserem Staat die Funktion der Verfassung. »Demokratie made in Bonn«, wie der Slogan einer Kampagne heißt, die 2023/24 das 75-jährige Jubiläum des deutschen Grundgesetzes feiert. So etwas mag manchen vorkommen wie ein pflichtschuldiger Staatsakt, eine verstaubte Feierlichkeit, aber wer sich mit der Geschichte dieses Landes auskennt, wer über die Geburtsstunde des Grundgesetzes liest, welches nach der Niederlage der Nazis entstand, für den wird dieses Grundgesetz und seine Geschichte zu einer emotional aufgeladenen Erfolgsgeschichte. Es bewegt einen nicht nur die Tragik der Vergangenheit, weil in Deutschland vorhergehende Verfassungen dergestalt gescheitert sind, dass Hitlers Unrechtsstaat und die Gräuel der Nazis möglich wurden, es berührt auch, wie es den Gründervätern und Gründermüttern mit dem Grundgesetz gelungen ist, ein Werk zu schaffen, das inzwischen über sieben Jahrzehnte Demokratie möglich gemacht hat, die deutsche Einheit mitermöglicht und überstanden hat, auch wenn es sicher besser gewesen wäre, man hätte diesen Moment der Einheit genutzt, um das Grundgesetz, das nur der deutschen Teilung wegen überhaupt als Provisorium behandelt wurde, als gesamtdeutsche Verfassung demokratisch anzunehmen, aber das ist eine andere Debatte.

Sicher gilt, dass dieses deutsche Grundgesetz von herausragender Qualität ist und für zahlreiche Länder zum Vorbild wurde. Sie regelt das demokratische Miteinander, sichert Bürgerinnen und Bürgern Grundrechte und geht doch auf gesellschaftliche Entwicklungen ein. Ich schreibe das Geleitwort für diese Ausgabe heute als Deutsche, meine Eltern waren noch Einwanderer ohne jegliche Bürgerrechte, die auf die Gunst des Gastgeberlandes angewiesen waren. Die Stimmung, in der die Ausländer von damals lebten, lässt sich in wenigen Worten zusammenfassen: Heute ist man Geduldeter, morgen vielleicht schon Heimgesandter. Die Bundesrepublik Deutschland war, nachdem sie in den 1950er und 60er Jahren Gastarbeiter gerufen hatte, selbst Jahrzehnte später nicht bereit, ihren Arbeitern Bürgerrechte zu gewähren; selbst was das kommunale Wahlrecht betraf, blieb man in Deutschland restriktiv, Debatten um rechtliche Grundlagen für die politische Partizipation von Migranten in Deutschland verliefen selten zugunsten der Einwanderer. Noch 1990 kam das Bundesverfassungsgericht zum Urteil, Ausländer dürften kein kommunales Wahlrecht haben. Gleichzeitig schreibe ich heute dieses Geleitwort als Deutsche, weil es inzwischen zu einem Einbürgerungsgesetz kam, das dem Blutrecht ein Ende setzte, die Idee eines Deutschseins löste sich vom Blutrecht ab, öffnete sich, und es entstand eine Gesetzgebung, die der Lebensrealität der in Deutschland geborenen Kinder von Einwanderern gerecht wurde. In dem Moment, in dem ich die Einbürgerungsurkunde in den Händen hielt und Bürgerin dieses Landes wurde, endete das Warten und damit das Gefühl von Rechtlosigkeit, in der viele Einwanderer in Deutschland gelebt hatten. Wer in Deutschland geboren wurde, war Deutscher, auch doppelte Staatsbürgerschaften wurden für manche möglich, das Einbezogenwerden führte dazu, sich der Rechte und Pflichten bewusst zu werden: Man ist Teil einer demokratischen Grundordnung und hat damit die Freiheit, Verantwortung zu übernehmen und die Demokratie, in der man lebt, mitzugestalten. Nicht zufällig träumen Rechtsextreme oft davon, diese Rechte rückabzuwickeln, nach dem Motto: Was wir euch gaben, können wir euch nehmen! Doch die Verfassung, ihre Freiheitsrechte sowie ihre Fähigkeit, die Gleichheitsrechte in die Gegenwart eines Einwanderungslandes zu übersetzen, hat für viele Menschen in diesem Land ihr Leben von Grund auf verändert. Sie leben hier im Bewusstsein, Deutsche zu sein und nicht Gäste. Noch immer leben zu viele Menschen ohne deutschen Pass und somit Wahlrecht hier, doch gleichzeitig steht eines der progressivsten Einbürgerungsrechte in Aussicht, das es in Zukunft noch mehr Menschen in diesem Land einfacher machen wird, deutscher Staatsbürger zu sein und die Vorzüge dieses Grundgesetzes zu genießen, was auch bedeutet: eine demokratische Staatsbürgerin zu sein, die sich in die politischen Prozesse ihres Landes einmischt und sich für sie interessiert. Ein Schritt, nicht mehr Politik für Eingewanderte zu machen, sondern mit ihnen.

Diese Entwicklung ist nur ein Beispiel von vielen, weshalb ich mich als Verfassungspatriotin verstehe. Es war das Grundgesetz, das mich zu Beginn meines Studiums von vielen zähen Identitätsfragen befreite, die in Deutschland öffentlich diskutiert wurden. Ich war nicht mehr von der Akzeptanz und Gunst einiger abhängig, es gab Rechte, die auch für mich gelten, und mein Hiersein hing nicht mehr davon ab, ob Einzelpersonen das wünschen oder nicht. Ich bin aufgewachsen mit aufgeheizten Debatten über Integration, mit den tödlichen Anschlägen auf Asylbewerberheime, die nicht zu mehr Schutz für Asylbewerber führten, sondern zur Verschärfung des Asylrechts, was mich manchmal am Rechtsstaat verzweifeln ließ. Die Debatten darüber, ob Deutschland eine Leitkultur braucht, kehrten so sicher wieder wie das immergleiche Lied einer Drehorgel auf dem Jahrmarkt. Das lebendige Orchester, das eine Demokratie sein kann, kam so nicht zum Klingen. Viele Politiker und Intellektuelle entgegneten auf diese einfallslosen Leitkultur-Vorschläge immer wieder mit Recht, es gäbe in diesem Land bereits eine Leitkultur, das deutsche Grundgesetz. Das Grundgesetz eigne sich nicht für Emotionen, bekamen sie daraufhin zu hören, es bestünde aus trockenen Gesetzestexten, an so etwas könne sich niemand emotional binden.

Das stimmt jedoch nur für jene, denen das Privileg einer demokratischen Verfassung nicht bewusst ist, deren Lebensgestaltung nie bewusst von diesem »trockenen Gesetzestext« und dessen Auslegung abhing, die nie zittern mussten, ob am nächsten Morgen beim Schalter der Ausländerbehörde der Stempel gesetzt wird. Wer vor seinem Besuch bei einer Behörde Paragrafen studieren muss, um zu sehen, ob der weitere Aufenthalt im Land genehmigt wird, für den ist das Grundgesetz kein trockener Text, sondern ein zentraler Anker, auf den er sich beziehen kann und der einen vor möglicher Willkür schützt. Wer eingebürgert wurde und somit endlich alle Bürgerrechte in diesem Land genießt, einschließlich des Wahlrechts, wird das Grundgesetz nicht als trockenen Text lesen, sondern als Voraussetzung für ein Gefühl von Sicherheit, als rechtliche Grundlage für Planbarkeit des eigenen Lebens, man nennt es auch Selbstbestimmung. Die weitere Ausgestaltung seines Lebens hängt nicht mehr von Stempeln ab, man lebt im Genuss von Freiheitsrechten, und im besten Fall verteidigt man dieselben auch, wenn sie angegriffen werden. Es ist gerade die Trockenheit, die Sachlichkeit, die Ausdifferenziertheit der Texte, die einem in aufgewühlten Zeiten Hoffnung geben, dass die Menschheit doch imstande ist, etwas Zivilisiertes zustande zu bringen, das dem Einzelnen dient, jenseits von aufgeheizten Debatten und Befindlichkeiten.

Das Grundgesetz zu lesen, sich über Bürgerrechte zu informieren, die Spielregeln der staatlichen Institutionen kennenzulernen ist eben nicht nur Algebra. Am Ende der Gleichung stehen die Spielregeln, die den Alltag der Einzelnen, aber auch der Gesellschaft bestimmen. Wir leben in Zeiten, in denen in einem Land wie den USA, die lange als Mutterland der Freiheit gelten wollten, Freiheitsrechte rückabgewickelt werden, beispielsweise in Belangen der körperlichen Selbstbestimmung von Frauen. »Plötzlich« wollen einige US-Staaten weibliche Körper wieder kontrollieren, eine Menstruations-App auf dem Handy könnte für junge Mädchen zur Falle werden, weil Abtreibungen verboten und eine Schwangerschaft durch eine solche App an die Behörden übermittelt werden könnte. Keines unserer Grundrechte darf uns als demokratischen Bürgerinnen und Bürgern selbstverständlich sein, in dem Sinn, dass wir sie nicht für eine Errungenschaft halten. Vielmehr sind wir aufgefordert, die Kräfte im Blick zu behalten, die gegen Freiheitsrechte sind und lieber ihre Macht absichern wollen, oft zum Leidwesen von Minderheiten oder Frauen. Eine Demokratie braucht kontinuierlich den kritischen, fortschrittlichen Blick ihrer Bürgerinnen und Bürger: Wie ist dieses Gesetz auf die heutige Realität anwendbar? Sie braucht jedoch ebenso den schützenden Blick: Grundrechte sind Grundrechte, weil sie nicht einfach ausgehebelt werden dürfen, ganz gleich wie groß die Krisen sind. Wenn Grundrechte angetastet werden: in wessen Interesse liegt der Einschnitt in diese? Wann und bis wohin sollte man das zeitweise tolerieren, und wie kontrolliert man diese Zwischenphase und sichert den rechtzeitigen Ausstieg aus ihr? Gerade die heftigen Auseinandersetzungen bis zum Ende der Corona-Pandemie zeigten, wie schwierig es werden kann, Grundrechte gegeneinander auszubalancieren. Gelingt es jedoch nicht, droht ein Staat das Vertrauen seiner Bürgerinnen und Bürger in seine Regulationsfähigkeit zu verlieren, eine Krise, die Deutschland bisher erspart geblieben ist, auch wenn sich an verschiedenen Punkten und Debatten bereits andeutet, wie schnell das Vertrauen verspielt werden kann. Selbst wenn wir in Deutschland oft annehmen, Entwicklungen wie zuletzt in den USA unter Trump seien hier nicht möglich, sollten wir daran denken, dass unsere Gründerväter und Gründermütter uns die »wehrhafte Demokratie« mitgegeben haben, gerade weil es zum demokratischen Denken gehört, die Möglichkeit mitzudenken, dass Demokratien mit demokratischen Mitteln abgeschafft werden können. Ich erinnere mich an einen Vortrag von Noam Chomsky, der zur Präsidentschaft von Donald Trump meinte, die USA müssten Trump nicht fürchten, weil die Institutionen dort sicher seien; inzwischen beschreiben viele eine Krise der Institutionen in den USA, zumindest was das Vertrauen der Bevölkerung betrifft.

Das Grundgesetz bindet eine Demokratin und einen Demokraten emotional, weil man hier seine Wirkmacht spüren kann. Ein Beispiel dafür ist das Klimaschutzgesetz, das sich Artikel 20a verdankt. Der Artikel 20a liest sich so:

> »Der Staat schützt auch in Verantwortung für die künftigen Generationen die natürlichen Lebensgrundlagen und die Tiere im Rahmen der verfassungsmäßigen Ordnung durch die Gesetzgebung und nach Maßgabe von Gesetz und Recht durch die vollziehende Gewalt und die Rechtsprechung.«

Dieser sachliche Artikel bildet die Grundlage für das Klimaschutzgesetz, das junge Klimaschützer im Bündnis mit anderen erstritten haben, weil sie eben nicht die Rollen von Klimaklebern einnahmen, über deren Methoden man hysterisch stritt, sondern weil sie als Demokratinnen und Demokraten nach rechtlichen Wegen suchten, die Regierungen in die Pflicht zu nehmen. Mit dem Urteil erinnerten sie die Machthaber an die Zukunft und die langfristigen Folgen ihres politischen Handelns: Es ist ihre Pflicht, die Grundlagen für menschliches Leben auf diesem Planeten zu sichern. Artikel 20a mag ein sachlicher Text sein, doch die Geschichte, wie junge Menschen eine Regierung auf demokratischem Weg an ihre Pflichten erinnern, sie rechtlich unter Druck setzen, hat etwas von der Emotionalität der Geschichte von David gegen Goliath. Wer denkt, das Grundgesetz sei nur ein trockener Text, hat noch nicht darüber nachgedacht, wie sich auf seiner Basis politisches Handeln umsetzen lässt.

Die türkisch-amerikanische Philosophin Seyla Benhabib sagte in einem Interview über die Lage der Demokratie in Deutschland: »Demokratie heißt, dass wir ständig versuchen müssen, die Kluft zwischen denen, die regieren und denen, in deren Namen regiert wird, zu überbrücken.« Das Lesen des Grundgesetzes, das Wissen darüber, was die rechtlichen Grundlagen unseres demokratischen Miteinanders sind, ist ein Weg, diese Kluft zu schmälern. Wissen als Weg zur Aufklärung. Ich nahm Alexander Thiele, den Autor der Erläuterungen in diesem Buch, zum ersten Mal wahr, als mir etwa zu Beginn der Pandemie jemand auf Twitter seine Vorlesungen empfahl, die er auch als Podcast anbot. Ich hörte sie mir gespannt an, weil ich seine Tweets in dieser Zeit schätzte und wie er über die sozialen Medien versuchte, Wissen zu vermitteln, Themen zu versachlichen. So bot er auch seinen Studierenden an, Gelassenheit durch Wissen zu erlangen. Er führte sie in die Welt der Verfassungsgeschichte ein, ich mochte die Art, wie er Geschichte und Wissen vermittelte sehr, dachte nur, der Herr Professor redet zu schnell, all das Wissen – und niemand kommt richtig mit. Prompt schrieb ich ihm auf Twitter und fragte freundlich, aber direkt, weshalb er sein Wissen denn im Zeitraffer präsentierte, warum bitte ließ er den Leuten so wenig Zeit, die Gedanken zu verinnerlichen? Er blieb höflich und bedankte sich für meinen Hörerinneneindruck, gelobte Besserung. Wenig später bemerkte ich: Mein Gerät lief in 1,5-facher Geschwindigkeit. Ich hatte vor der Pandemie kaum Podcasts gehört und als blutige Anfängerin eben nicht bemerkt, dass man Geschwindigkeiten einstellen kann. Ich hörte daraufhin die ersten seiner Vorlesungen nochmal in Echtzeit, genoss sie erst recht und entschuldigte mich bei ihm, obwohl er sich damals über meine vorlaute Beschwerde nicht im Mindesten verletzt gezeigt hatte. Inzwischen verhandle ich selbst im Podcast FREIHEIT DELUXE Fragen der Freiheit und staune regelmäßig über die große Resonanz, auch darüber, wie viele Menschen das Thema Freiheit beschäftigt. Ich freue mich sehr, dass Alexander Thiele in diesem Buch nun Freiheits- und Gleichheitsrechte in aller Ruhe vermittelt, dass er uns Bürgerinnen und Bürger mit diesem Buch dazu einlädt, das Grundgesetz besser kennenzulernen – in der Geschwindigkeit, mit der wir wollen und mit so viel Zeit, wie jeder Einzelne braucht, um die Besonderheiten der deutschen Verfassung kennenzulernen und zu verstehen. Das Buch ist eine intellektuelle Einladung, mehr über die Grundlagen der Beziehung zwischen Bürger und Staat herauszufinden, und ich versichere Ihnen, es kommt beim Lesen und in der Auseinandersetzung mit dem Text der Moment, in dem ihnen deutlich wird, wie tief das Grundgesetz ihren Alltag prägt und weiterhin prägen wird und weshalb eine stabile Demokratie jeden Einzelnen von uns als bewusste Bürgerin und Bürger braucht.

Vorbemerkung und Hinweise zur Benutzung

»Die Würde des Menschen ist unantastbar.« Die meisten kennen diesen ersten Satz des ersten Artikels des Grundgesetzes. Das gilt allerdings nicht für zahlreiche weitere Bestimmungen, obwohl diese das politische und gesellschaftliche Leben in der Bundesrepublik seit 1949 prägen und in vielen Debatten eine bedeutende Rolle spielen. Auch Studierende sind überrascht, welche Fülle an Regelungen dort zu finden ist, wenn sie sich das erste Mal ausführlicher mit der Verfassung beschäftigen. Dieser Befund dürfte damit zusammenhängen, dass die grundgesetzlichen Regelungen aus sich heraus nicht immer leicht zu verstehen sind, weil sie juristische Vorkenntnisse voraussetzen, auf historischen Besonderheiten beruhen oder schlicht ungewöhnlich formuliert sind. Der vorliegende Band will helfen, diese »Lektürehürde« zu überwinden, indem er den Text in einer erläuterten Form präsentiert, ohne allerdings jede Bestimmung umfassend und allzu formalistisch zu erklären. Im Zentrum stehen also die einzelnen Artikel des Grundgesetzes und nicht die Erläuterungen – der Band ist eine Textausgabe. Es handelt sich aber um eine Einladung zur lesenden Entdeckung unserer Verfassung, zum Stöbern und Nachdenken über das Grundgesetz und die Rolle, die es im eigenen Leben spielt oder spielen könnte: das Grundgesetz als Entdeckungsreise.

Nach einer historischen Einführung werden dazu die einzelnen Abschnitte einschließlich der Präambel erläutert. Diese Erläuterungen sollen den Zugang zum Grundgesetz erleichtern, seine Systematik verdeutlichen, Unklarheiten beseitigen, Missverständnisse verhindern, aber auch Besonderheiten des deutschen Verfassungsrechts beleuchten. Wo möglich, verweist ein Pfeil (▸) in den Erläuterungen auf den behandelten Artikel des Grundgesetzes, der unmittelbar nachgeschlagen und selbständig erschlossen werden kann. Diese Verweise erfolgen in verkürzter Form:

▸ 8 Die erste Zahl verweist stets auf den *Artikel* des Grundgesetzes. Folgen keine weiteren Angaben, wird immer auf den gesamten Artikel, hier also Artikel 8, die Versammlungsfreiheit, mit allen Absätzen verwiesen.

▸ 3 II 2 Hier steht die 3 für den *Artikel* des Grundgesetzes, die II für den *Absatz* in diesem Artikel und die nachfolgende 2 für den *Satz* innerhalb dieses Absatzes. Im Beispiel wird demnach auf Artikel 3 Absatz 2 Satz 2 des Grundgesetzes verwiesen: »Der Staat fördert die tatsächliche Durchsetzung der Gleichberechtigung von Frauen und Männern und wirkt auf die Beseitigung bestehender Nachteile hin.«

▸ 25 2 In diesem Fall hat der *Artikel* des Grundgesetzes keine Absätze, aber mehrere *Sätze*. Verwiesen wird folglich auf Artikel 25 Satz 2 des Grundgesetzes: »Sie gehen den Gesetzen vor und erzeugen Rechte und Pflichten unmittelbar für die Bewohner des Bundesgebietes.«

Es wird bewusst darauf verzichtet, jeden einzelnen Artikel zu kommentieren oder in den Erläuterungen zu erwähnen.

Angestrebt wird keine umfassende Darstellung des deutschen Verfassungsrechts im Stile eines juristischen Kommentars oder Lehrbuchs, sondern die Anregung zum Nachlesen und Erkunden der einzelnen Abschnitte und zum Nachdenken über das Grundgesetz. Als moderne demokratische Verfassung richtet es sich seit seinem Inkrafttreten (▸ 145 II) nicht nur an spezialisierte Verfassungsjuristinnen und -juristen, sondern an alle Bürgerinnen und Bürger (▸ 116). Wer zu einzelnen Artikeln oder Abschnitten mehr wissen möchte, findet am Ende des Bandes Literaturhinweise, die eine Vertiefung ermöglichen.

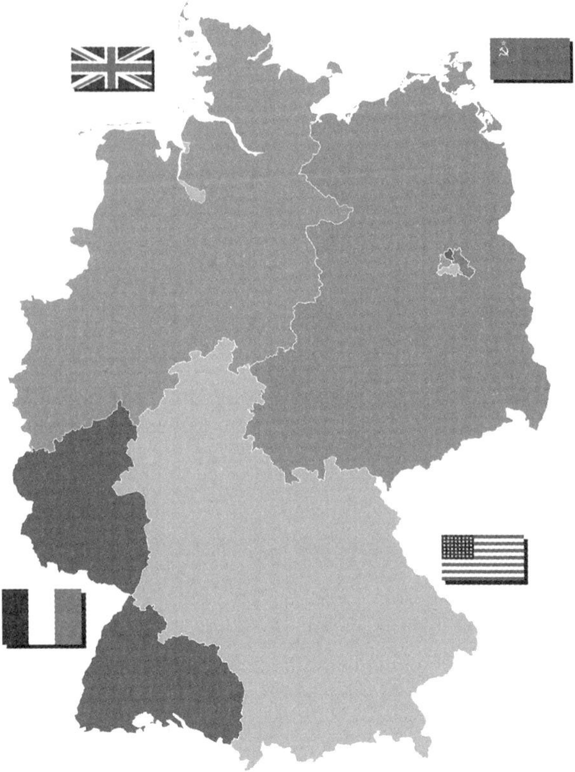

Abb. 1: Die vier Besatzungszonen in Deutschland ab 1945.

Entstehung und Wandel des Grundgesetzes

Als das Grundgesetz mit Ablauf des 23. Mai 1949 (▸ 145 II) in Kraft trat, konnte niemand mit dem außerordentlichen und langanhaltenden Erfolg der zweiten demokratischen Verfassung auf deutschem Boden rechnen. Zwar sind Verfassungsgebungen stets politische Neuanfänge und damit Wagnisse mit offenem Ausgang. In diesem Fall aber schien es ein besonderes Wagnis mit besonders offenem Ausgang zu sein: Die totale militärische, politische, vor allem aber moralische Niederlage im Zweiten Weltkrieg und die beispiellosen Gräueltaten des barbarischen Naziregimes lagen gerade einmal etwas mehr als vier Jahre zurück. Wie es mit diesem weithin vom Krieg gezeichneten und gesellschaftlich, ökonomisch wie politisch am Boden liegenden »Noch-Staat« weitergehen würde, war daher auch den alliierten und deutschen Akteuren lange nicht klar. Am 5. Juli 1945 hatten die Siegermächte – UdSSR, USA, Großbritannien und Frankreich – zwar die Berliner Erklärung abgegeben, mit der sie die oberste Regierungsgewalt in Deutschland übernahmen. Annektieren oder dauerhaft besetzen wollten sie das ehemalige Deutsche Reich indes nicht.

Vorerst wurde das bisherige Reichsgebiet (ohne die Gebiete östlich der Oder, die polnischer und sowjetischer Verwaltung unterstellt wurden) in Besatzungszonen aufgeteilt. Berlin als bisherige und spätere Hauptstadt (▸ 22 I 1) unterstand, in vier Sektoren gegliedert, der gemeinsamen Besatzungshoheit der Siegermächte. Anfangs ging es vornehmlich darum, das tägliche Leben in den Besatzungszonen zu organisieren. Für Gesamtdeutschland erfolgte das im Alliierten Kontrollrat, der als oberstes Gesetzgebungs-

und Exekutivorgan erstmals am 30. Juli 1945 in Berlin zusammentrat. Er entschied einstimmig, was angesichts des aufkommenden Ost-West-Konflikts von Beginn an Probleme bereitete. Die sich langsam entwickelnden Vorstellungen über die gesellschaftliche und politische Zukunft in den Besatzungszonen ließen sich schon bald nicht mehr auf einen gemeinsamen Nenner bringen – die sowjetische Ostzone stand den drei Westzonen zunehmend feindselig gegenüber. Auch innerhalb Berlins nahmen die Spannungen zu.

Den westlichen Alliierten ging es schon kurz nach Übernahme der Regierungsgewalt darum, die politischen Strukturen in ihren Besatzungszonen nach demokratischen Grundsätzen wiederzubeleben. Schnell wurden Parteien und erste Medien zugelassen, die kommunale Selbstverwaltung gefördert und die Länder als grundlegende politische Einheiten neu gegründet, die eigene Verfassungen erließen – bereits Ende des Jahres 1946 in der amerikanischen, später auch in der französischen und der britischen Besatzungszone. Diese »westlichen« Länderverfassungen etablierten sämtlich parlamentarische Regierungssysteme. Viele ihrer Elemente fanden sich in ähnlicher Form im späteren Grundgesetz wieder (eine Ausnahme stellten die in allen Landesverfassungen enthaltenen Regelungen zur direkten Demokratie dar). Ihre vornehmlich in deutsche Hände gelegte Ausarbeitung leistete damit eine wichtige Grundlage für die alsbald folgende Ausgestaltung des Grundgesetzes.

Dass es zur Gründung dieser zweiten deutschen Demokratie kommen würde, war jedoch weiterhin nicht ausgemacht. Anfangs ging man wie selbstverständlich von einer gesamtdeutschen Lösung aus, ohne zu wissen, wie diese angesichts der sich auseinanderentwickelnden Besatzungszonen in West und Ost würde aussehen können. Es war schließlich die sich ab dem Jahr 1947 nochmals zuspitzende Lage im Ost-West-Konflikt, der beginnende »Kalte Krieg«, die zu den Plänen für die Errichtung eines eigenständigen westdeutschen Staates führte. Ökonomisch hatte sich die amerikanische Besatzungszone schon im Januar 1947 mit der britischen zur »Bizone« vereinigt, durch die gemeinsame Zentralbehörden für die beiden Zonen errichtet und der bis zum Jahr 1948 stetig mehr Zuständigkeiten übertragen wurden. Im Juli 1947 erhielt der Wirtschaftsrat für wesentliche Bereiche der Bizone auch die Gesetzgebungskompetenz. Nachdem sich mit dem Deutschen Obergericht auch eine judikative Gewalt etabliert hatte und die Bizone (mittlerweile in »Vereinigtes Wirtschaftsgebiet« umbenannt) 1948 schließlich um die französische Besatzungszone zur »Trizone« ausgeweitet wurde, entwickelte sie sich zu einer Art Vorläufer der späteren westdeutschen Bundesrepublik.

An eine konstruktive politische Zusammenarbeit der drei westlichen Siegermächte mit der Sowjetunion war angesichts dieser Entwicklungen nicht mehr zu denken, von einer gemeinsam beschlossenen, einheitlichen Lösung für Gesamtdeutschland ganz zu schweigen. Im Juni 1948 verließ die Sowjetunion offiziell den Alliierten Kontrollrat, die letzte gemeinsame Entscheidung dieses Gremiums – die Auflösung Preußens – lag da bereits knapp eineinhalb Jahre zurück. Als neu etablierte und gefestigte Weltmacht sahen die USA das Problem nun immer weniger in einer deutschen als in einer aufkommenden sowjetischen Bedrohung. Sie drängten darauf, die westdeutschen Zonen als Sicherheitspuffer gegen sowjetische Expansionsbestrebungen zu nutzen. Das ging nur mit einem starken und westlich integrierten »Westdeutschland«, auf dessen Gründung man sich auf der Londoner Sechs-Mächte-Konferenz schließlich 1948 einigte – nachdem die USA zunächst die Briten und sodann die Franzosen überzeugen konnten. Die Sowjetunion brachte, wenig überraschend, von Anfang an ihren Unmut über diese Konferenz zum Ausdruck, an der sie (natürlich) nicht teilnahm. Wenige Tage nach ihrem formalen Ende folgte die mit technischen Problemen begründete Berlin-Blockade, die die westliche Seite jedoch nicht zum Einlenken brachte. Stattdessen antwortete sie mit der legendären Luftbrücke.

Der Auftrag zur Gründung eines westdeutschen Staates

Den formalen Auftrag zur Verfassungsgebung erhielten die Westdeutschen am 1. Juli 1948, als ihnen die drei Frankfurter Dokumente förmlich übergeben wurden. Im ersten Dokument hieß es:

> »Die Verfassungsgebende Versammlung wird eine demokratische Verfassung ausarbeiten, die für die beteiligten Länder eine Regierungsform des föderalistischen Typs schafft, die am besten geeignet ist, die gegenwärtig zerrissene deutsche Einheit schließlich wieder herzustellen, und die Rechte der beteiligten Länder schützt, eine angemessene Zentralinstanz schafft und Garantien der individuellen Rechte und Freiheiten enthält.«

Im zweiten Dokument wurde eine Änderung der Länderstruktur angedacht (zu der es nicht kommen sollte). Das dritte Dokument enthielt Vorgaben für ein künftiges Besatzungsstatut – volle Souveränität erhielt der neue deutsche Staat erst mit dem Zwei-plus-Vier-Vertrag, der im September 1990 unmittelbar vor der deutschen Wiedervereinigung unterzeichnet wurde.

Die Ministerpräsidenten der Länder waren über den Auftrag, einen westdeutschen Staat zu gründen, anfangs nicht glücklich. Sie hatten Sorge, damit die deutsche Teilung zu zementieren. Ein Weststaat würde gewiss zu einem Oststaat führen (sie behielten recht). Wie aber sollte es dann noch zu einer Wiedervereinigung kommen? Sie forderten daher symbolische Abschwächungen, um eine spätere Versöhnung nicht zu sehr zu erschweren: Die zu erlassende Verfassung sollte lediglich den Titel »Grundgesetz« tragen – eine Bezeichnung, die weniger endgültig wirkte, zugleich aber an deutsche Rechtstraditionen aus der Zeit des 1806 aufgelösten Heiligen Römischen Reiches Deutscher Nation anknüpfen konnte. Mit diesem Titel sollte es zudem weder von einer vom Volk gewählten verfassungsgebenden Versammlung erarbeitet noch durch eine Volksabstimmung ratifiziert werden, vielmehr durch Ländervertreter verfasst und durch Zustimmung (nur) der Landtage in Kraft treten. Darauf konnten sich die westlichen Alliierten nach anfänglichem Widerstand letztlich einlassen (vgl. ▸ 144).

Mit dem Ziel, eine solche vorläufige Verfassung für die westlichen Besatzungszonen zu erarbeiten, tagte die Versammlung der Ländervertreter, der Parlamentarische Rat, vom 1. September 1948 bis zum 23. Mai 1949 in Bonn. Von der zunächst anvisierten Vorläufigkeit war am Ende indes nicht viel zu erkennen. Das lag auch daran, dass der Herrenchiemseer Konvent – ein mit elf Verfassungsexperten besetztes Sachverständigengremium – im Auftrag der Ministerpräsidenten im August 1948 bereits einen umfassenden Verfassungsentwurf erarbeitet hatte, der dem Parlamentarischen Rat als Arbeitsgrundlage diente. Als vorläufig wird man das spätere Grundgesetz daher allein im Hinblick auf den vorgesehenen territorialen Anwendungsbereich ansehen können, der auf die westlichen Besatzungszonen begrenzt war. Im Übrigen handelte es sich um eine vollwertige Verfassung.

Der Parlamentarische Rat setzte sich aus 65 stimmberechtigten Mitgliedern zusammen, hinzu kamen fünf Beobachter aus Berlin sowie sieben Ersatzleute. SPD und CDU/CSU bildeten mit je 27 Mitgliedern die stärksten Fraktionen. Vorsitzender des Rates wurde Konrad Adenauer aus der CDU. Carlo Schmid (SPD) begnügte sich mit dem Vorsitz des Hauptausschusses, auch weil er glaubte, dass der Posten des Gesamtvorsitzenden eher eine repräsentative Funktion haben würde. Er sollte sich täuschen. Unter den 65 stimmberechtigten Mitgliedern waren vier Frauen: Helene Weber, Helene Wessel, Friederike Nadig und Elisabeth Selbert. Auf Elisabeth Selbert geht die Aufnahme des ▸ 3 II 1 in das Grundgesetz zurück: »Männer und Frauen

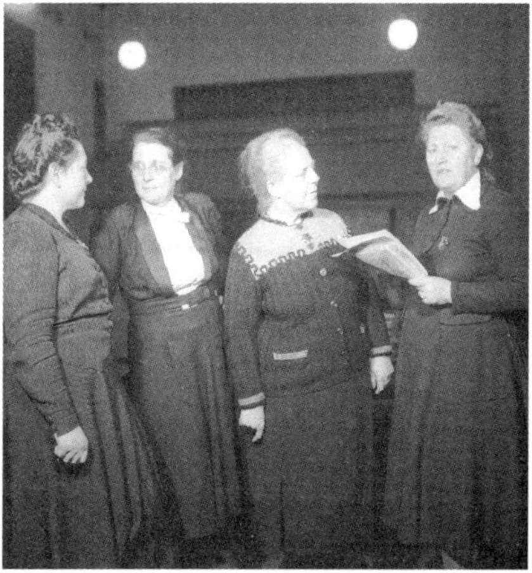

Abb. 2: Die vier weiblichen Abgeordneten des Parlamentarischen Rates (v. l. n. r.): Friederike Nadig (SPD), Helene Wessel (Zentrum), Helene Weber (CDU) und Elisabeth Selbert (SPD), 1948/49. – Foto: Bestand Erna Wagner-Hehmke, Stiftung Haus der Geschichte

sind gleichberechtigt« – ein großer politischer Erfolg, nachdem ihr noch wenige Jahre zuvor von ihrem ehemaligen Anwaltskollegen Roland Freisler, dem späteren Präsidenten des NS-Volksgerichtshofs, angedroht worden war, sie liquidieren zu lassen.

Der Parlamentarische Rat richtete neben dem Hauptausschuss acht Ausschüsse ein, die effektiv zusammenarbeiteten und zügig Ergebnisse präsentierten, wenngleich es immer wieder Krisensitzungen in kleinerer Runde bedurfte, um Uneinigkeiten zu überwinden. Die westlichen Alliierten wurden zu jeder Zeit beteiligt, ließen für die Beratungen aber auch aufgrund des strategischen Geschicks Konrad Adenauers erheblichen Spielraum. Ihnen ging es vor allem um die Wahrung der in den Frankfurter Dokumenten genannten Bedingungen, weniger um die Details, wenngleich es über die speziell eingerichteten Verbindungsbüros vielfältige informelle Gespräche und Kontakte gab. Von einem alliierten Diktat kann beim späteren Grundgesetz aber keine Rede sein.

Das Grundgesetz wurde schließlich am 8. Mai 1949 und damit exakt vier Jahre nach Unterzeichnung der Kapitulation im Plenum des Parlamentarischen Rates angenommen – man hatte diesen Termin bewusst gewählt. Die westlichen Alliierten genehmigten es mit kleineren Vorbehalten bereits vier Tage später, es folgte die Ratifikation durch die deutschen Landesparlamente nach ▸ 144. Von den elf westlichen Ländern stimmte nur Bayern gegen das Grundgesetz, da es den Abgeordneten nicht föderal genug erschien. Der bayerische Landtag stellte allerdings zugleich klar, dass das Grundgesetz in Bayern Anwendung finden sollte. Am 23. Mai 1949 wurde das Grundgesetz ausgefertigt und verkündet, es trat nach ▸ 145 II »mit Ablauf des Tages« in Kraft und wurde nach ▸ 145 III im Bundesgesetzblatt veröffentlicht. Die erste Bundestagswahl fand am 14. August 1949 statt, am 7. September kam der neu gewählte erste Bundestag (▸ 38 ff.) in der vom Parlamentarischen Rat bestimmten (provisorischen) Bundeshauptstadt Bonn zusammen. Am 20. September 1949 trat die erste Bundesregierung (▸ 62) unter Bundeskanzler Konrad Adenauer ihr Amt an.

Das Grundgesetz als gesellschaftlicher und politischer Rahmen

Mit ihrem formellen Inkrafttreten und der Errichtung einer neuen politischen Ordnung hat eine Verfassung eine wichtige Hürde genommen. Die eigentliche Bewährungsprobe folgt allerdings im Anschluss: Nun muss sie beweisen, dass es ihr gelingt, den politischen Prozess und das gesellschaftliche Leben nach ihren Vorstellungen zu gestalten und einzuhegen und damit diejenige Stabilität zu erzeugen, die bei ihrem Erlass erhofft wurde. Dazu beitragen kann eine Verfassung aus sich heraus wenig. Entscheidend ist, dass der politische Betrieb, die politischen Entscheidungsträgerinnen und -träger, aber auch die Bevölkerung bereit sind, sich ihren Regelungen zu unterwerfen und die neue Verfassung mit all ihren Zumutungen und Einschränkungen als legitime demokratische Herrschaftsordnung anzuerkennen. Es braucht eine demokratische Verfassungskultur, und zwar nicht zuletzt bei den politischen, kulturellen und ökonomischen Eliten – eine Voraussetzung, die der Weimarer Verfassung nie vergönnt war und aktuell auch in den USA nicht gesichert erscheint.

Beim Grundgesetz war das anders. Nachdem Konrad Adenauer sein Amt angetreten hatte, lief das Zusammenspiel zwischen Regierung, Parlament und Opposition von Anfang an mehr oder weniger reibungslos, jedenfalls ohne größere oder bedrohliche Zwischenfälle. Gestritten wurde im Parlament, nicht auf der Straße, eine gewaltsame Anfangsphase kannte das Grundgesetz im Gegensatz zur Weimarer Verfassung nicht. Die erste Politikergeneration nutzte diese Zeit, um die offengehaltenen grundgesetzlichen Normen in praktische Politik zu übersetzen, und zwar – glücklicherweise – in einer Form, die zur Stabilität der Bundesrepublik als demokratischer Ordnung beitrug. Nicht zuletzt Stellung und Funktion des Bundeskanzlers wurden durch den ersten Amtsinhaber maßgeblich geprägt. Konrad Adenauer setzte aufgrund seiner langen Amtszeit institutionelle Pfadabhängigkeiten vor allem im Hinblick auf das nicht eindeutig geregelte Verhältnis zum Staatsoberhaupt, dem Bundespräsidenten. Dass die Bundesrepublik alsbald als Kanzlerdemokratie bezeichnet wurde (und teilweise noch heute bezeichnet wird), geht auf Adenauer zurück, der diesem Amt seinen Stempel aufdrückte und den ersten Bundespräsidenten Theodor Heuß in eine repräsentative Rolle drängte, die heute wie selbstverständlich mit diesem Amt verbunden wird. Die Bestimmungen des Grundgesetzes, nicht zuletzt ▸ 59 I, wären mit einer aktiveren Rolle des Bundespräsidenten (etwa im Bereich der Außenpolitik) ohne weiteres vereinbar gewesen – eine Interpretation, der Adenauer aber von Anfang an entgegentrat. Er setzte auch durch, dass der Bundespräsident nicht an den Kabinettssitzungen der Bundesregierung teilnehmen durfte, um zu verhindern, dass dieser die faktische Führung der Regierungsgeschäfte an sich zog. Auch das wäre verfassungsrechtlich möglich gewesen, hätte den Charakter der Bundesrepublik aber signifikant verändert und eine besondere Form eines semi-präsidentiellen Regierungssystems hervorgebracht – mit unklarem Ausgang. Die durch Adenauer herbeigeführte schwächere Stellung des Bundespräsidenten fügte sich demgegenüber ideal in ein parlamentarisches Regierungssystem ein. Dass es kam, wie es kam, erweist sich damit rückblickend als Glücksfall für die Entwicklung der Bundesrepublik.

Dass diese ersten machtpolitischen Justierungen ohne größere Spannungen abliefen, war auch dem ersten Bundespräsidenten zu verdanken, der sich mit seinen repräsentativen Aufgaben zufriedengab, in der Bevölkerung großes Ansehen genoss und damit zur gesellschaftlich-politischen Integration beitragen konnte – zu seinem 70. Geburtstag zogen sich die öffentlichen Feierlichkeiten über ganze drei Tage. Wie wäre es ausgegangen, wenn Theodor Heuß den gleichen politischen Ehrgeiz wie Konrad Adenauer an den Tag gelegt hätte? Hätte das Grundgesetz solche Machtspiele in seinen ersten Jahren schadlos überstanden? Als Adenauer nach zehn Jahren als Bundeskanzler damit liebäugelte, das Amt des Bundespräsidenten zu übernehmen, hatte sich diese Aufgabenteilung bereits so gefestigt, dass selbst ihr Mitgestalter sie nicht mehr zurückdrehen konnte: Er hatte vorgeschlagen als Bundespräsident fortzufahren, knüpfte das aber an die Bedingung, als solcher nun doch an den Kabinettssitzungen teilnehmen zu dürfen. Unter Verweis auf die etablierte Staatspraxis wurde ihm das verwehrt. Adenauer amtierte stattdessen noch weitere vier Jahre als Bundeskanzler und gab das Amt dann eher widerwillig an seinen glücklosen Nachfolger Ludwig Erhard ab. Spätestens mit dem friedlichen Regierungswechsel zur SPD unter Willy Brandt 1969 hatte sich das politische System endgültig stabilisiert, getragen von einer gefestigten demokratisch-politischen Kultur der Eliten und einer Gesellschaft, die sich nicht zuletzt aufgrund des Wirtschaftswunders der 1950er Jahre mit dem Grundgesetz schnell versöhnt hatte.

Zur Stabilisierung der zweiten Demokratie trug parallel das Bundesverfassungsgericht in Karlsruhe bei (▸ 93 f.). Es füllte die unbestimmten Normen des Grundgesetzes mit demokratischem Leben, festigte die Stellung des Bundestags und der Opposition und wies die Bundesregierung in ihre Schranken, die diese gerichtlichen Ermahnungen und Niederlagen verärgerten, die sie aber stets (wenn auch zähneknirschend) akzeptierte. Legendär ist der Ausspruch Konrad Adenauers aus dem Jahre 1952: »Dat ham wir uns so nich vorjestellt« – gemünzt auf ein Bundesverfassungsgericht, das aus seiner Sicht allzu großzügig mit den eigenen Kompetenzen umging und die Regierung zu stark beschränkte. Das Bundesverfassungsgericht ließ sich davon nicht beirren und erklärte einige Jahre später unter anderem Adenauers Projekt eines »Deutschland-Fernsehens« für verfassungswidrig. Adenauer witterte im ARD-Programm eine allzu linke Gesinnung und wollte dieser mit einem konservativen Programm entgegentreten. Mit dem Bundesverfassungsgericht war das nicht zu machen. Stattdessen stellte es 1961 klar, dass sich dem Grundgesetz keine Kompetenz des Bundes für den Rundfunk entnehmen ließ, diese daher nach den Grundregeln der ▸ 30 und ▸ 70 bei den Ländern liegt. Allerdings erteilte das Bundesverfassungsgericht auch den Ländern keinen Freibrief zur Gestaltung ihrer Medienordnung, betonte vielmehr die Bedeutung eines staatsfreien Rundfunks zur Sicherung einer offenen Meinungsbildung in einer freiheitlichen Demokratie. Der Rundfunk (▸ 5 I), so hielt es fest, dürfe daher »weder dem Staat noch einer gesellschaftlichen Gruppe ausgeliefert« werden. Diese Entscheidung steht am Anfang einer ganzen Reihe sogenannter Fernseh- und Rundfunkurteile, in denen immer wieder die Bedeutung einer unabhängig organisierten Medienordnung betont wurde – die grundgesetzlichen Vorgaben passte das Bundesverfassungsgericht dabei stets an die sich verändernden technischen Entwicklungen an.

Auch im Übrigen verstand es das Bundesverfassungsgericht – vornehmlich mit seiner Rechtsprechung zu den Grundrechten –, das Grundgesetz als effektive Rahmenordnung für den politischen Raum wirksam werden zu lassen. Es interpretierte die Grundrechte schon 1958 nicht nur als subjektive Abwehrrechte gegen staatliche Übergriffe, sondern zugleich als Ausdruck einer objektiven Werteordnung, die bei der Auslegung und Anwendung der gesamten Rechtsordnung Berücksichtigung finden muss. Die Grundrechte wirken dadurch auch in den Bereich der privaten Beziehungen der Bürgerinnen und Bürger ein; Konflikte müssen von den Gerichten unter Beachtung der grundrechtlichen Wertevorgaben entschieden und ihre Urteile können vom Bundesverfassungsgericht durch Einlegung einer Verfassungsbeschwerde (▸ 94 I Nr. 4a) überprüft werden. Auch in anderen Fällen reagierte das Bundesverfassungsgericht besonnen auf gesellschaftliche Entwicklungen und Herausforderungen: So passte es mit dem Aufkommen der großen Umweltbewegungen ab Ende der 1970er Jahre das Verständnis der Versammlungsfreiheit (▸ 8) den veränderten Realitäten an und reagierte auf neue Möglichkeiten der Datenerhebung mit der Ausarbeitung eines »Rechts auf informationelle Selbstbestimmung« (▸ 2 I in Verbindung mit ▸ 1 I), das aufgrund der Entwicklung digitaler (staatlicher) Ausspähsoftware unlängst um das »Recht auf Vertraulichkeit und Integrität informationstechnischer Systeme« erweitert wurde. 2021 leitete es aus ▸ 20a Vorgaben für einen effektiven Klimaschutz ab. Mittlerweile wird der durch diese Rechtsprechung ermöglichte Zugriff des Bundesverfassungsgerichts auf das gesamte politische und gesellschaftliche Leben bisweilen kritisch gesehen und eine stärkere judikative Zurückhaltung angemahnt. In der Anfangszeit der Bundesrepublik hat das Bundesverfassungsgericht aber unbestritten dazu beigetragen, die Idee der Grundrechte und der Demokratie in der Nachkriegsgesellschaft zu verankern und das politische System zu festigen.

Das Grundgesetz im Wandel der Zeit

In den mehr als sieben Jahrzehnten seines Bestehens ist das Grundgesetz vielfach auch formal geändert worden. Diese Möglichkeit ist in ▸ 79 vorgesehen und im Vergleich zu anderen Verfassungsordnungen an keine hohen verfahrensrechtlichen Hürden geknüpft: Erforderlich sind nach ▸ 79 II lediglich Zweidrittelmehrheiten im Bundestag (▸ 38 ff.) und Bundesrat (▸ 50 ff.). In seiner prinzipiellen grundrechtlichen und staatsorganisationsrechtlichen Struktur ist das Grundgesetz durch die bald 70 Änderungsgesetze auch wegen der Ewigkeitsgarantie des ▸ 79 III zwar nicht angetastet worden. Sein Textumfang hat sich im Vergleich zu seiner Ursprungsversion aber mehr als verdoppelt. Die Sinnhaftigkeit einiger dieser Änderungen wird man mit gutem Grund bezweifeln können, teilweise wurden schlicht politische Kompromisse mit Verfassungsrang nobilitiert, die aus verfassungstheoretischer Perspektive dort wenig zu suchen haben. Nicht selten vermögen sie auch aus handwerklicher und sprachlicher Sicht nicht zu überzeugen. Gemeinsam mit Werner Heun habe ich etwa ▸ 125c als »eklatantes

Beispiel verfehlter verfassungsrechtlicher Normierung tagespolitischer Verhandlungskompromisse und schlechter Normierungstechnik« bezeichnet. Andere abschreckende Beispiele finden sich in ▸ 143d–143g. Aber auch ▸ 13 III–VII und ▸ 115 II lassen von der sprachlichen Eleganz eines ▸ 1 I, ▸ 14 II oder ▸ 31 wenig erkennen.

In anderen Fällen waren die Änderungen des Grundgesetzes Ausdruck eines Reform- und Ergänzungsbedarfs oder gewandelter gesellschaftlicher Verhältnisse, die in der Verfassung gespiegelt werden sollten oder mussten. 1956 legten die Regelungen zur Wehrverfassung – insbesondere ▸ 12a, ▸ 65a, ▸ 87a, ▸ 87b – die verfassungsrechtliche Grundlage für die von Konrad Adenauer angestrebte (militärische) Westintegration der Bundesrepublik, nachdem Deutschland 1955 nach ▸ 24 II der NATO beigetreten war. Der 1965 eingefügte Abschnitt VIIIa (▸ 91a–91e) schaffte die verfassungsrechtlich notwendige Grundlage für die bereits seit den 1950er Jahren stattfindenden (und demokratietheoretisch bisweilen wenig glücklichen) Kooperationen des Bundes und der Länder. 1968 wurde das Grundgesetz um fundamentale Bestimmungen für den Fall eines Notstandes ergänzt (»Notstandsverfassung«), im Abschnitt Xa (▸ 115a ff.) finden sich seither auch Regelungen für den Verteidigungsfall. Mit ▸ 16a II–V wurde 1993 das Recht politisch Verfolgter auf Asyl massiv eingeschränkt; sprachlich ist die neue Norm missglückt – sie liest sich wie eine Verwaltungsvorschrift und besteht nicht mehr aus vier, sondern aus knapp 280 Wörtern, also dem 70fachen (!). Ein Jahr später wurde der auf Elisabeth Selbert zurückgehende ▸ 3 II um einen zweiten Satz ergänzt, worin auch ein neues Bewusstsein für die weiterhin bestehenden Defizite hinsichtlich der verfassungsrechtlich geforderten Gleichstellung von Mann und Frau zum Ausdruck kam. Ebenfalls 1994 wurde der heutige ▸ 20a in das Grundgesetz eingefügt, der 2002 noch um den Tierschutz ergänzt wurde. Obwohl der Schutz des Klimas dort nicht explizit aufgeführt wird, bildete dieser Artikel die maßgebliche Grundlage für den aus dem Jahr 2021 stammenden Klimabeschluss des Bundesverfassungsgerichts. Darin verpflichtete es den Gesetzgeber, die mit der Reduktion des CO_2-Verbrauchs einhergehenden Freiheitsbeschränkungen generationengerecht aufzuteilen. Angesichts der nicht nur klimabedingten erheblichen finanziellen Herausforderungen ist in den letzten Jahren eine weitere Bestimmung des Grundgesetzes in den Fokus geraten, die erst 2009 in Zeiten einer verbreiteten Schuldenphobie in das Grundgesetz eingefügt wurde: Die »Schuldenbremse«, die in ▸ 109 III und ▸ 115 II normiert ist. Nachdem diese Norm auch aufgrund eines beachtlichen Wirtschaftswachstums bis Anfang 2020 keine besondere Rolle spielte – teilweise verzichtete der Bund sogar vollständig auf eine Kreditaufnahme (sog. »schwarze Null«) – wurde zur Bewältigung der Corona-Pandemie und dann ab 2022 aufgrund des völkerrechtswidrigen Angriffskriegs Russlands gegen die Ukraine erstmals auf die sog. Notlagenklausel dieser Regelung (▸ 115 II 7) zurückgegriffen. Zusätzlich wurde in ▸ 87a Ia zur Bewältigung der von Bundeskanzler Olaf Scholz ausgerufenen Zeitenwende und zur Ertüchtigung der Bundeswehr ein erstes schuldenfinanziertes Sondervermögen in Höhe von 100 Milliarden Euro in die Verfassung aufgenommen. Der spätere Versuch der Bundesregierung insgesamt 60 Milliarden der erwähnten Corona-Mittel in den Klima- und Transformationsfonds zu verschieben, wurde im November 2023 vom Bundesverfassungsgericht (▸ 93 f.) untersagt, was zu erheblichen finanziellen Engpässen und letztlich zum Bruch der ersten Ampel-Regierung auf Bundesebene führte. Unmittelbar nach der Bundestagswahl 2025 kam es auch deshalb erstaunlich schnell zu einer ersten Reform der Schuldenbremse, die noch vom »alten Bundestag« beschlossen wurde und durch die erstens Verteidigungsausgaben, die über 1 % des BIP hinausgehen von ihrer Geltung ausgenommen wurden und zweitens den Ländern eine strukturelle Verschuldung in Höhe von insgesamt 0,35 % des BIP gestattet wurde. Darüber hinaus wurde in ▸ 143h ein weiteres Sondervermögen in das Grundgesetz in Höhe von 500 Milliarden Euro aufgenommen, das in den nächsten zwölf Jahren für zusätzliche kreditfinanzierte Investitionen in die Infrastruktur genutzt werden soll. Die Regelungen zur Staatsverschuldung sind dadurch insgesamt überaus komplex geworden, weshalb eine allgemeine Reform der Schuldenbremse weiterhin auf der politischen Agenda steht.

Ende 2024 wurden darüber hinaus die Regelungen zum Bundesverfassungsgericht modifiziert, um auszuschließen, dass dieses allzu leicht durch eine rechtspopulistische Mehrheit für ihre Zwecke instrumentalisiert werden kann. In ▸ 93 I ist seitdem festgeschrieben, dass es sich beim Bundesverfassungsgericht um ein Verfassungsorgan handelt, das nach ▸ 93 II aus zwei Senaten mit je acht Richterinnen und Richtern besteht, dem zudem nach ▸ 93 IV Geschäftsordnungsautonomie zukommt. Die Amtszeit beträgt nach ▸ 93 III einmalig zwölf Jahre. Damit wird der bereits bestehende Zustand gewissermaßen verfassungsrechtlich eingefroren.

Eine Totalrevision des Grundgesetzes, die Anfang der 1970er Jahre angedacht und politisch eingeleitet wurde, blieb bisher aus und stand schon wenige Jahre später nicht mehr zur Debatte. Ab Ende der 1970er Jahre machte stattdessen die auf Dolf Sternberger zurückgehende Idee eines »Verfassungspatriotismus« die Runde. Es war die Zeit, in der das Grundgesetz auch aufgrund der Entwicklung des Ost-West-Konfliktes immer weniger als Provisorium angesehen wurde – der Beitritt der ehemaligen DDR zum Grundgesetz erfolgte schließlich nach Maßgabe der im Anschluss gestrichenen Beitrittsklausel am 3. Oktober 1990.

Veränderte und neuartige Umstände werden das Grundgesetz auch in Zukunft vor Herausforderungen stellen. Auch eher vergessene Regelungen wie ▸ 12a wurden aufgrund des Krieges in der Ukraine plötzlich wieder in Erinnerung gerufen – ob und in welcher Form eine Wehrpflicht wieder eingeführt werden soll, wird gegenwärtig breit diskutiert. Langfristig werden wir uns zudem Gedanken machen müssen, wie es mit dem Grundgesetz als nationaler Verfassung in einer stetig fortschreitenden europäischen Integration weitergehen soll (▸ Präambel und ▸ 23 I). Das Grundgesetz wird sich in den nächsten Jahrzehnten weiter verändern und anpassen. Wer wissen will, wie es den aktuellen Herausforderungen begegnet, sollte es lesen. Es lohnt sich.

Das Grundgesetz

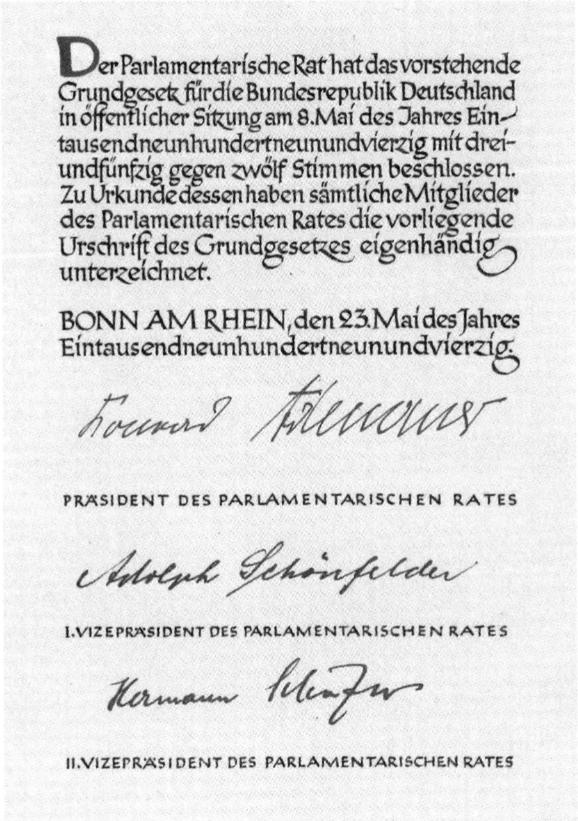
Der Parlamentarische Rat hat das vorstehende Grundgesetz für die Bundesrepublik Deutschland in öffentlicher Sitzung am 8. Mai des Jahres Eintausendneunhundertneunundvierzig mit dreiundfünfzig gegen zwölf Stimmen beschlossen. Zu Urkunde dessen haben sämtliche Mitglieder des Parlamentarischen Rates die vorliegende Urschrift des Grundgesetzes eigenhändig unterzeichnet.

BONN AM RHEIN, den 23. Mai des Jahres Eintausendneunhundertneunundvierzig.

PRÄSIDENT DES PARLAMENTARISCHEN RATES

I. VIZEPRÄSIDENT DES PARLAMENTARISCHEN RATES

II. VIZEPRÄSIDENT DES PARLAMENTARISCHEN RATES

Abb. 3: Seite aus der Urschrift des Grundgesetzes mit der Unterschrift des Präsidenten des Parlamentarischen Rates und des späteren Bundeskanzlers Konrad Adenauer (1949)

Präambel

Im Bewußtsein seiner Verantwortung vor Gott und den Menschen, von dem Willen beseelt, als gleichberechtigtes Glied in einem vereinten Europa dem Frieden der Welt zu dienen, hat sich das Deutsche Volk kraft seiner verfassungsgebenden Gewalt dieses Grundgesetz gegeben.

Die Deutschen in den Ländern Baden-Württemberg, Bayern, Berlin, Brandenburg, Bremen, Hamburg, Hessen, Mecklenburg-Vorpommern, Niedersachsen, Nordrhein-Westfalen, Rheinland-Pfalz, Saarland, Sachsen, Sachsen-Anhalt, Schleswig-Holstein und Thüringen haben in freier Selbstbestimmung die Einheit und Freiheit Deutschlands vollendet. Damit gilt dieses Grundgesetz für das gesamte Deutsche Volk.

Erläuterungen

Der Status der Präambel

Zahlreiche moderne Verfassungen werden durch eine Vorrede oder Präambel eingeleitet, eine Praxis, die bis in die Antike zurückreicht und bei bedeutenden Rechtsakten auch in der römischen Kaiserzeit und im Mittelalter verbreitet war. Die bekannteste Präambel dürfte diejenige der Verfassung der Vereinigten Staaten von Amerika sein, die Europäischen Verträge kennen ebenfalls unterschiedlich lange Präambeln. Auch in der deutschen Verfassungsgeschichte lässt sich eine Tradition solcher Vorreden erkennen. Im Parlamentarischen Rat war deshalb schnell Konsens erzielt, auch das Grundgesetz entsprechend einzuleiten.

Der konkrete Inhalt der Präambel war allerdings umstritten, weil diese – anders als die Eingangs- oder Verkündungsformel – formaler Bestandteil des Grundgesetzes und daher rechtlich verbindlich ist. Sie kann im gewöhnlichen Verfassungsänderungsverfahren (▸ 79) modifiziert und zudem bei der Auslegung anderer grundgesetzlicher Bestimmungen als Interpretationshilfe herangezogen werden. Das Bundesverfassungsgericht (▸ 93 f.) hat das mit der in der Ursprungsversion der Präambel enthaltenen und mit dem Einheitsvertrag von 1990 weggefallenen Passage zur nationalen und staatlichen Einheit bereits getan. Ihre endgültige (erste) Fassung erhielt die Präambel daher erst Anfang Mai 1949, wenige Tage vor Verkündung und Inkrafttreten des Grundgesetzes (▸ 145 I, II). Über diesen rechtlichen Gehalt hinaus kommt der Präambel eine politische und integrative Funktion zu, indem sie das Selbstverständnis des deutschen Volkes zum Ausdruck bringt.

Die (umstrittene) Gottesformel

Die Einleitung der Präambel findet mit dem Verweis auf die Verantwortung vor Gott und den Menschen verfassungsgeschichtlich kein Vorbild. Seine Bedeutung ist nicht ganz klar, er sorgt bei flüchtiger Lektüre zudem für Verwunderung, scheint er doch dem säkularen Staatsverständnis zu widersprechen, das sich in der Gewährleistung der Religionsfreiheit (▸ 4 I, II) und der weltanschaulichen Neutralität des Staates manifestiert. Tatsächlich besteht ein solcher Widerspruch jedoch nicht. Die Gottesformel ist nicht als Anrufung Gottes, als *invocatio Dei* zu interpretieren, das

Grundgesetz ergeht nicht »im Namen Gottes«. Mit Horst Dreier handelt es sich vielmehr um eine Verantwortungs- oder Demutsformel in Form einer *nominatio Dei*: »Nicht um eine transzendente Überhöhung der Verfassung als zumindest mittelbar gottgegebener Text oder ihre legitimierende überpositive Verankerung geht es, sondern um die Betonung der Weltlichkeit und damit der Immanenz, vor allem der Endlichkeit und Fehlbarkeit auch einer demokratischen Verfassungsordnung.« Der Verweis will damit die Begrenztheit menschlicher Erkenntnis in Erinnerung rufen und warnt vor einer Überschätzung der eigenen Fähigkeiten bei der Gestaltung einer weltlichen Verfassungsordnung. Diesem Verständnis nach kann der Präambel keinerlei antipluralistische oder religiöse Tendenz entnommen werden, die der Interpretation der folgenden Bestimmungen des Grundgesetzes daher auch nicht unterlegt werden darf.

Die Verpflichtung auf Europa und auf Frieden

Schon die Präambel verpflichtet die staatlichen Institutionen, auf ein vereintes Europa hinzuwirken. Die gewählte Formulierung ist zwar nicht allzu konkret und bezieht sich – anders als der spätere Europaartikel (▸ 23) – nicht auf die Europäische Union. Sie macht jedoch deutlich, dass das Grundgesetz über das enge Korsett des begrenzten (isolierten) Nationalstaats hinausdenkt, nach außen hin »offen« sein will und auf eine friedliche Kooperation mit seinen europäischen Nachbarn setzt. Wie ein vereintes Europa im Einzelnen auszusehen hat, lässt sich der Präambel nicht entnehmen, sie steht lediglich solchen staatlichen Maßnahmen entgegen, die ein vereintes Europa verhindern und die geschlossene Nationalstaatlichkeit Deutschlands wiederbeleben wollen. Dennoch gibt sie die Richtung vor: Hin zu mehr europäischer Integration. Das Bundesverfassungsgericht will der Ewigkeitsklausel des ▸ 79 III, die die in ▸ 1 und ▸ 20 niedergelegten Grundsätze für unveränderlich erklärt, gleichwohl das Verbot entnehmen, die Bundesrepublik außerhalb einer Verfassungsneugebung nach ▸ 146 in einem europäischen Bundesstaat aufgehen zu lassen. Angesichts des Wortlauts der Präambel sieht sich diese Ansicht berechtigter Kritik aus der Staatsrechtslehre ausgesetzt.

Die ebenfalls in der Präambel niedergelegte Friedensstaatlichkeit wird in späteren Normen des Grundgesetzes aufgenommen und präzisiert (▸ 1 II, 24 ff.). Das Führen eines Angriffskrieges wird durch diese grundgesetzliche Gesamtkonzeption verfassungsrechtlich explizit untersagt (siehe auch ▸ 26). Darüber hinaus dürfte schon der Präambel das Gebot zu entnehmen sein, die friedliche Völkerrechtsordnung aktiv mitzugestalten, ohne dass sich daraus allerdings konkrete Handlungsverpflichtungen für die politischen Akteure ableiten ließen. Weder die Präambel noch das Grundgesetz stehen im Übrigen daher einer Mitgliedschaft in der NATO (vgl. ▸ 24 II) oder einer Beteiligung an (humanitären) Friedensmissionen der Vereinten Nationen entgegen. Auch die Lieferung (schwerer) Waffen an die von der Russischen Föderation völkerrechtswidrig angegriffene Ukraine z. B. verhindert die Präambel nicht, da es der Bundesregierung darum geht, die europäische Friedensordnung zu schützen und auf die zukünftige Wahrung des Völkerrechts hinzuwirken. Dass diese politische Strategie umstritten war und ist, ändert daran aus verfassungsrechtlicher Perspektive nichts.

Die Unterscheidung von verfassungsgebender und verfasster Gewalt

Verfassungstheoretisch nimmt die Präambel schließlich die seit der Französischen Revolution etablierte Unterscheidung zwischen verfassungsgebender und verfasster Gewalt auf. Als souveräne (fiktive) Einheit tritt das deutsche Volk nur im Moment der Verfassungsgebung auf. Mit dem Inkrafttreten des Grundgesetzes (▸ 145 II) unterwirft sich das nunmehr verfasste Volk hingegen dem Vorrang der Verfassung. Es ist nicht mehr souverän, sondern agiert nur noch im Rahmen der von der Verfassung vorgegebenen Zuständigkeiten. Nach ▸ 20 II geht die staatliche Gewalt damit zwar vom verfassten Volk aus. Sie wird von diesem aber ausschließlich in Wahlen (Personalentscheidungen) und Abstimmungen (Sachentscheidungen) wahrgenommen. Andere Kompetenzen kommen dem Volk unter dem Grundgesetz nicht zu. Von Volkssouveränität sollte daher nicht gesprochen werden – im verfassten demokratischen Verfassungsstaat ist kein Organ, auch nicht das Volk, souverän. Etwas anderes gilt erst dann, wenn sich das Volk erneut in seiner verfassungsgebenden Funktion versammelt, um das Grundgesetz abzulösen und eine gänzlich neue Verfassung zu beschließen. Es ist dementsprechend dieses verfassungsgebende Volk, das in ▸ 146 adressiert wird.

Abschnitt I

Die Grundrechte

Artikel 1

(1) Die Würde des Menschen ist unantastbar. Sie zu achten und zu schützen ist Verpflichtung aller staatlichen Gewalt.

(2) Das Deutsche Volk bekennt sich darum zu unverletzlichen und unveräußerlichen Menschenrechten als Grundlage jeder menschlichen Gemeinschaft, des Friedens und der Gerechtigkeit in der Welt.

(3) Die nachfolgenden Grundrechte binden Gesetzgebung, vollziehende Gewalt und Rechtsprechung als unmittelbar geltendes Recht.

Artikel 2

(1) Jeder hat das Recht auf die freie Entfaltung seiner Persönlichkeit, soweit er nicht die Rechte anderer verletzt und nicht gegen die verfassungsmäßige Ordnung oder das Sittengesetz verstößt.

(2) Jeder hat das Recht auf Leben und körperliche Unversehrtheit. Die Freiheit der Person ist unverletzlich. In diese Rechte darf nur auf Grund eines Gesetzes eingegriffen werden.

Artikel 3

(1) Alle Menschen sind vor dem Gesetz gleich.

(2) Männer und Frauen sind gleichberechtigt. Der Staat fördert die tatsächliche Durchsetzung der Gleichberechtigung von Frauen und Männern und wirkt auf die Beseitigung bestehender Nachteile hin.

(3) Niemand darf wegen seines Geschlechtes, seiner Abstammung, seiner Rasse, seiner Sprache, seiner Heimat und Herkunft, seines Glaubens, seiner religiösen oder politischen Anschauungen benachteiligt oder bevorzugt werden. Niemand darf wegen seiner Behinderung benachteiligt werden.

Artikel 4

(1) Die Freiheit des Glaubens, des Gewissens und die Freiheit des religiösen und weltanschaulichen Bekenntnisses sind unverletzlich.

(2) Die ungestörte Religionsausübung wird gewährleistet.

(3) Niemand darf gegen sein Gewissen zum Kriegsdienst mit der Waffe gezwungen werden. Das Nähere regelt ein Bundesgesetz.

Artikel 5

(1) Jeder hat das Recht, seine Meinung in Wort, Schrift und Bild frei zu äußern und zu verbreiten und sich aus allgemein zugänglichen Quellen ungehindert zu unterrichten. Die Pressefreiheit und die Freiheit der Berichterstattung durch Rundfunk und Film werden gewährleistet. Eine Zensur findet nicht statt.

(2) Diese Rechte finden ihre Schranken in den Vorschriften der allgemeinen Gesetze, den gesetzlichen Bestimmungen zum Schutze der Jugend und in dem Recht der persönlichen Ehre.

(3) Kunst und Wissenschaft, Forschung und Lehre sind frei. Die Freiheit der Lehre entbindet nicht von der Treue zur Verfassung.

Artikel 6

(1) Ehe und Familie stehen unter dem besonderen Schutze der staatlichen Ordnung.

(2) Pflege und Erziehung der Kinder sind das natürliche Recht der Eltern und die zuvörderst ihnen obliegende Pflicht. Über ihre Betätigung wacht die staatliche Gemeinschaft.

(3) Gegen den Willen der Erziehungsberechtigten dürfen Kinder nur auf Grund eines Gesetzes von der Familie getrennt werden, wenn die Erziehungsberechtigten versagen oder wenn die Kinder aus anderen Gründen zu verwahrlosen drohen.

(4) Jede Mutter hat Anspruch auf den Schutz und die Fürsorge der Gemeinschaft.

(5) Den unehelichen Kindern sind durch die Gesetzgebung die gleichen Bedingungen für ihre leibliche und seelische Entwicklung und ihre Stellung in der Gesellschaft zu schaffen wie den ehelichen Kindern.

Artikel 7

(1) Das gesamte Schulwesen steht unter der Aufsicht des Staates.

(2) Die Erziehungsberechtigten haben das Recht, über die Teilnahme des Kindes am Religionsunterricht zu bestimmen.

(3) Der Religionsunterricht ist in den öffentlichen Schulen mit Ausnahme der bekenntnisfreien Schulen ordentliches Lehrfach. Unbeschadet des staatlichen Aufsichtsrechtes wird der Religionsunterricht in Übereinstimmung mit den Grundsätzen der Religionsgemeinschaften erteilt. Kein Lehrer darf gegen seinen Willen verpflichtet werden, Religionsunterricht zu erteilen.

(4) Das Recht zur Errichtung von privaten Schulen wird gewährleistet. Private Schulen als Ersatz für öffentliche Schulen

bedürfen der Genehmigung des Staates und unterstehen den Landesgesetzen. Die Genehmigung ist zu erteilen, wenn die privaten Schulen in ihren Lehrzielen und Einrichtungen sowie in der wissenschaftlichen Ausbildung ihrer Lehrkräfte nicht hinter den öffentlichen Schulen zurückstehen und eine Sonderung der Schüler nach den Besitzverhältnissen der Eltern nicht gefördert wird. Die Genehmigung ist zu versagen, wenn die wirtschaftliche und rechtliche Stellung der Lehrkräfte nicht genügend gesichert ist.

(5) Eine private Volksschule ist nur zuzulassen, wenn die Unterrichtsverwaltung ein besonderes pädagogisches Interesse anerkennt oder, auf Antrag von Erziehungsberechtigten, wenn sie als Gemeinschaftsschule, als Bekenntnis- oder Weltanschauungsschule errichtet werden soll und eine öffentliche Volksschule dieser Art in der Gemeinde nicht besteht.

(6) Vorschulen bleiben aufgehoben.

Artikel 8

(1) Alle Deutschen haben das Recht, sich ohne Anmeldung oder Erlaubnis friedlich und ohne Waffen zu versammeln.

(2) Für Versammlungen unter freiem Himmel kann dieses Recht durch Gesetz oder auf Grund eines Gesetzes beschränkt werden.

Artikel 9

(1) Alle Deutschen haben das Recht, Vereine und Gesellschaften zu bilden.

(2) Vereinigungen, deren Zwecke oder deren Tätigkeit den Strafgesetzen zuwiderlaufen oder die sich gegen die verfassungsmäßige Ordnung oder gegen den Gedanken der Völkerverständigung richten, sind verboten.

(3) Das Recht, zur Wahrung und Förderung der Arbeits- und Wirtschaftsbedingungen Vereinigungen zu bilden, ist für jedermann und für alle Berufe gewährleistet. Abreden, die dieses Recht einschränken oder zu behindern suchen, sind nichtig, hierauf gerichtete Maßnahmen sind rechtswidrig. Maßnahmen nach den Artikeln 12a, 35 Abs. 2 und 3, Artikel 87a Abs. 4 und Artikel 91 dürfen sich nicht gegen Arbeitskämpfe richten, die zur Wahrung und Förderung der Arbeits- und Wirtschaftsbedingungen von Vereinigungen im Sinne des Satzes 1 geführt werden.

Artikel 10

(1) Das Briefgeheimnis sowie das Post- und Fernmeldegeheimnis sind unverletzlich.

(2) Beschränkungen dürfen nur auf Grund eines Gesetzes angeordnet werden. Dient die Beschränkung dem Schutze der freiheitlichen demokratischen Grundordnung oder des Bestandes oder der Sicherung des Bundes oder eines Landes, so kann das Gesetz bestimmen, daß sie dem Betroffenen nicht mitgeteilt wird und daß an die Stelle des Rechtsweges die Nachprüfung durch von der Volksvertretung bestellte Organe und Hilfsorgane tritt.

Artikel 11

(1) Alle Deutschen genießen Freizügigkeit im ganzen Bundesgebiet.

(2) Dieses Recht darf nur durch Gesetz oder auf Grund eines Gesetzes und nur für die Fälle eingeschränkt werden, in denen eine ausreichende Lebensgrundlage nicht vorhanden ist und der Allgemeinheit daraus besondere Lasten entstehen würden oder in denen es zur Abwehr einer drohenden Gefahr

für den Bestand oder die freiheitliche demokratische Grundordnung des Bundes oder eines Landes, zur Bekämpfung von Seuchengefahr, Naturkatastrophen oder besonders schweren Unglücksfällen, zum Schutze der Jugend vor Verwahrlosung oder um strafbaren Handlungen vorzubeugen, erforderlich ist.

Artikel 12

(1) Alle Deutschen haben das Recht, Beruf, Arbeitsplatz und Ausbildungsstätte frei zu wählen. Die Berufsausübung kann durch Gesetz oder auf Grund eines Gesetzes geregelt werden.

(2) Niemand darf zu einer bestimmten Arbeit gezwungen werden, außer im Rahmen einer herkömmlichen allgemeinen, für alle gleichen öffentlichen Dienstleistungspflicht.

(3) Zwangsarbeit ist nur bei einer gerichtlich angeordneten Freiheitsentziehung zulässig.

Artikel 12a

(1) Männer können vom vollendeten achtzehnten Lebensjahr an zum Dienst in den Streitkräften, im Bundesgrenzschutz oder in einem Zivilschutzverband verpflichtet werden.

(2) Wer aus Gewissensgründen den Kriegsdienst mit der Waffe verweigert, kann zu einem Ersatzdienst verpflichtet werden. Die Dauer des Ersatzdienstes darf die Dauer des Wehrdienstes nicht übersteigen. Das Nähere regelt ein Gesetz, das die Freiheit der Gewissensentscheidung nicht beeinträchtigen darf und auch eine Möglichkeit des Ersatzdienstes vorsehen muß, die in keinem Zusammenhang mit den Verbänden der Streitkräfte und des Bundesgrenzschutzes steht.

(3) Wehrpflichtige, die nicht zu einem Dienst nach Absatz 1

oder 2 herangezogen sind, können im Verteidigungsfalle durch Gesetz oder auf Grund eines Gesetzes zu zivilen Dienstleistungen für Zwecke der Verteidigung einschließlich des Schutzes der Zivilbevölkerung in Arbeitsverhältnisse verpflichtet werden; Verpflichtungen in öffentlich-rechtliche Dienstverhältnisse sind nur zur Wahrnehmung polizeilicher Aufgaben oder solcher hoheitlichen Aufgaben der öffentlichen Verwaltung, die nur in einem öffentlich-rechtlichen Dienstverhältnis erfüllt werden können, zulässig. Arbeitsverhältnisse nach Satz 1 können bei den Streitkräften, im Bereich ihrer Versorgung sowie bei der öffentlichen Verwaltung begründet werden; Verpflichtungen in Arbeitsverhältnisse im Bereiche der Versorgung der Zivilbevölkerung sind nur zulässig, um ihren lebensnotwendigen Bedarf zu decken oder ihren Schutz sicherzustellen.

(4) Kann im Verteidigungsfalle der Bedarf an zivilen Dienstleistungen im zivilen Sanitäts- und Heilwesen sowie in der ortsfesten militärischen Lazarettorganisation nicht auf freiwilliger Grundlage gedeckt werden, so können Frauen vom vollendeten achtzehnten bis zum vollendeten fünfundfünfzigsten Lebensjahr durch Gesetz oder auf Grund eines Gesetzes zu derartigen Dienstleistungen herangezogen werden. Sie dürfen auf keinen Fall zum Dienst mit der Waffe verpflichtet werden.

(5) Für die Zeit vor dem Verteidigungsfalle können Verpflichtungen nach Absatz 3 nur nach Maßgabe des Artikels 80a Abs. 1 begründet werden. Zur Vorbereitung auf Dienstleistungen nach Absatz 3, für die besondere Kenntnisse oder Fertigkeiten erforderlich sind, kann durch Gesetz oder auf Grund eines Gesetzes die Teilnahme an Ausbildungsveranstaltungen zur Pflicht gemacht werden. Satz 1 findet insoweit keine Anwendung.

(6) Kann im Verteidigungsfalle der Bedarf an Arbeitskräften für die in Absatz 3 Satz 2 genannten Bereiche auf freiwilliger Grundlage nicht gedeckt werden, so kann zur Sicherung dieses Bedarfs die Freiheit der Deutschen, die Ausübung eines Berufs oder den Arbeitsplatz aufzugeben, durch Gesetz oder auf Grund eines Gesetzes eingeschränkt werden. Vor Eintritt des Verteidigungsfalles gilt Absatz 5 Satz 1 entsprechend.

Artikel 13

(1) Die Wohnung ist unverletzlich.

(2) Durchsuchungen dürfen nur durch den Richter, bei Gefahr im Verzuge auch durch die in den Gesetzen vorgesehenen anderen Organe angeordnet und nur in der dort vorgeschriebenen Form durchgeführt werden.

(3) Begründen bestimmte Tatsachen den Verdacht, daß jemand eine durch Gesetz einzeln bestimmte besonders schwere Straftat begangen hat, so dürfen zur Verfolgung der Tat auf Grund richterlicher Anordnung technische Mittel zur akustischen Überwachung von Wohnungen, in denen der Beschuldigte sich vermutlich aufhält, eingesetzt werden, wenn die Erforschung des Sachverhalts auf andere Weise unverhältnismäßig erschwert oder aussichtslos wäre. Die Maßnahme ist zu befristen. Die Anordnung erfolgt durch einen mit drei Richtern besetzten Spruchkörper. Bei Gefahr im Verzuge kann sie auch durch einen einzelnen Richter getroffen werden.

(4) Zur Abwehr dringender Gefahren für die öffentliche Sicherheit, insbesondere einer gemeinen Gefahr oder einer Lebensgefahr, dürfen technische Mittel zur Überwachung von Wohnungen nur auf Grund richterlicher Anordnung eingesetzt werden. Bei Gefahr im Verzuge kann die Maßnahme

auch durch eine andere gesetzlich bestimmte Stelle angeordnet werden; eine richterliche Entscheidung ist unverzüglich nachzuholen.

(5) Sind technische Mittel ausschließlich zum Schutze der bei einem Einsatz in Wohnungen tätigen Personen vorgesehen, kann die Maßnahme durch eine gesetzlich bestimmte Stelle angeordnet werden. Eine anderweitige Verwertung der hierbei erlangten Erkenntnisse ist nur zum Zwecke der Strafverfolgung oder der Gefahrenabwehr und nur zulässig, wenn zuvor die Rechtmäßigkeit der Maßnahme richterlich festgestellt ist; bei Gefahr im Verzuge ist die richterliche Entscheidung unverzüglich nachzuholen.

(6) Die Bundesregierung unterrichtet den Bundestag jährlich über den nach Absatz 3 sowie über den im Zuständigkeitsbereich des Bundes nach Absatz 4 und, soweit richterlich überprüfungsbedürftig, nach Absatz 5 erfolgten Einsatz technischer Mittel. Ein vom Bundestag gewähltes Gremium übt auf der Grundlage dieses Berichts die parlamentarische Kontrolle aus. Die Länder gewährleisten eine gleichwertige parlamentarische Kontrolle.

(7) Eingriffe und Beschränkungen dürfen im übrigen nur zur Abwehr einer gemeinen Gefahr oder einer Lebensgefahr für einzelne Personen, auf Grund eines Gesetzes auch zur Verhütung dringender Gefahren für die öffentliche Sicherheit und Ordnung, insbesondere zur Behebung der Raumnot, zur Bekämpfung von Seuchengefahr oder zum Schutze gefährdeter Jugendlicher vorgenommen werden.

Artikel 14

(1) Das Eigentum und das Erbrecht werden gewährleistet. Inhalt und Schranken werden durch die Gesetze bestimmt.

(2) Eigentum verpflichtet. Sein Gebrauch soll zugleich dem Wohle der Allgemeinheit dienen.

(3) Eine Enteignung ist nur zum Wohle der Allgemeinheit zulässig. Sie darf nur durch Gesetz oder auf Grund eines Gesetzes erfolgen, das Art und Ausmaß der Entschädigung regelt. Die Entschädigung ist unter gerechter Abwägung der Interessen der Allgemeinheit und der Beteiligten zu bestimmen. Wegen der Höhe der Entschädigung steht im Streitfalle der Rechtsweg vor den ordentlichen Gerichten offen.

Artikel 15

Grund und Boden, Naturschätze und Produktionsmittel können zum Zwecke der Vergesellschaftung durch ein Gesetz, das Art und Ausmaß der Entschädigung regelt, in Gemeineigentum oder in andere Formen der Gemeinwirtschaft überführt werden. Für die Entschädigung gilt Artikel 14 Abs. 3 Satz 3 und 4 entsprechend.

Artikel 16

(1) Die deutsche Staatsangehörigkeit darf nicht entzogen werden. Der Verlust der Staatsangehörigkeit darf nur auf Grund eines Gesetzes und gegen den Willen des Betroffenen nur dann eintreten, wenn der Betroffene dadurch nicht staatenlos wird.

(2) Kein Deutscher darf an das Ausland ausgeliefert werden. Durch Gesetz kann eine abweichende Regelung für Auslieferungen an einen Mitgliedstaat der Europäischen Union oder an einen internationalen Gerichtshof getroffen werden, soweit rechtsstaatliche Grundsätze gewahrt sind.

Artikel 16a

(1) Politisch Verfolgte genießen Asylrecht.

(2) Auf Absatz 1 kann sich nicht berufen, wer aus einem Mitgliedstaat der Europäischen Gemeinschaften oder aus einem anderen Drittstaat einreist, in dem die Anwendung des Abkommens über die Rechtsstellung der Flüchtlinge und der Konvention zum Schutze der Menschenrechte und Grundfreiheiten sichergestellt ist. Die Staaten außerhalb der Europäischen Gemeinschaften, auf die die Voraussetzungen des Satzes 1 zutreffen, werden durch Gesetz, das der Zustimmung des Bundesrates bedarf, bestimmt. In den Fällen des Satzes 1 können aufenthaltsbeendende Maßnahmen unabhängig von einem hiergegen eingelegten Rechtsbehelf vollzogen werden.

(3) Durch Gesetz, das der Zustimmung des Bundesrates bedarf, können Staaten bestimmt werden, bei denen auf Grund der Rechtslage, der Rechtsanwendung und der allgemeinen politischen Verhältnisse gewährleistet erscheint, daß dort weder politische Verfolgung noch unmenschliche oder erniedrigende Bestrafung oder Behandlung stattfindet. Es wird vermutet, daß ein Ausländer aus einem solchen Staat nicht verfolgt wird, solange er nicht Tatsachen vorträgt, die die Annahme begründen, daß er entgegen dieser Vermutung politisch verfolgt wird.

(4) Die Vollziehung aufenthaltsbeendender Maßnahmen wird in den Fällen des Absatzes 3 und in anderen Fällen, die offensichtlich unbegründet sind oder als offensichtlich unbegründet gelten, durch das Gericht nur ausgesetzt, wenn ernstliche Zweifel an der Rechtmäßigkeit der Maßnahme bestehen; der Prüfungsumfang kann eingeschränkt werden und verspätetes Vorbringen unberücksichtigt bleiben. Das Nähere ist durch Gesetz zu bestimmen.

(5) Die Absätze 1 bis 4 stehen völkerrechtlichen Verträgen von Mitgliedstaaten der Europäischen Gemeinschaften untereinander und mit dritten Staaten nicht entgegen, die unter Beachtung der Verpflichtungen aus dem Abkommen über die Rechtsstellung der Flüchtlinge und der Konvention zum Schutze der Menschenrechte und Grundfreiheiten, deren Anwendung in den Vertragsstaaten sichergestellt sein muß, Zuständigkeitsregelungen für die Prüfung von Asylbegehren einschließlich der gegenseitigen Anerkennung von Asylentscheidungen treffen.

Artikel 17

Jedermann hat das Recht, sich einzeln oder in Gemeinschaft mit anderen schriftlich mit Bitten oder Beschwerden an die zuständigen Stellen und an die Volksvertretung zu wenden.

Artikel 17a

(1) Gesetze über Wehrdienst und Ersatzdienst können bestimmen, daß für die Angehörigen der Streitkräfte und des Ersatzdienstes während der Zeit des Wehr- oder Ersatzdienstes das Grundrecht, seine Meinung in Wort, Schrift und Bild frei zu äußern und zu verbreiten (Artikel 5 Abs. 1 Satz 1 erster Halbsatz), das Grundrecht der Versammlungsfreiheit (Artikel 8) und das Petitionsrecht (Artikel 17), soweit es das Recht gewährt, Bitten oder Beschwerden in Gemeinschaft mit anderen vorzubringen, eingeschränkt werden.

(2) Gesetze, die der Verteidigung einschließlich des Schutzes der Zivilbevölkerung dienen, können bestimmen, daß die Grundrechte der Freizügigkeit (Artikel 11) und der Unverletzlichkeit der Wohnung (Artikel 13) eingeschränkt werden.

Artikel 18

Wer die Freiheit der Meinungsäußerung, insbesondere die Pressefreiheit (Artikel 5 Abs. 1), die Lehrfreiheit (Artikel 5 Abs. 3), die Versammlungsfreiheit (Artikel 8), die Vereinigungsfreiheit (Artikel 9), das Brief-, Post- und Fernmeldegeheimnis (Artikel 10), das Eigentum (Artikel 14) oder das Asylrecht (Artikel 16a) zum Kampfe gegen die freiheitliche demokratische Grundordnung mißbraucht, verwirkt diese Grundrechte. Die Verwirkung und ihr Ausmaß werden durch das Bundesverfassungsgericht ausgesprochen.

Artikel 19

(1) Soweit nach diesem Grundgesetz ein Grundrecht durch Gesetz oder auf Grund eines Gesetzes eingeschränkt werden kann, muß das Gesetz allgemein und nicht nur für den Einzelfall gelten. Außerdem muß das Gesetz das Grundrecht unter Angabe des Artikels nennen.

(2) In keinem Falle darf ein Grundrecht in seinem Wesensgehalt angetastet werden.

(3) Die Grundrechte gelten auch für inländische juristische Personen, soweit sie ihrem Wesen nach auf diese anwendbar sind.

(4) Wird jemand durch die öffentliche Gewalt in seinen Rechten verletzt, so steht ihm der Rechtsweg offen. Soweit eine andere Zuständigkeit nicht begründet ist, ist der ordentliche Rechtsweg gegeben. Artikel 10 Abs. 2 Satz 2 bleibt unberührt.

Erläuterungen

Die Grundrechte als Maßstab staatlichen Handelns

Anders als die Weimarer Verfassung beginnt das Grundgesetz nicht mit den Regelungen zur Staatsorganisation (▸ 20 ff.), sondern mit den Grundrechten. Es bringt damit zum Ausdruck, dass der Staat um des Menschen willen errichtet wird und nicht umgekehrt. ▸ 1 I dürfte mit der Garantie der Unantastbarkeit der Menschenwürde zu den bekanntesten Artikeln des Grundgesetzes gehören, den die meisten Bürgerinnen und Bürger auswendig aufzusagen wissen. Nach einem ausdrücklichen Bekenntnis zu den Menschenrechten »als Grundlage jeder menschlichen Gemeinschaft, des Friedens und der Gerechtigkeit in der Welt« (▸ 1 II) normiert ▸ 1 III ausdrücklich die Verbindlichkeit der nachfolgenden Grundrechte für sämtliche Staatsgewalten. Gesetzgebung, vollziehende Gewalt und Rechtsprechung sind umfassend an die grundrechtlichen Gewährleistungen gebunden und können sich dieser Bindung zu keiner Zeit entziehen. Unlängst hat das Bundesverfassungsgericht klargestellt, dass das auch für die Nachrichtendienste gilt, wenn diese im Ausland tätig sind. Mit dieser expliziten Regelung beendet das Grundgesetz zugleich einen Streit über die grundrechtliche Bindung des Gesetzgebers, der noch in der Weimarer Zeit getobt hatte.

Die Verbindlichkeit der Grundrechte hat zur Folge, dass der oder die Einzelne sich vor den staatlichen Gerichten (▸ 92 ff.) auf diese berufen kann, wenn er oder sie sich durch eine staatliche Maßnahme in den Grundrechten verletzt sehen sollte. In ▸ 19 IV wird ausdrücklich vorgeschrieben, dass in solchen Fällen der Rechtsweg eröffnet sein muss. Mittlerweile besteht nach Ausschöpfung des ordentlichen Rechtswegs zudem die Möglichkeit, eine Verfassungsbeschwerde beim Bundesverfassungsgericht einzulegen (▸ 94 I Nr. 4a), wo die Frage einer Grundrechtsverletzung innerstaatlich abschließend geklärt wird. Unter Umständen kann der oder die Betroffene die Entscheidung des Bundesverfassungsgerichts anschließend durch den Europäischen Gerichtshof für Menschenrechte (EGMR) in Straßburg überprüfen lassen.

Aus ▸ 1 III folgt, dass Privatpersonen grundsätzlich nicht an die Grundrechte gebunden sind. Die zentrale Funktion der Grundrechte liegt in der Abwehr staatlicher Übergriffe in die private Sphäre, weshalb sie auch als Abwehrrechte bezeichnet werden. Sie sichern einen privaten Raum der Dunkelheit, der staatlicher Ausleuchtung entzogen ist. Erkennbar wird das z. B. beim Recht auf Unverletzlichkeit der Wohnung in ▸ 13 I, wo Durchsuchungen und sonstige Eingriffe in den folgenden Absätzen nur unter engen Voraussetzungen zugelassen werden. Die Wohnung wird vom Grundgesetz als privater Rückzugsraum schlechthin angesehen, wo hoheitliche Gewalt prinzipiell nichts verloren hat. In ähnlicher Weise sichert das Grundrecht auf informationelle Selbstbestimmung (▸ 2 I in Verbindung mit ▸ 1 I) das Recht, mit seinen persönlichen Daten frei zu verfügen, und verhindert, dass staatliche Stellen auf diese ohne ausdrückliche Einwilligung zugreifen können. Wie die folgenden Absätze des ▸ 13 zeigen, gilt der Schutz der Grundrechte aber nicht absolut. Eingriffe in die Grundrechte – und damit auch das Betreten der Wohnung – sind unter bestimmten Voraussetzungen also möglich (und nötig), ein Aspekt, auf den sogleich näher einzugehen ist.

Die zwei Leitentscheidungen des Bundesverfassungsgerichts

Heute spielen die Grundrechte in fast allen politischen und gesellschaftlichen Debatten eine Rolle. Es findet sich kaum eine Bundestagssitzung, in der nicht auf die Grundrechte oder bestimmte Einzelausprägungen derselben Bezug genommen wird. Zum Zeitpunkt des Erlasses des Grundgesetzes war dieser außerordentliche Erfolg der Grundrechte nicht abzusehen. Auch in der Weimarer Verfassung waren Grundrechte normiert, aber sie vermochten diese Bedeutung für den gesellschaftlichen Diskurs nicht zu entfalten. Dass sich die Bundesrepublik zu einer »Grundrechtsrepublik« entwickeln konnte, liegt vornehmlich an zwei Leitentscheidungen des Bundesverfassungsgerichts, die es fortan ermöglichten, praktisch jede politisch relevante Frage in eine grundrechtliche umzucodieren und damit die Karlsruher Richterinnen und Richter ins Spiel zu bringen.

Die erste dieser Entscheidungen, die sogenannte Elfes-Entscheidung, stammt aus dem Jahre 1957. Der konkrete Sachverhalt ist weniger interessant – es ging um die Reichweite des in ▸ 11 normierten Freizügigkeitsrechts. Zentral war hingegen die Feststellung des Bundesverfassungsgerichts, dass jedes menschliche Verhalten grundrechtlichen Schutz genießt, und zwar entweder durch ein spezielles Grundrecht oder aber durch die sogenannte »allgemeine Handlungsfreiheit«, die es in ▸ 2 I normiert sieht (wenngleich der Wortlaut das nicht eindeutig hergibt). Im konkreten Fall wurde daher die Freiheit aus dem Bundesgebiet auszureisen zwar nicht von ▸ 11, aber von ▸ 2 I geschützt. Grundrechtlich geschützt sind seither auch vermeintlich banale Tätigkeiten wie das »Füttern von Tauben« oder das »Reiten im Walde« – zwei prominente Entscheidungen, in denen das Bundesverfassungsgericht die weite Auslegung des Anwendungsbereichs der Grundrechte bestätigt hat. Daraus folgt, dass die Bürgerinnen und Bürger prinzipiell die Freiheit genießen, »zu tun und zu lassen, was sie wollen«. Wenn der Staat ein Verhalten untersagen will, greift er damit – egal wie banal dieses Verhalten erscheinen mag – stets in Grundrechte ein, was wiederum nur nach den allgemeinen Regeln für die Beschränkung von Grundrechten möglich ist (dazu sogleich). Aus diesem umfassenden Anwendungsbereich der Grundrechte folgt zugleich, dass alle geschützten Freiheitsräume prinzipiell einschränkbar sein müssen, um sie mit den kollidierenden Freiheitsräumen Dritter in einen Ausgleich bringen zu können. So lässt sich aus der allgemeinen Handlungsfreiheit des ▸ 2 I zwar tatsächlich ein »Recht auf Rasen auf der Autobahn« oder ein »Recht auf Reiten im Walde« herleiten. Ebenso besteht aber (natürlich) die Möglichkeit für den Gesetzgeber, zum Schutz des Lebens und der Gesundheit Dritter ein Tempolimit einzuführen oder Reitmöglichkeiten zu beschränken. Grundrechte wirken dadurch vornehmlich als (kontrollierbare) Begründungsgebote für staatliches Handeln: Der Staat ist dazu aufgerufen, die kollidierenden Freiheitsräume nach seinen Vorstellungen auszugestalten, unterliegt dabei aber spezifischen Begründungsanforderungen, die willkürliches und unverhältnismäßiges Vorgehen untersagen.

1958 folgte in der sogenannten »Lüth-Entscheidung« eine nochmalige Ausdehnung des Anwendungsbereichs der Grundrechte. Sie sind danach nicht nur individuelle Abwehrrechte gegen den Staat, sondern repräsentieren zugleich eine objektive Werteordnung, die bei der Auslegung und Anwendung der gesamten Rechtsordnung zu berücksichtigen ist. Bedeutend war diese Entscheidung, weil sie dazu führte, dass die Grundrechte nunmehr auch in gerichtlichen Verfahren zwischen Privatpersonen eine Rolle spielen konnten, obwohl diese nach ▸ 1 III nicht unmittelbar an die Grundrechte gebunden sind. Kommt es zwischen Privatpersonen zu einem Konflikt (etwa zwischen Verkäuferin und Käufer), muss dieser seitdem unter Berücksichtigung der grundrechtlichen objektiven Werteordnung gelöst werden. Wo das nicht geschieht, verletzt das entscheidende Gericht das jeweils einschlägige Grundrecht. Seither steht der Gang nach Karlsruhe auch in reinen Privatrechtskonflikten zur Verfügung, in denen der Staat direkt nicht involviert ist. Vor dem Bundesverfassungsgericht kann dann vorgetragen werden, dass das Gericht die grundrechtlichen Wertungen verkannt, zumindest nicht hinreichend beachtet hat. Juristisch spricht man von einer »mittelbaren Drittwirkung« der Grundrechte: Privatpersonen werden zwar nicht direkt, aber über diesen Umweg indirekt an die Grundrechte gebunden. Der Einfluss des Bundesverfassungsgerichts auf die gesamte Rechtsordnung hat dadurch noch einmal zugenommen, eine Entwicklung, die angesichts der Erfahrungen mit grenzenlosen politischen Instanzen in der NS-Zeit nachvollziehbar war, in einer etablierten Demokratie jedoch zunehmend kritisch beleuchtet wird. Das Bundesverfassungsgericht wirkt dadurch bisweilen wie die letzte politische Instanz, obwohl es nur die Aufgabe hat, den verfassungsrechtlichen Rahmen für die Politik abzustecken und damit Politik möglich zu machen.

Die Unterteilung der Grundrechte

Schaut man genauer auf die einzelnen Grundrechte, können diese in Freiheitsrechte (Beispiel: ▸ 4 I) und Gleichheitsrechte (Beispiel: ▸ 3 I) unterteilt werden. Diese Unterscheidung spielt eine fundamentale Rolle, da die Prüfung einer möglichen Verletzung jeweils anderen Regeln folgt.

Die Freiheitsrechte

Freiheitsrechte sichern einen bestimmten privaten Handlungsraum vor ungerechtfertigten staatlichen Eingriffen. So normiert ▸ 2 II das Recht auf Leben und körperliche Unversehrtheit, sichert ▸ 4 I, II die ungestörte Religionsausübung, gewährleistet ▸ 5 I die freie Meinungsäußerung, erlaubt ▸ 8 I sich friedlich und ohne Waffen zu versammeln und schützt ▸ 13 I die Wohnung vor einem ungerechtfertigten Betreten durch staatliche Stellen. Seit der Elfes-Rechtsprechung (s. o.) findet sich für jede menschliche Tätigkeit unabhängig von ihrer vermeintlichen Wertigkeit entweder ein solches spezielles Freiheitsrecht, oder es greift die allgemeine Handlungsfreiheit des ▸ 2 I als sogenanntes Auffanggrundrecht. Eine rechtliche Hierarchie zwischen diesen Freiheitsrechten kennt das Grundgesetz nicht; sie stehen auf der gleichen verfassungsrechtlichen Stufe. Gleichwohl hat das Bundesverfassungsgericht den Wert der Kommunikationsgrundrechte – also die Meinungs- und die Versammlungsfreiheit (▸ 5 I, ▸ 8) – für eine demokratische Verfassungsordnung explizit hervorgehoben und sie in diesem Zusammenhang als »schlechthin konstituierend für die freiheitlich-demokratische Grundordnung« bezeichnet. Dass diesen Grundrechten für die Funktionsfähigkeit einer Demokratie eine besondere Bedeutung zukommt, erkennt man nicht zuletzt daran, dass sie zu den ersten gehören, die in autoritären Regimen abgeschafft oder massiv beeinträchtigt werden. Darüber hinaus zeigt sich eine gewisse Hierarchie der Grundrechte in den Beschränkungsmöglichkeiten für den Gesetzgeber, die bei einigen Grundrechten an weitergehende Voraussetzungen geknüpft sind. So wird die Möglichkeit, den Freiheitsraum per Gesetz zu beschränken, beim Recht auf Leben und körperliche Unversehrtheit in ▸ 2 II 3 explizit aufgeführt, nach ▸ 5 II findet die Meinungsfreiheit ihre Grenzen in den allgemeinen Gesetzen. Demgegenüber findet sich bei der Kunstfreiheit (▸ 5 III) keine ausdrückliche Beschränkungsmöglichkeit. Zwar gilt auch die Kunstfreiheit nicht grenzenlos – Satire darf damit entgegen dem vermeintlichen Tucholsky-Zitat nicht »alles«, sondern muss nicht zuletzt auf die Persönlichkeitsrechte (▸ 2 I in Verbindung mit ▸ 1 I) Dritter Rücksicht nehmen. Das Fehlen einer ausdrücklichen Regelung zur gesetzlichen Einschränkungsmöglichkeit führt aber zu einer strengeren Prüfung ebensolcher Eingriffe im Rahmen der Verhältnismäßigkeit (dazu sogleich).

Dass solche gesetzlichen Eingriffe bei formal »vorbehaltlos« gewährleisteten Grundrechten wie der Religionsfreiheit (▸ 4 I, II), der Wissenschafts- oder Kunstfreiheit (▸ 5 III), aber auch bei allen anderen Grundrechten möglich sein müssen, folgt aus der Überlegung, dass in einer Gesellschaft keine individuelle Freiheitsverbürgung absoluten Charakter genießt, da sie stets mit den Freiheitsräumen Dritter kollidieren kann und mit diesen daher in einen

Ausgleich gebracht werden muss. Absolute Freiheit wäre nur dort denkbar, wo ein Individuum – wie Robinson Crusoe – völlig allein ist und auf niemanden Rücksicht nehmen muss. In einer Gesellschaft mit Millionen von Menschen, die im Alltag miteinander auskommen müssen, ist es daher die Aufgabe des demokratisch legitimierten Gesetzgebers (also vor allem des Bundestages, vgl. ▸ 38 ff.), die Freiheitsräume abzustecken, um ein friedliches Zusammenleben zu ermöglichen. Das geht unweigerlich mit Eingriffen in die Freiheitsräume Einzelner einher. Ein (drastisches) Beispiel mag dies verdeutlichen:

> P ist Anhängerin einer Religion, die unter bestimmten Voraussetzungen ein Menschenopfer verlangt. P ist tief religiös und will diesem imperativen religiösen Gebot durch die Opferung ihres zweiten Sohnes S nachkommen. Kann sich P auf die Religionsfreiheit (▸ 4 I, II) berufen, die festhält, dass die ungestörte Religionsausübung gewährleistet wird?

Die Antwort lautet – die Ernsthaftigkeit des religiösen Motivs unterstellt – überraschenderweise zunächst einmal: ja. Das Verhalten der P wird von der Religionsfreiheit geschützt. Das bedeutet aber nicht, dass der Gesetzgeber nicht die Möglichkeit hätte, entsprechendes Verhalten zu untersagen. Er hat dies mit dem Erlass der Tötungsdelikte im Strafgesetzbuch (vor allem §§ 211, 212) auch getan. Diese Regelungen greifen folglich in die Religionsfreiheit der P ein, indem sie ihren (theoretischen) Freiheitsraum verkürzen. Dieser Eingriff kann verfassungsrechtlich aber mit dem Schutz des Lebens des S (▸ 2 II) gerechtfertigt werden und ist daher (natürlich) verfassungsgemäß. P darf das Menschenopfer nicht vollziehen, denn: Auch die Religionsfreiheit gilt nicht absolut, kann also begrenzt werden. Die gesamte Rechtsordnung ist von solchen gesetzlichen Freiheitsgestaltungen durchzogen, die mit individuellen Freiheitsbeschränkungen einhergehen, die wir aber im Alltag gleichwohl nur selten ernsthaft in Frage stellen – von den Straßenverkehrsregeln (Eingriff in ▸ 2 I) über die Vorgaben des Baurechts (Eingriff in ▸ 14) bis hin zum Verbot, bestimmte Gewerbe ohne Genehmigung zu betreiben (Eingriff in ▸ 12 I). Aus juristischer Sicht ist daher nicht das Vorliegen eines Eingriffs in Freiheitsrechte, also das Verkürzen abstrakter Freiheitsräume als solches das Problem, sondern, inwieweit diese Eingriffe und Verkürzungen durch gute Gründe gerechtfertigt werden können. Wäre etwa die Einführung eines allgemeinen Tempolimits auf deutschen Autobahnen verfassungsrechtlich zulässig? Damit einher ginge ein Eingriff in die allgemeine Handlungsfreiheit der Autofahrerinnen und Autofahrer (▸ 2 I). Sie wären nicht mehr frei, selbst zu entscheiden, wie schnell sie fahren wollen. Damit ist das Tempolimit aber noch nicht verfassungswidrig. Entscheidend ist aus verfassungsrechtlicher Sicht vielmehr, ob sich der das Tempolimit einführende Gesetzgeber auf gute Gründe stützen könnte, die diesen Eingriff rechtfertigen. In diesem Fall wäre an den Schutz Dritter vor Unfällen (▸ 2 II), aber auch an den Klimaschutz zu denken, dem nach Ansicht des Bundesverfassungsgerichts (über ▸ 20a) ebenfalls Verfassungsrang zukommt. Entscheidend war daher etwa auch in der Coronapandemie, ob sich der Gesetzgeber auf gute Gründe stützen konnte, so dass die mit den zahlreichen Maßnahmen verbundenen Grundrechtseingriffe gerechtfertigt werden konnten. Die Grundrechte wirken damit vornehmlich als Begründungsgebote, die die staatlichen Stellen zwingen, ihr Handeln stets nachvollziehbar zu erklären. Diese Erklärung kann im Anschluss einer komplexen juristischen Kontrolle unterzogen werden. Anders gewendet: Es bedarf Gründe für einen Grundrechtseingriff, aber nicht jeder vorgebrachte Grund wird diesen auch rechtfertigen können.

Die dreistufige Grundrechtsprüfung eines Freiheitsrechts

Wie sieht diese komplexe Prüfung der Verletzung eines Freiheitsrechts im Einzelnen aus? Etabliert hat sich in der juristischen Dogmatik ein dreistufiges Prüfungsschema:

Auf der ersten Stufe ist zu klären, ob das in Rede stehende Verhalten vom sachlichen Schutzbereich eines der Grundrechte erfasst ist. Jedes Freiheitsrecht schützt einen konkreten Freiheitsraum, der mit dem tatsächlichen Handeln desjenigen, der eine Verletzung anmahnt, abzugleichen ist. Handelt es sich bei der getätigten Aussage um eine Meinung im Sinne des ▸ 5 I? Beruft sich die Handelnde auf eine religiöse Motivation im Sinne des ▸ 4 I, II? Liegt ein Beruf nach ▸ 12 I vor? Kommt möglicherweise die Kunstfreiheit des ▸ 5 III in Betracht? Mittlerweile findet sich zu jedem Freiheitsrecht eine Fülle an Rechtsprechung und Literatur, die die jeweiligen Freiheitsräume konkretisiert und ausgestaltet. Danach ist eine Versammlung nach ▸ 8 I durch zwei Elemente geprägt: Das Zusammentreffen einer Mehrzahl von Menschen (1), die durch die Verfolgung eines gemeinsamen Zwecks (2) miteinander verbunden sind. Jedes dieser Elemente kann weiter konkretisiert werden: Wie viele Menschen braucht es für eine Versammlung? Genügen zwei Personen oder müssen es mehr sein? Welcher Art muss der gemeinsame Zweck sein? Reicht es, wenn sich nach einem Autounfall eine Menschenmenge bildet, die das Unfallgeschehen verfolgt? Oder muss sich der gemeinsame Zweck auf eine Meinungsbildung in politischen Fragen beziehen, so dass das gemeinsame Beobachten eines Ereignisses für sich genommen nicht genügt? Es sind solche Fragen, die man sich stellen muss, wenn man den genauen Inhalt der grundrechtlichen Gewährleistungen auf der ersten Stufe ermitteln will, um sie in ein stimmiges Gesamtkonzept zu überführen. Das heißt aber auch: diese sogenannte grundrechtsdogmatische Befassung mit den Schutzbereichen der Grundrechte führt nur selten zu eindeutigen und unumstrittenen Antworten – und ist zudem aufgrund neuer Entwicklungen nie endgültig abgeschlossen. Bei der Versammlungsfreiheit stellte sich etwa zuletzt die Frage, wie über Social Media organisierte »Flash Mobs« einzuordnen sind oder ob bei länger andauernden Protesten – z. B. gegen die Treffen der G-20 – nicht nur die Versammlung selbst, sondern auch die Versammlungscamps mit ihrer aufwendigen Infrastruktur in den Schutzbereich des ▸ 8 I fallen. Diese Schutzbereichsbestimmung kann in manchen Fällen erhebliche Schwierigkeiten bereiten – man denke an die Kunstfreiheit (▸ 5 III), die Religionsfreiheit (▸ 4 I, II) oder die Eigentumsfreiheit (▸ 14 I, II). Aus juristischer Sicht ist es gleichwohl zwingend, den sachlichen Schutzbereich jedes Freiheitsrechts so präzise wie möglich zu bestimmen, da die Prüfung einer Verletzung die Kenntnis über seinen Inhalt voraussetzt. Immerhin ist die Bedeutung der Zuordnung des in Rede stehenden Handelns zu einem der speziellen Grundrechte durch die Elfes-Rechtsprechung (s. o.) reduziert worden, denn: Sollte sich kein spezielles Grundrecht finden, dessen Schutzbereich in sachlicher Hinsicht eröffnet ist, kann auf das Auffanggrundrecht des ▸ 2 I zurückgegriffen werden. Das geht allerdings einher mit erleichterten Einschränkungsmöglichkeiten, weshalb die Frage nach der Eröffnung des Schutzbereichs nicht offenbleiben kann.

Ebenfalls auf der ersten Stufe zu prüfen ist die Eröffnung des persönlichen Schutzbereichs. Bestimmte Freiheitsrechte stehen als sogenannte Bürgerrechte nur Deutschen im Sinne des Grundgesetzes zu (▸ 116 I). Das gilt etwa für die Versammlungsfreiheit (▸ 8) oder die Berufsfreiheit (▸ 12). Aufgrund der Mitgliedschaft der Bundesrepublik in der Europäischen Union (▸ 23) können sich heute – der Sache nach – auch die Unionsbürgerinnen und Unionsbürger auf diese Deutschengrundrechte berufen, da eine Diskriminierung aufgrund der Staatsangehörigkeit europarechtlich untersagt ist. Für alle anderen Ausländerinnen und Ausländer bleibt der Rückgriff auf das Auffanggrundrecht des ▸ 2 I. Juristische Personen sind lediglich nach Maßgabe des ▸ 19 III grundrechtsfähig und können sich daher nicht auf sämtliche Grundrechte berufen.

Auf der zweiten Prüfungsstufe ist zu klären, ob die staatliche Maßnahme einen Eingriff in den eröffneten Schutzbereich darstellt. Bildlich gesprochen geht es darum festzustellen, ob der gewährleistete Freiheitsraum durch die staatliche Maßnahme in seinem Umfang reduziert wird. Diese Feststellung wird nur in seltenen Fällen ein Problem darstellen – wie dargelegt, stellt praktisch jede staatliche

Regelung einen Eingriff in eines der Freiheitsrechte dar. Typisch sind (partielle) Verbote oder Handlungsgebote, die dem oder der Einzelnen entweder ein bestimmtes Tun untersagen oder ein bestimmtes Tun abverlangen. Im obigen Beispielsfall wird der P über die Regelung des § 211 (Mord) und § 212 (Totschlag) untersagt, ihren Sohn S rituell zu opfern, was einen Eingriff in die Religionsfreiheit des ▸ 4 I begründet. Bei einem Tempolimit läge der Eingriff in ▸ 2 I in der verbindlichen Vorgabe, auf Autobahnen eine bestimmte Geschwindigkeit nicht zu überschreiten.

Größere Schwierigkeiten bereitet die Feststellung eines Eingriffs, wo es nicht um ein Ver- oder Gebot, sondern darum geht, eine staatliche Leistung zu erstreiten. Das Bundesverfassungsgericht und der überwiegende Teil der Literatur gehen davon aus, dass die Freiheitsrechte zwar primär darauf gerichtet sind, staatliches Handeln abzuwehren, dass sich aus ihnen unter bestimmten Voraussetzungen aber auch Ansprüche auf eine staatliche Leistung ergeben können. Dahinter steht die Überlegung, dass die Ausübung von Freiheitsrechten an (materielle) Notwendigkeiten geknüpft ist. Daher kann es Aufgabe des Staates sein, diese Notwendigkeiten wenigstens partiell zur Verfügung zu stellen. Das bekannteste grundrechtliche Leistungsrecht in diesem Sinne dürfte der Anspruch des oder der Einzelnen auf ein menschenwürdiges Existenzminimum darstellen, das nach Ansicht des Bundesverfassungsgerichts seine Grundlage in der Menschenwürde (▸ 1 I) und dem Sozialstaatsprinzip (▸ 20 I) findet. Was es genau umfasst, ist freilich – wie so oft – umstritten. Wird der grundrechtlich geforderte Leistungsanspruch aber unterschritten, liegt ein Eingriff in dieses Grundrecht vor.

Liegt ein Eingriff vor, stellt sich auf der dritten Prüfungsstufe die entscheidende Frage nach der Rechtfertigung desselben. An dieser Stelle entfalten die Freiheitsrechte als Begründungsgebote ihre eigentliche Wirkung – auch in der Coronapandemie ging es in den Gerichtsverfahren praktisch ausschließlich um diese Prüfungsstufe. Dass Eingriffe in die Freiheitsrechte möglich sein müssen, ist bereits erläutert worden. Nunmehr stellen sich zwei konkrete Fragen: Wer ist zu entsprechenden Eingriffen befugt? Und an welche inhaltlichen Voraussetzungen und Grenzen sind solche Eingriffe geknüpft?

Die Antwort auf die erste Frage ergibt sich aus einigen der grundrechtlichen Normen selbst und folgt im Übrigen aus demokratietheoretischen Überlegungen. Für die Abgrenzung der Freiheitsräume ist im demokratischen Verfassungsstaat danach der Gesetzgeber berufen. Eingriffe in Grundrechte müssen auf ein formelles Gesetz des Bundestages (▸ 38 ff.) oder eines Landtages zurückzuführen sein. Wo eine grundrechtlich geschützte Handlung gesetzlich nicht untersagt oder ihre Untersagung durch die Verwaltung nicht ausdrücklich gesetzlich gestattet ist, kann diese auch durch keine sonstige staatliche Stelle untersagt werden. Wer von der Polizei angehalten und um eine bestimmte Handlung gebeten wird (etwa Abfrage von Personalien, Durchsuchung), muss dem nur nachkommen, wenn die Beamtinnen und Beamten auf eine gesetzliche Grundlage verweisen können, die sie zu dieser Aufforderung in der konkreten Situation ermächtigt. Dieser sogenannte Gesetzesvorbehalt wird etwa in ▸ 2 II 3 explizit aufgeführt: Eingriffe dürfen nur durch oder aufgrund eines Gesetzes erfolgen, müssen also auf den Gesetzgeber zurückgeführt werden können. Ähnliche Formulierungen finden sich auch in ▸ 5 II, ▸ 8 II, ▸ 10 II, ▸ 11 II, ▸ 12 I 2 oder ▸ 14 III 2. Im Ergebnis stehen aber sämtliche Grundrechte unter einem solchen Gesetzesvorbehalt: Da eine absolute Freiheitsgewährung im modernen Verfassungsstaat nicht möglich ist, alle Grundrechte daher einschränkbar sein müssen (s. o.), folgerte das Bundesverfassungsgericht aus dem Demokratieprinzip (▸ 20 I), dass es der unmittelbar demokratisch legitimierte Gesetzgeber sein muss (und keine andere staatliche Stelle sein darf), der über diese wesentlichen Einschränkungen entscheidet (Wesentlichkeitsgrundsatz). Wenngleich sich die juristische Dogmatik – also die wissenschaftliche Methode zur Ermittlung des Inhalts geltender Rechtsnormen – komplizierter darstellt, gilt daher im Grundsatz für sämtliche Grundrechte, dass diese durch den Gesetzgeber eingeschränkt werden können, der darüber jeweils nach öffentlicher Debatte entscheidet. Wem diese Einschränkungen zu weit gehen, kann sich für andere Mehrheiten im Bundestag (▸ 38 ff.) einsetzen oder versuchen, die Regelungen durch das Bundesverfassungsgericht (▸ 93 f.) verwerfen zu lassen.

Bei der Einschränkung von Grundrechten ist der Gesetzgeber verfassungsrechtlich indes nicht völlig frei, unterliegt also seinerseits wiederum gewissen Schranken. Im Bundesstaat (▸ 20 I) finden sich mit dem Bund (Bundestag) und den Ländern (Landtage) zunächst mehrere Gesetzgeber, zwischen denen die Gesetzgebungszuständigkeiten aufgeteilt sind (▸ 70). Wenn der Bundestag ein Freiheitsrecht einschränken will, muss er für den durch das Gesetz zu regelnden Bereich daher zuständig sein. Die wesentlichen Gesetzgebungszuständigkeiten des Bundes finden sich in den ▸ 73 und ▸ 74. In der Coronapandemie ergab sich die Bundeszuständigkeit für die Regelung des Infektionsschutzes etwa aus ▸ 74 I Nr. 19. Der Gesetzgebungskatalog des ▸ 74 ist zwar umfangreich, aber nicht umfassend. Für den Bundestag wäre es daher nicht möglich, Regelungen für den Schulbereich zu treffen, da diese Kompetenz bei den Ländern liegt. Regelungen wie die Schulpflicht oder die Ausgestaltung der Schulformen sind daher (ausschließlich) in Landesgesetzen geregelt. Umgekehrt wäre es für einen Landesgesetzgeber nicht möglich, in Grundrechte auf Gebieten einzugreifen, für die der Bund zuständig zeichnet. Der Berliner Mietendeckel wurde 2021 schon aus diesem Grund für verfassungswidrig erklärt, ohne dass das Bundesverfassungsgericht diesen in der Sache geprüft hätte. Das Land Berlin hatte schlicht keine Kompetenz, in diesem Bereich in die Grundrechte der Vermieterinnen und Vermieter (vornehmlich ▸ 14) einzugreifen, da der Bund von seiner Kompetenz für das Mietrecht nach ▸ 74 I Nr. 1 bereits abschließend Gebrauch gemacht hatte.

Darüber hinaus muss das grundrechtseinschränkende Gesetz den übrigen formellen Anforderungen genügen und unter Beachtung der Verfahrensregelungen erlassen worden sein. Für den Bund finden sich diese Verfahrensregelungen in ▸ 76 ff. Dort ist im Einzelnen geregelt, wer ein Gesetzgebungsverfahren initiieren kann (▸ 76 I), welche Mehrheiten erreicht werden müssen und wie der Bundesrat (▸ 76 II, III; ▸ 77) zu beteiligen ist. Für die Länder finden sich entsprechende Regelungen in den Landesverfassungen. Schließlich muss ein Bundesgesetz in ordnungsgemäßer Form vom Bundespräsidenten (▸ 54 ff.) ausgefertigt und verkündet worden und in Kraft getreten sein (▸ 82).

Das Vorliegen eines formellen Gesetzes ist für die Rechtfertigung eines Grundrechtseingriffs allerdings noch immer nicht ausreichend. Darüber hinaus muss das Gesetz weiteren inhaltlichen Vorgaben genügen. So bestimmt ▸ 19 I zunächst, dass grundrechtseinschränkende Gesetze allgemein sein müssen und nicht für den Einzelfall gelten dürfen – das sogenannte Verbot des Einzelfallgesetzes als Ausdruck des Gewaltenteilungsgrundsatzes (vgl. ▸ 20 III), nach dem der Gesetzgeber abstrakt-generelle Regelungen schafft, deren Vollzug im Einzelfall aber der Exekutive obliegt. Zudem muss der Gesetzgeber die eingeschränkten Grundrechte im Gesetz explizit nennen. Dieses sogenannte Zitiergebot (▸ 19 I 2) erfüllt eine Warnfunktion gegenüber dem Gesetzgeber, der sich bewusstmachen soll, dass er mit seinem Gesetz Grundrechte einschränkt. Durch die Rechtsprechung des Bundesverfassungsgerichts hat das Zitiergebot mittlerweile aber nur noch einen kleinen Anwendungsbereich. Darüber hinaus legt ▸ 19 II fest, dass kein Grundrecht in seinem Wesensgehalt angetastet werden darf. Der Inhalt dieser Vorschrift ist allerdings umstritten, sie spielt in der heutigen Grundrechtsdogmatik keine allzu große Rolle mehr.

Der Grundsatz der Verhältnismäßigkeit bei Freiheitsrechten

Die Funktion einer inhaltlichen Grenze für den Gesetzgeber bei der Beschränkung von Grundrechten ist stattdessen vom Grundsatz der Verhältnismäßigkeit übernommen worden. Dieser Grundsatz ist im Grundgesetz nicht explizit normiert, wurde vielmehr vom Bundesverfassungsgericht entwickelt, im Laufe der Zeit verfeinert und hat sich seit einigen Jahrzehnten als zentraler Überprüfungsmaßstab für Grundrechtseingriffe fest etabliert. Er hat sich zudem als internationaler »Exportschlager« erwiesen – zahlreiche andere Verfassungsgerichte sowie der Europäische Gerichtshof in Luxemburg haben diesen ganz oder teilweise für die Prüfung von Grundrechtseingriffen übernommen. In der Coronapandemie wurde der Grundsatz der Verhältnismäßigkeit auch einer größeren Öffentlichkeit bekannt, als sich die damalige Bundeskanzlerin Angela Merkel im Bundestag zur Rechtfertigung einiger Coronabestimmungen auf diesen berief.

Dogmatisch ist die Anwendung dieses Grundsatzes alles andere als leicht, da nicht nur die einzelnen Prüfungspunkte Schwierigkeiten bereiten können, sondern auch demokratietheoretische Erwägungen einfließen müssen, wie noch zu sehen sein wird. Er bildet den Versuch, komplexe (politische) Abwägungsvorgänge zu rationalisieren und damit justiziabel zu gestalten. Das gelingt nicht vollständig; am Ende hängen Abwägungen auch von Wertvorstellungen ab, die je nach Gewichtung zu unterschiedlichen Ergebnissen führen können. Die juristische Dogmatik versucht diesen Umstand durch sog. Beurteilungs- und Prognosespielräume des Gesetzgebers aufzufangen, so dass die Gerichte ihre individuellen Wertungen nicht einfach an die Stelle derjenigen des demokratisch legitimierten Gesetzgebers setzen dürfen. Gleichwohl verbleibt Raum für unterschiedliche gerichtliche Entscheidungen, was sich erneut in der Coronapandemie zeigte. Nicht zuletzt das Bundesverfassungsgericht sah sich bei einigen Entscheidungen Kritik ausgesetzt, weil es dem Gesetzgeber einen zu großen Spielraum eingeräumt und den Grundsatz der Verhältnismäßigkeit nicht mit der gebotenen Strenge angewandt habe – eine vertretbare Ansicht, die aus meiner Sicht aber nicht verfängt.

Wie lässt sich nun die Verhältnismäßigkeit eines Grundrechtseingriffes überprüfen? Es handelt sich um eine komplexe Zweck-Mittel-Relation, die aus fünf Prüfungsschritten besteht:

Zunächst muss der Gesetzgeber mit dem Eingriff einen legitimen, das heißt einen grundgesetzlich erlaubten Zweck verfolgen. Entscheidend ist, dass der Gesetzgeber überhaupt einen Zweck verfolgt, das betreffende Grundrecht mithin nicht willkürlich einschränkt. In der Regel wird dieser Zweck mittelbar im Schutz anderer grundrechtlicher Freiheiten oder sonstiger Güter von Verfassungsrang liegen. So verfolgten etliche Regelungen zur Bekämpfung der Coronapandemie den Zweck, eine Überlastung des Gesundheitssystems zu verhindern. Sie dienten damit zugleich dem Schutz des Rechts auf Leben und körperliche Unversehrtheit aus ▸ 2 II 1. Vorgaben zum Einsparen von Energie, die sich als Eingriffe in das Recht auf Eigentum (▸ 14 I, II) oder die allgemeine Handlungsfreiheit (▸ 2 I) darstellen können, verfolgen das Ziel des Schutzes der natürlichen Lebensgrundlagen aus ▸ 20a oder wollen in Zeiten des verbrecherischen Angriffskrieges der Russischen Föderation gegen die Ukraine einem Zusammenbruch der Wirtschaft vorbeugen und schützen damit mittelbar die Eigentumsfreiheit (▸ 14 I, II), die Berufsfreiheit (▸ 12 I) und das Recht auf ein menschenwürdiges Existenzminimum (▸ 1 I in Verbindung mit 20 I). Regelungen des Mieterschutzes dienen der Verwirklichung des Sozialstaatsprinzips in ▸ 20 I sowie des Wohnungsgrundrechts in ▸ 13 I.

Den jeweiligen legitimen Zweck muss der Gesetzgeber mit einem legitimen Mittel verfolgen. Typische legitime Mittel sind Ge- oder Verbote: das Gebot, in öffentlichen Räumen Masken zu tragen, die Vorgabe bei der Sanierung von Häusern vorgegebene Dämmwerte zu erreichen oder bestimmte Heizungen einzubauen, Photovoltaikanlagen zu errichten oder auf der Autobahn eine Höchstgeschwindigkeit nicht zu überschreiten. Das Verbot, bestimmte nicht nachhaltige Baumaterialien zu nutzen oder – in Zeiten einer Pandemie – das Haus nach einer festgelegten Uhrzeit zu verlassen oder bestimmte Geschäfte zu öffnen. Auch an dieser Stelle wird die Prüfung der Verhältnismäßigkeit selten scheitern – auf illegitime Mittel wird der Gesetzgeber in einer funktionierenden Demokratie nicht zurückgreifen. Gleichwohl ist die präzise Herausarbeitung des konkreten Mittels für die nun folgende dreistufige Zweck-Mittel-Relation von großer Wichtigkeit.

Das gewählte Mittel muss danach erstens für die Erreichung des angestrebten Zwecks geeignet sein, was voraussetzt, dass das gewählte Mittel diesen Zweck zumindest fördert. Bei der Prüfung der Eignung geht es nicht darum zu ermitteln, ob der Gesetzgeber das effektivste aller denkbaren Mittel ausgesucht hat oder ob es andere geeignete Mittel gibt – die Auswahl des konkreten Mittels ist eine politische Frage. Eine Prüfung wird an dieser Stelle nur scheitern, soweit das gewählte Mittel in keiner ersichtlichen Weise zur Zielerreichung beiträgt. In den überwiegenden Fällen wird die Frage der Eignung vergleichsweise einfach zu ermitteln sein. In anderen lässt sie sich – wie bei der Bekämpfung der Coronapandemie – nur unter Zuhilfenahme der Erkenntnisse anderer wissenschaftlicher Disziplinen beantworten: Trägt die Schließung einer Schule zur Eindämmung des Virus und damit zur Verhinderung einer möglichen Überlastung des Gesundheitssystems bei? Wie ist es mit einer (einrichtungsbezogenen) Impfpflicht? Aus juristischer Perspektive stellt sich dann die Frage, wie die Eignung zu ermitteln ist, wenn es eine gefestigte wissenschaftliche Meinung noch nicht gibt oder wissenschaftliche Studien zu unterschiedlichen Ergebnissen kommen, sich die Lage also als diffus darstellt. Letztlich geht es um die Frage, wie mit (wissenschaftlicher) Unsicherheit umzugehen ist. Kann von einer Eignung erst dann ausgegangen werden, wenn der Gesetzgeber den unzweifelhaften Beweis derselben erbracht hat? Das würde in neuartigen Not- und Gefahrensituationen wie einer Pandemie dazu führen, dass der Gesetzgeber für eine längere Zeit nicht handlungsfähig wäre, sondern auf (eindeutige) wissenschaftliche Ergebnisse warten müsste. Wäre das sinnvoll? Wäre es eine bessere Lösung, wenn der Gesetzgeber eine Pandemie zunächst laufen lassen und dadurch eine Vielzahl von Menschenleben riskieren müsste? An dieser Stelle kommen daher demokratie- und legitimitätstheoretische Argumente ins Spiel: Es entspräche schlicht nicht der Erwartung der Bevölkerung, wenn die wissenschaftliche Unsicherheit in einer solchen Notsituation stets zu einer vorläufigen Handlungsunfähigkeit des Gesetzgebers und damit auch der Regierung führte. Dogmatisch wird daher mit sogenannten Beurteilungs- und Prognosespielräumen gearbeitet. Die Gerichte ziehen sich bei ihrer Prüfung darauf zurück, die argumentative Vertretbarkeit des Vorbringens des Gesetzgebers zu überprüfen. Erscheint eine Eignung der Maßnahme unabhängig von ihrer wissenschaftlichen Nichterweisbarkeit zumindest nachvollziehbar? Entspricht die vorgebrachte Argumentation wissenschaftlichen Standards und gewissen empirischen Erfahrungen? Daraus folgt zugleich: Mit dem wachsenden wissenschaftlichen Wissen über bestimmte Gefahren steigen die Anforderungen, die der Gesetzgeber für den Nachweis der Geeignetheit einer Maßnahme vorbringen muss. Den Gesetzgeber trifft daher eine Pflicht, seine Annahmen in regelmäßigen Abständen zu überprüfen und zu aktualisieren. Es ist aber kein juristischer Widerspruch, wenn ein Mittel anfangs noch als geeignet, später aber aufgrund neuer Erkenntnisse als ungeeignet eingestuft wird.

Zweitens muss das gewählte Mittel erforderlich sein. An dieser Stelle erfolgt erstmals ein Vergleich mit anderen, möglicherweise milderen Mitteln, die der Gesetzgeber hätte wählen können. Der Gesetzgeber muss von mehreren Mitteln aber nicht stets das mildeste auswählen – diese Anforderung wäre gar nicht erfüllbar, da sich immer irgendein milderes Mittel findet. Die Erforderlichkeit setzt vielmehr voraus, dass der Gesetzgeber aus mehreren, aber gleich geeigneten Mitteln das mildeste auswählt. Es geht mithin darum, das relativ mildeste Mittel aus einer Vielzahl gleich geeigneter Mittel auszuwählen. Dahinter steht die Überlegung, dass es dem Gesetzgeber mit seinem Eingriff allein um die Erreichung des Zwecks und (natürlich) nicht um die damit einhergehende Grundrechtsbeeinträchtigung geht. Wenn es also einen Weg gibt, den angestrebten Zweck in exakt gleicher Weise mit einem weniger eingreifenden Mittel zu verwirklichen, ist er verfassungsrechtlich verpflichtet, auf dieses mildere Mittel zurückzugreifen. Sowohl bei der Prüfung der relativen Eignung als auch der relativen Eingriffstiefe können sich erneut schwierige (wissenschaftliche) Bewertungsfragen stellen, bei denen dem Gesetzgeber ein Beurteilungsspielraum zuzugestehen ist. Die Erforderlichkeit ist aus juristischer Sicht daher nicht schon dann zu verneinen, wenn die Richterinnen und Richter individuell zu einem anderen Ergebnis als der Gesetzgeber kommen, sondern erst, wenn die Einschätzung des Gesetzgebers (unter Nutzung aller zur Verfügung stehenden Informationen) als nicht mehr vertretbar angesehen werden muss.

Diese zurückgenommene Kontrollintensität gilt auch auf der letzten, gemeinhin als am problematischsten angesehenen dritten Stufe – der sogenannten Angemessenheit. Problematisch ist sie, weil hier die größte Gefahr besteht, dass Gerichte ihre eigenen Wertvorstellungen in die Entscheidung über die Maßnahme des Gesetzgebers einfließen lassen. Von einer Unangemessenheit ist auszugehen, wenn sich die mit dem Eingriff einhergehenden Freiheitsbeschränkungen vor dem Hintergrund der mit diesen verfolgten Zwecke nicht mehr als akzeptabel erweisen. Die bewirkten Freiheitsbeschränkungen müssen folglich mit den durch diese erreichten Zwecken abgewogen werden. Dieser Prozess entzieht sich freilich einer effektiven dogmatischen Einhegung. Wie schwer man einen Eingriff gewichtet, für wie bedeutend man den verfolgten Zweck ansieht, lässt sich objektiv kaum bestimmen, hängt von eigenen Wertungen, Erfahrungen und sonstigen individuellen Sozialisierungen ab. Warum aber sollten sich diese zufälligen Wertvorstellungen einzelner Richterinnen und Richter gegenüber der Entscheidung des Gesetzgebers durchsetzen? Der Gesetzgeber ist unmittelbar demokratisch legitimiert und über Wahlen sanktionierbar, Richterinnen und Richter nicht. Sollte die Entscheidung aber davon abhängen dürfen, welches Gericht in welcher Zusammensetzung zur Entscheidung berufen ist? Kann es an dieser Stelle darauf ankommen, ob ein Richter oder eine Richterin privat ein eher liberales oder ein eher konservatives Weltbild hat? Um das zu verhindern, sind höhere Gerichte in der Regel mit mehreren Personen besetzt. Schon das hat – nicht zuletzt beim Bundesverfassungsgericht (▸ 93) – eine mäßigende Wirkung, da sich die individuellen Prägungen und Sozialisierungen unterscheiden und dadurch wenigstens partiell ausgleichen werden. Darüber hinaus sind die Gerichte dogmatisch gehalten, die Wertentscheidung des Gesetzgebers im Rahmen der Abwägung bis zu ihrer Unvertretbarkeit zu halten. Eine Aufhebung der getroffenen Entscheidung kommt erst in Betracht, soweit sich diese als offensichtlich fehlsam, also als unvertretbar erweist, weil der Gesetzgeber »mit Kanonen auf Spatzen schießt«. Das ist eine hohe Hürde, die nur selten übersprungen wird, wenngleich sich subjektive Einflüsse auf die Entscheidungen auch dann nicht gänzlich vermeiden lassen. Die dogmatische Erfassung der Verhältnismäßigkeit einer staatlichen Maßnahme zählt in jedem Fall weiterhin zu den umstrittensten Fragestellungen der Grundrechtsdogmatik.

Die Gleichheitsrechte

Von den Freiheitsrechten sind der allgemeine Gleichheitssatz (▸ 3 I) und die besonderen Gleichheitsrechte (▸ 3 II, III, ▸ 33 I, ▸ 38 I) zu unterscheiden. Der Gedanke der Gleichheit gehört zu den ältesten ideengeschichtlichen Grundlagen; mit der französischen Menschenrechtserklärung aus dem Jahre 1793 erhielt er Einzug in die moderne Verfassungsgeschichte. In den deutschen Verfassungen wird die Gleichheit der Staatsbürger (Staatsbürgerinnen gab es noch keine) vor dem Gesetz kontinuierlich seit dem Vormärz (1830–1848) verankert. Die Wahlrechtsgleichheit (heute ▸ 38) wird anfangs noch nicht garantiert. Umstritten blieb die Bindung des Gesetzgebers an den Gleichheitssatz. Im Parlamentarischen Rat wurde diese Frage mit der Regelung des ▸ 1 III zugunsten der formellen Bindung auch an die Gleichheitsrechte endgültig beantwortet.

In ihrer dogmatischen Struktur unterscheiden sich Gleichheitsrechte fundamental von derjenigen der Freiheitsrechte. Während es bei den Freiheitsrechten um die Abwehr einer missbilligten staatlichen Handlung geht, das Verhältnis also bipolar (Staat – Bürgerin/Bürger) ausgestaltet ist, geht es bei den Gleichheitsrechten um die ungleiche Behandlung mindestens zweier Personen durch staatliche Stellen. Das Verhältnis erweist sich damit als tripolar (Bürgerin/Bürger 1 – Bürgerin/Bürger 2 – Staat). Gerügt wird nicht die Maßnahme als solche oder deren Eingriffstiefe, sondern die unterschiedliche Behandlung im Vergleich zu einer anderen Person. Die Gleichheit (oder Ungleichheit) bezeichnet mithin eine Relation zwischen zwei Personen im Hinblick auf bestimmte gemeinsame Merkmale. Im Unterschied zur Identität setzt Gleichheit folglich Verschiedenheit der betroffenen Personen im Übrigen voraus.

Diese theoretischen Überlegungen wirken sich auf die Prüfung der Verletzung eines Gleichheitsrechts aus, die nicht drei-, sondern zweistufig ausfällt. Auf der ersten Stufe erfolgt die Feststellung einer Ungleichbehandlung, die wiederum in zwei Teilschritten erfolgt: Zunächst bedarf es der Feststellung der Gleichheit der betroffenen Personen im Hinblick auf ein bestimmtes Merkmal durch die Bildung eines gemeinsamen Oberbegriffs. Anschließend wird die Ungleichbehandlung der unter diesen Oberbegriff fallenden Personen aufgrund eines konkreten Unterscheidungsmerkmals festgestellt. Ein Beispiel mag diese Ausführungen verdeutlichen:

> A und B sind jeweils Halterinnen eines Hundes. A hat einen kleinen Chihuahua, B einen großen Pitbull-Terrier. Nach einer neuen gesetzlichen Regelung müssen unter anderem Pitbull-Terrier einen Wesenstest ablegen, der ihre Ungefährlichkeit bescheinigt, Chihuahuas hingegen nicht. Liegt eine relevante Ungleichbehandlung im Sinne des ▸ 3 I vor?

Zunächst muss eine gemeinsame Obergruppe gebildet werden, die A und B im Hinblick auf ein relevantes gemeinsames Merkmal erfasst. Bereits diese Gruppenbildung erfolgt unter Berücksichtigung der zu untersuchenden Regelung und fällt damit nicht ganz leicht. So gleichen sich A und B darin, dass sie beide Menschen sind. Gleichwohl wäre diese Obergruppenbildung wenig hilfreich, da die spätere Differenzierung an diese Eigenschaft nicht anknüpft. Zu suchen ist vielmehr eine Gruppe, die einen möglichst engen Bezug zur späteren Ungleichbehandlung aufweist. Das wäre hier die Gruppe der Hundehalterinnen und -halter, der sowohl A als auch B angehören und die auch der Gesetzgeber bei seiner Regelung im Blick hatte. In dieser Gruppe wird B aufgrund der von ihr gehaltenen Hunderasse gesetzlich anders behandelt als A. Damit liegt eine relevante Ungleichbehandlung im Sinne des ▸ 3 I vor.

Auch für die Gleichheitsrechte gilt jedoch, dass diese nicht absolut gelten, Differenzierungen sind nicht pauschal untersagt. Mit der ungleichen Behandlung als solcher geht auch noch kein negatives Werturteil einher, etwa weil die Gleichbehandlung als generell »gerechter« angesehen werden müsste, im Gegenteil: Eine Ungleichbehandlung kann Ausdruck fundamentaler Gerechtigkeitserwägungen sein, entsprechende Differenzierungen durch den Staat werden vonseiten der Bürgerinnen und Bürger nachgerade erwartet. So variiert beispielsweise die absolute Höhe einer Geldstrafe im Strafrecht nach den Vermögensverhältnissen des Angeklagten – eine Gleichbehandlung aller Angeklagten würde als grundlegend ungerecht empfunden.

Daher stellt sich auf der zweiten Stufe der Prüfung erneut die Frage nach der Rechtfertigung der festgestellten Ungleichbehandlung. Angesichts der vielfältigen Differenzierungsnotwendigkeiten in einer pluralistischen Gesellschaft verlangt der allgemeine Gleichheitssatz des ▸ 3 I zur Rechtfertigung einer Ungleichbehandlung allein das Vorliegen eines sachlichen Grundes. Das Bundesverfassungsgericht spricht davon, dass die Ungleichbehandlung von einem »vernünftigen, aus der Natur der Sache sich ergebenden oder sonstwie einleuchtenden Grund« gedeckt sein muss. Die Ungleichbehandlung darf also nicht willkürlich erfolgen – bisweilen wird der allgemeine Gleichheitssatz des ▸ 3 I auch als Willkürverbot bezeichnet. Eine gewisse Verschärfung dieses Willkürmaßstabes erfolgt, sofern durch die staatliche Maßnahme zusätzlich andere Freiheitsrechte betroffen sind, sich die gewählten Differenzierungsmerkmale den in ▸ 3 III verpönten annähern oder das maßgebliche Differenzierungskriterium durch den Betroffenen nicht durch eigenes Verhalten beeinflusst werden kann. Nach diesen Kriterien wird der konkrete Prüfungsmaßstab nach der neueren Rechtsprechung des Bundesverfassungsgerichts stufenlos den Erfordernissen des Einzelfalls angepasst. Insgesamt bleibt im Bereich der Gleichheitsrechte aber vieles umstritten – ein Umstand, der nicht zuletzt Studierenden immer wieder Schwierigkeiten bereitet. Im Beispielsfall wäre die Ungleichbehandlung gerechtfertigt: Den sachlichen Grund bildet die angenommene Gefährlichkeit bestimmter Hunderassen, wobei es dem Gesetzgeber gestattet ist, nach allgemeinen Kriterien (hier Hunderassen) zu typisieren. Eine besondere Verschärfung des Prüfungsmaßstabs ist nicht angezeigt. Zwar sind zugleich andere Freiheitsrechte berührt (▸ 14 I). Die Beeinträchtigung ist jedoch nicht sehr stark, die Merkmale des ▸ 3 III sind nicht tangiert, und B hat sich den Hund selbst ausgesucht, hätte also auf eine andere Hunderasse zurückgreifen können.

Sonstige Regelungen des ersten Abschnitts

Neben klassischen Grundrechten finden sich im ersten Abschnitt Bestimmungen, die besondere Grundrechtseingriffe explizit gestatten. So regelt ▸ 12a die Zulässigkeit einer Wehr- und Ersatzdienstpflicht, eine Bestimmung, die durch den Angriffskrieg der Russischen Föderation gegen die Ukraine an Bedeutung gewonnen hat. Auch in Deutschland sind Männer im Alter von 18 bis 60 Jahren nach den Regelungen des Wehrpflichtgesetzes grundsätzlich verpflichtet, im Verteidigungsfalle (▸ 115a) Wehrdienst (oder Ersatzdienst) zu leisten. Der allgemeine Grundwehrdienst außerhalb des Verteidigungsfalles ist gegenwärtig einfachrechtlich ausgesetzt. Im Verteidigungsfalle können zudem auch Frauen zu bestimmten Diensten (nicht jedoch zum Dienst an der Waffe, vgl. ▸ 12a IV 2) verpflichtet werden. ▸ 17a gestattet weitergehende Eingriffe in bestimmte Grundrechte von Soldatinnen und Soldaten zur Aufrechterhaltung der Wehr- und Verteidigungsfähigkeit der Truppe. Die Grundrechtsverwirkung des ▸ 18 hat bisher noch keine besondere Rolle gespielt.

Abschnitt II

Der Bund und die Länder

Artikel 20

(1) Die Bundesrepublik Deutschland ist ein demokratischer und sozialer Bundesstaat.

(2) Alle Staatsgewalt geht vom Volke aus. Sie wird vom Volke in Wahlen und Abstimmungen und durch besondere Organe der Gesetzgebung, der vollziehenden Gewalt und der Rechtsprechung ausgeübt.

(3) Die Gesetzgebung ist an die verfassungsmäßige Ordnung, die vollziehende Gewalt und die Rechtsprechung sind an Gesetz und Recht gebunden.

(4) Gegen jeden, der es unternimmt, diese Ordnung zu beseitigen, haben alle Deutschen das Recht zum Widerstand, wenn andere Abhilfe nicht möglich ist.

Artikel 20a

Der Staat schützt auch in Verantwortung für die künftigen Generationen die natürlichen Lebensgrundlagen und die Tiere im Rahmen der verfassungsmäßigen Ordnung durch die Gesetzgebung und nach Maßgabe von Gesetz und Recht durch die vollziehende Gewalt und die Rechtsprechung.

Artikel 21

(1) Die Parteien wirken bei der politischen Willensbildung des Volkes mit. Ihre Gründung ist frei. Ihre innere Ordnung muß demokratischen Grundsätzen entsprechen. Sie müssen über die Herkunft und Verwendung ihrer Mittel sowie über ihr Vermögen öffentlich Rechenschaft geben.

(2) Parteien, die nach ihren Zielen oder nach dem Verhalten ihrer Anhänger darauf ausgehen, die freiheitliche demokratische Grundordnung zu beeinträchtigen oder zu beseitigen oder den Bestand der Bundesrepublik Deutschland zu gefährden, sind verfassungswidrig.

(3) Parteien, die nach ihren Zielen oder dem Verhalten ihrer Anhänger darauf ausgerichtet sind, die freiheitliche demokratische Grundordnung zu beeinträchtigen oder zu beseitigen oder den Bestand der Bundesrepublik Deutschland zu gefährden, sind von staatlicher Finanzierung ausgeschlossen. Wird der Ausschluss festgestellt, so entfällt auch eine steuerliche Begünstigung dieser Parteien und von Zuwendungen an diese Parteien.

(4) Über die Frage der Verfassungswidrigkeit nach Absatz 2 sowie über den Ausschluss von staatlicher Finanzierung nach Absatz 3 entscheidet das Bundesverfassungsgericht.

(5) Das Nähere regeln Bundesgesetze.

Artikel 22

(1) Die Hauptstadt der Bundesrepublik Deutschland ist Berlin. Die Repräsentation des Gesamtstaates in der Hauptstadt ist Aufgabe des Bundes. Das Nähere wird durch Bundesgesetz geregelt.

(2) Die Bundesflagge ist schwarz-rot-gold.

Artikel 23

(1) Zur Verwirklichung eines vereinten Europas wirkt die Bundesrepublik Deutschland bei der Entwicklung der Europäischen Union mit, die demokratischen, rechtsstaatlichen, sozialen und föderativen Grundsätzen und dem Grundsatz der Subsidiarität verpflichtet ist und einen diesem Grundge-

setz im wesentlichen vergleichbaren Grundrechtsschutz gewährleistet. Der Bund kann hierzu durch Gesetz mit Zustimmung des Bundesrates Hoheitsrechte übertragen. Für die Begründung der Europäischen Union sowie für Änderungen ihrer vertraglichen Grundlagen und vergleichbare Regelungen, durch die dieses Grundgesetz seinem Inhalt nach geändert oder ergänzt wird oder solche Änderungen oder Ergänzungen ermöglicht werden, gilt Artikel 79 Abs. 2 und 3.

(1a) Der Bundestag und der Bundesrat haben das Recht, wegen Verstoßes eines Gesetzgebungsakts der Europäischen Union gegen das Subsidiaritätsprinzip vor dem Gerichtshof der Europäischen Union Klage zu erheben. Der Bundestag ist hierzu auf Antrag eines Viertels seiner Mitglieder verpflichtet. Durch Gesetz, das der Zustimmung des Bundesrates bedarf, können für die Wahrnehmung der Rechte, die dem Bundestag und dem Bundesrat in den vertraglichen Grundlagen der Europäischen Union eingeräumt sind, Ausnahmen von Artikel 42 Abs. 2 Satz 1 und Artikel 52 Abs. 3 Satz 1 zugelassen werden.

(2) In Angelegenheiten der Europäischen Union wirken der Bundestag und durch den Bundesrat die Länder mit. Die Bundesregierung hat den Bundestag und den Bundesrat umfassend und zum frühestmöglichen Zeitpunkt zu unterrichten.

(3) Die Bundesregierung gibt dem Bundestag Gelegenheit zur Stellungnahme vor ihrer Mitwirkung an Rechtsetzungsakten der Europäischen Union. Die Bundesregierung berücksichtigt die Stellungnahmen des Bundestages bei den Verhandlungen. Das Nähere regelt ein Gesetz.

(4) Der Bundesrat ist an der Willensbildung des Bundes zu beteiligen, soweit er an einer entsprechenden innerstaatlichen Maßnahme mitzuwirken hätte oder soweit die Länder innerstaatlich zuständig wären.

(5) Soweit in einem Bereich ausschließlicher Zuständigkeiten des Bundes Interessen der Länder berührt sind oder soweit im übrigen der Bund das Recht zur Gesetzgebung hat, berücksichtigt die Bundesregierung die Stellungnahme des Bundesrates. Wenn im Schwerpunkt Gesetzgebungsbefugnisse der Länder, die Einrichtung ihrer Behörden oder ihre Verwaltungsverfahren betroffen sind, ist bei der Willensbildung des Bundes insoweit die Auffassung des Bundesrates maßgeblich zu berücksichtigen; dabei ist die gesamtstaatliche Verantwortung des Bundes zu wahren. In Angelegenheiten, die zu Ausgabenerhöhungen oder Einnahmeminderungen für den Bund führen können, ist die Zustimmung der Bundesregierung erforderlich.

(6) Wenn im Schwerpunkt ausschließliche Gesetzgebungsbefugnisse der Länder auf den Gebieten der schulischen Bildung, der Kultur oder des Rundfunks betroffen sind, wird die Wahrnehmung der Rechte, die der Bundesrepublik Deutschland als Mitgliedstaat der Europäischen Union zustehen, vom Bund auf einen vom Bundesrat benannten Vertreter der Länder übertragen. Die Wahrnehmung der Rechte erfolgt unter Beteiligung und in Abstimmung mit der Bundesregierung; dabei ist die gesamtstaatliche Verantwortung des Bundes zu wahren.

(7) Das Nähere zu den Absätzen 4 bis 6 regelt ein Gesetz, das der Zustimmung des Bundesrates bedarf.

Artikel 24

(1) Der Bund kann durch Gesetz Hoheitsrechte auf zwischenstaatliche Einrichtungen übertragen.

(1a) Soweit die Länder für die Ausübung der staatlichen Befugnisse und die Erfüllung der staatlichen Aufgaben zuständig sind, können sie mit Zustimmung der Bundesregierung Hoheitsrechte auf grenznachbarschaftliche Einrichtungen übertragen.

(2) Der Bund kann sich zur Wahrung des Friedens einem System gegenseitiger kollektiver Sicherheit einordnen; er wird hierbei in die Beschränkungen seiner Hoheitsrechte einwilligen, die eine friedliche und dauerhafte Ordnung in Europa und zwischen den Völkern der Welt herbeiführen und sichern.

(3) Zur Regelung zwischenstaatlicher Streitigkeiten wird der Bund Vereinbarungen über eine allgemeine, umfassende, obligatorische, internationale Schiedsgerichtsbarkeit beitreten.

Artikel 25

Die allgemeinen Regeln des Völkerrechtes sind Bestandteil des Bundesrechtes. Sie gehen den Gesetzen vor und erzeugen Rechte und Pflichten unmittelbar für die Bewohner des Bundesgebietes.

Artikel 26

(1) Handlungen, die geeignet sind und in der Absicht vorgenommen werden, das friedliche Zusammenleben der Völker zu stören, insbesondere die Führung eines Angriffskrieges vorzubereiten, sind verfassungswidrig. Sie sind unter Strafe zu stellen.

(2) Zur Kriegführung bestimmte Waffen dürfen nur mit Genehmigung der Bundesregierung hergestellt, befördert und in Verkehr gebracht werden. Das Nähere regelt ein Bundesgesetz.

Artikel 27

Alle deutschen Kauffahrteischiffe bilden eine einheitliche Handelsflotte.

Artikel 28

(1) Die verfassungsmäßige Ordnung in den Ländern muß den Grundsätzen des republikanischen, demokratischen und sozialen Rechtsstaates im Sinne dieses Grundgesetzes entsprechen. In den Ländern, Kreisen und Gemeinden muß das Volk eine Vertretung haben, die aus allgemeinen, unmittelbaren, freien, gleichen und geheimen Wahlen hervorgegangen ist. Bei Wahlen in Kreisen und Gemeinden sind auch Personen, die die Staatsangehörigkeit eines Mitgliedstaates der Europäischen Gemeinschaft besitzen, nach Maßgabe von Recht der Europäischen Gemeinschaft wahlberechtigt und wählbar. In Gemeinden kann an die Stelle einer gewählten Körperschaft die Gemeindeversammlung treten.

(2) Den Gemeinden muß das Recht gewährleistet sein, alle Angelegenheiten der örtlichen Gemeinschaft im Rahmen der Gesetze in eigener Verantwortung zu regeln. Auch die Gemeindeverbände haben im Rahmen ihres gesetzlichen Aufgabenbereiches nach Maßgabe der Gesetze das Recht der Selbstverwaltung. Die Gewährleistung der Selbstverwaltung umfaßt auch die Grundlagen der finanziellen Eigenverantwortung; zu diesen Grundlagen gehört eine den Gemeinden mit Hebesatzrecht zustehende wirtschaftskraftbezogene Steuerquelle.

(3) Der Bund gewährleistet, daß die verfassungsmäßige Ordnung der Länder den Grundrechten und den Bestimmungen der Absätze 1 und 2 entspricht.

Artikel 29

(1) Das Bundesgebiet kann neu gegliedert werden, um zu gewährleisten, daß die Länder nach Größe und Leistungsfähigkeit die ihnen obliegenden Aufgaben wirksam erfüllen können. Dabei sind die landsmannschaftliche Verbundenheit, die geschichtlichen und kulturellen Zusammenhänge, die wirtschaftliche Zweckmäßigkeit sowie die Erfordernisse der Raumordnung und der Landesplanung zu berücksichtigen.

(2) Maßnahmen zur Neugliederung des Bundesgebietes ergehen durch Bundesgesetz, das der Bestätigung durch Volksentscheid bedarf. Die betroffenen Länder sind zu hören.

(3) Der Volksentscheid findet in den Ländern statt, aus deren Gebieten oder Gebietsteilen ein neues oder neu umgrenztes Land gebildet werden soll (betroffene Länder). Abzustimmen ist über die Frage, ob die betroffenen Länder wie bisher bestehenbleiben sollen oder ob das neue oder neu umgrenzte Land gebildet werden soll. Der Volksentscheid für die Bildung eines neuen oder neu umgrenzten Landes kommt zustande, wenn in dessen künftigem Gebiet und insgesamt in den Gebieten oder Gebietsteilen eines betroffenen Landes, deren Landeszugehörigkeit im gleichen Sinne geändert werden soll, jeweils eine Mehrheit der Änderung zustimmt. Er kommt nicht zustande, wenn im Gebiet eines der betroffenen Länder eine Mehrheit die Änderung ablehnt; die Ablehnung ist jedoch unbeachtlich, wenn in einem Gebietsteil, dessen Zugehörigkeit zu dem betroffenen Land geändert werden soll, eine Mehrheit von zwei Dritteln der Änderung zustimmt, es sei denn, daß im Gesamtgebiet des betroffenen Landes eine Mehrheit von zwei Dritteln die Änderung ablehnt.

(4) Wird in einem zusammenhängenden, abgegrenzten Siedlungs- und Wirtschaftsraum, dessen Teile in mehreren

Ländern liegen und der mindestens eine Million Einwohner hat, von einem Zehntel der in ihm zum Bundestag Wahlberechtigten durch Volksbegehren gefordert, daß für diesen Raum eine einheitliche Landeszugehörigkeit herbeigeführt werde, so ist durch Bundesgesetz innerhalb von zwei Jahren entweder zu bestimmen, ob die Landeszugehörigkeit gemäß Absatz 2 geändert wird, oder daß in den betroffenen Ländern eine Volksbefragung stattfindet.

(5) Die Volksbefragung ist darauf gerichtet festzustellen, ob eine in dem Gesetz vorzuschlagende Änderung der Landeszugehörigkeit Zustimmung findet. Das Gesetz kann verschiedene, jedoch nicht mehr als zwei Vorschläge der Volksbefragung vorlegen. Stimmt eine Mehrheit einer vorgeschlagenen Änderung der Landeszugehörigkeit zu, so ist durch Bundesgesetz innerhalb von zwei Jahren zu bestimmen, ob die Landeszugehörigkeit gemäß Absatz 2 geändert wird. Findet ein der Volksbefragung vorgelegter Vorschlag eine den Maßgaben des Absatzes 3 Satz 3 und 4 entsprechende Zustimmung, so ist innerhalb von zwei Jahren nach der Durchführung der Volksbefragung ein Bundesgesetz zur Bildung des vorgeschlagenen Landes zu erlassen, das der Bestätigung durch Volksentscheid nicht mehr bedarf.

(6) Mehrheit im Volksentscheid und in der Volksbefragung ist die Mehrheit der abgegebenen Stimmen, wenn sie mindestens ein Viertel der zum Bundestag Wahlberechtigten umfaßt. Im übrigen wird das Nähere über Volksentscheid, Volksbegehren und Volksbefragung durch ein Bundesgesetz geregelt; dieses kann auch vorsehen, daß Volksbegehren innerhalb eines Zeitraumes von fünf Jahren nicht wiederholt werden können.

(7) Sonstige Änderungen des Gebietsbestandes der Länder

können durch Staatsverträge der beteiligten Länder oder durch Bundesgesetz mit Zustimmung des Bundesrates erfolgen, wenn das Gebiet, dessen Landeszugehörigkeit geändert werden soll, nicht mehr als 50.000 Einwohner hat. Das Nähere regelt ein Bundesgesetz, das der Zustimmung des Bundesrates und der Mehrheit der Mitglieder des Bundestages bedarf. Es muß die Anhörung der betroffenen Gemeinden und Kreise vorsehen.

(8) Die Länder können eine Neugliederung für das jeweils von ihnen umfaßte Gebiet oder für Teilgebiete abweichend von den Vorschriften der Absätze 2 bis 7 durch Staatsvertrag regeln. Die betroffenen Gemeinden und Kreise sind zu hören. Der Staatsvertrag bedarf der Bestätigung durch Volksentscheid in jedem beteiligten Land. Betrifft der Staatsvertrag Teilgebiete der Länder, kann die Bestätigung auf Volksentscheide in diesen Teilgebieten beschränkt werden; Satz 5 zweiter Halbsatz findet keine Anwendung. Bei einem Volksentscheid entscheidet die Mehrheit der abgegebenen Stimmen, wenn sie mindestens ein Viertel der zum Bundestag Wahlberechtigten umfaßt; das Nähere regelt ein Bundesgesetz. Der Staatsvertrag bedarf der Zustimmung des Bundestages.

Artikel 30

Die Ausübung der staatlichen Befugnisse und die Erfüllung der staatlichen Aufgaben ist Sache der Länder, soweit dieses Grundgesetz keine andere Regelung trifft oder zuläßt.

Artikel 31

Bundesrecht bricht Landesrecht.

Artikel 32

(1) Die Pflege der Beziehungen zu auswärtigen Staaten ist Sache des Bundes.

(2) Vor dem Abschlusse eines Vertrages, der die besonderen Verhältnisse eines Landes berührt, ist das Land rechtzeitig zu hören.

(3) Soweit die Länder für die Gesetzgebung zuständig sind, können sie mit Zustimmung der Bundesregierung mit auswärtigen Staaten Verträge abschließen.

Artikel 33

(1) Jeder Deutsche hat in jedem Lande die gleichen staatsbürgerlichen Rechte und Pflichten.

(2) Jeder Deutsche hat nach seiner Eignung, Befähigung und fachlichen Leistung gleichen Zugang zu jedem öffentlichen Amte.

(3) Der Genuß bürgerlicher und staatsbürgerlicher Rechte, die Zulassung zu öffentlichen Ämtern sowie die im öffentlichen Dienste erworbenen Rechte sind unabhängig von dem religiösen Bekenntnis. Niemandem darf aus seiner Zugehörigkeit oder Nichtzugehörigkeit zu einem Bekenntnisse oder einer Weltanschauung ein Nachteil erwachsen.

(4) Die Ausübung hoheitsrechtlicher Befugnisse ist als ständige Aufgabe in der Regel Angehörigen des öffentlichen Dienstes zu übertragen, die in einem öffentlich-rechtlichen Dienst- und Treueverhältnis stehen.

(5) Das Recht des öffentlichen Dienstes ist unter Berücksichtigung der hergebrachten Grundsätze des Berufsbeamtentums zu regeln und fortzuentwickeln.

Artikel 34

Verletzt jemand in Ausübung eines ihm anvertrauten öffentlichen Amtes die ihm einem Dritten gegenüber obliegende Amtspflicht, so trifft die Verantwortlichkeit grundsätzlich den Staat oder die Körperschaft, in deren Dienst er steht. Bei Vorsatz oder grober Fahrlässigkeit bleibt der Rückgriff vorbehalten. Für den Anspruch auf Schadensersatz und für den Rückgriff darf der ordentliche Rechtsweg nicht ausgeschlossen werden.

Artikel 35

(1) Alle Behörden des Bundes und der Länder leisten sich gegenseitig Rechts- und Amtshilfe.

(2) Zur Aufrechterhaltung oder Wiederherstellung der öffentlichen Sicherheit oder Ordnung kann ein Land in Fällen von besonderer Bedeutung Kräfte und Einrichtungen des Bundesgrenzschutzes zur Unterstützung seiner Polizei anfordern, wenn die Polizei ohne diese Unterstützung eine Aufgabe nicht oder nur unter erheblichen Schwierigkeiten erfüllen könnte. Zur Hilfe bei einer Naturkatastrophe oder bei einem besonders schweren Unglücksfall kann ein Land Polizeikräfte anderer Länder, Kräfte und Einrichtungen anderer Verwaltungen sowie des Bundesgrenzschutzes und der Streitkräfte anfordern.

(3) Gefährdet die Naturkatastrophe oder der Unglücksfall das Gebiet mehr als eines Landes, so kann die Bundesregierung, soweit es zur wirksamen Bekämpfung erforderlich ist, den Landesregierungen die Weisung erteilen, Polizeikräfte anderen Ländern zur Verfügung zu stellen, sowie Einheiten des Bundesgrenzschutzes und der Streitkräfte zur Unterstützung der Polizeikräfte einsetzen. Maßnahmen der Bundesregierung

nach Satz 1 sind jederzeit auf Verlangen des Bundesrates, im übrigen unverzüglich nach Beseitigung der Gefahr aufzuheben.

Artikel 36

(1) Bei den obersten Bundesbehörden sind Beamte aus allen Ländern in angemessenem Verhältnis zu verwenden. Die bei den übrigen Bundesbehörden beschäftigten Personen sollen in der Regel aus dem Lande genommen werden, in dem sie tätig sind.

(2) Die Wehrgesetze haben auch die Gliederung des Bundes in Länder und ihre besonderen landsmannschaftlichen Verhältnisse zu berücksichtigen.

Artikel 37

(1) Wenn ein Land die ihm nach dem Grundgesetze oder einem anderen Bundesgesetze obliegenden Bundespflichten nicht erfüllt, kann die Bundesregierung mit Zustimmung des Bundesrates die notwendigen Maßnahmen treffen, um das Land im Wege des Bundeszwanges zur Erfüllung seiner Pflichten anzuhalten.

(2) Zur Durchführung des Bundeszwanges hat die Bundesregierung oder ihr Beauftragter das Weisungsrecht gegenüber allen Ländern und ihren Behörden.

Erläuterungen

Der mit »Der Bund und die Länder« überschriebene zweite Abschnitt lässt sich in zwei Teile teilen: Der erste enthält in ▸ 20–27 die fundamentalen Bestimmungen für den Gesamtstaat Bundesrepublik Deutschland (das staatsorganisatorische Selbstverständnis), der zweite gestaltet in ▸ 28–37 das allgemeine bundesstaatliche Verhältnis näher aus, regelt also vor allem das Verhältnis des Bundes zu den einzelnen in der ▸ Präambel aufgezählten Ländern.

Die verfassungsrechtlichen Grundentscheidungen

Der erste Teil eröffnet mit ▸ 20, aus dem sich nicht nur der Staatsname (»Bundesrepublik Deutschland«), sondern auch die grundlegenden Bestimmungen für die Staatsorganisation ergeben. So enthält ▸ 20 I das Demokratie-, das Republik-, das Sozialstaats- und das Bundesstaatsprinzip. Ergänzend tritt das Rechtsstaatsprinzip hinzu, das gemeinhin in ▸ 20 III verortet wird, sich im Übrigen aus der grundgesetzlichen Gesamtkonzeption ergibt und in ▸ 23 I für die Europäische Union und in ▸ 28 I für die Länder aufgeführt wird. Die überragende Bedeutung dieser Prinzipien wird daran erkennbar, dass sie in ihren Grundsätzen durch die Ewigkeitsklausel des ▸ 79 III geschützt werden. Auch im Wege der formalen Verfassungsänderung (▸ 79 I, II) dürfen sie also weder substantiell modifiziert noch abgeschafft werden. Die Bundesrepublik wäre bei einer Abschaffung oder einer Modifikation dieser Prinzipien schlicht nicht mehr derselbe Staat – und das soll jedenfalls unter Geltung des Grundgesetzes nicht möglich sein. Wenn eine solche grundlegende Veränderung vonseiten der Bevölkerung gewünscht ist, bleibt daher nur der Weg über die vollständige Verfassungsneugebung nach ▸ 146. Bis dahin wirken die Prinzipien des ▸ 20 als zentrale normative Auslegungsleitlinien für die folgenden Bestimmungen des Grundgesetzes. Deren Auslegung und Anwendung darf nie zu einem Ergebnis führen, das mit einem der Prinzipien nicht vereinbar wäre. Wo eine Bestimmung unterschiedlich ausgelegt werden kann, ist im Zweifel diejenige zu wählen, die die Prinzipien des ▸ 20 besser verwirklicht.

Als problematisch erweist sich allerdings die offene Formulierung dieser Prinzipien: Wer weiß schon, was Demokratie bedeutet und verlangt? Ähnliches gilt für das Rechtsstaats- und Sozialstaatsprinzip. Die verfassungsrechtliche Kunst besteht darin, die Prinzipien in einer solchen Weise zu konkretisieren, die den politischen Raum einerseits ausreichend einhegt, aber andererseits genügend Spielraum für das Treffen politischer Entscheidungen auch in veränderten Umständen belässt. Angesichts der inhaltlichen Umstrittenheit der einzelnen Prinzipien sollte das Ziel daher nicht darin liegen, diese bis ins letzte Detail zu entfalten, sondern eher Mindestvoraussetzungen zu formulieren, an denen sich die staatlichen Instanzen in ihrem Handeln orientieren können. So wäre es z. B. wenig sinnvoll, komplexe politikwissenschaftliche Demokratietheorien umfassend in das Grundgesetz hineinzulesen, da diese dann auch bei veränderten gesellschaftlichen Erwartungen nicht mehr modifiziert werden könnten. Eine solche zurückhaltende Interpretation beugt mithin der Gefahr vor, individuelle Staatsideologien über eine vermeintlich neutrale Auslegung des ▸ 20 I, III zum unveränderlichen (▸ 79 III) Verfassungsprinzip zu erheben. Dass das Bundesverfassungsgericht die Prinzipien des ▸ 20 in seinen Urteilen immer häufiger heranzieht, ist daher eine eher kritisch zu beobachtende Entwicklung. Nicht zuletzt die Rechtsprechung zu den sich aus dem Demokratieprinzip (vermeintlich) ergebenden Grenzen für die europäische Integration trifft – auch aufgrund der Europaklausel der ▸ Präambel – auf berechtigte Kritik. Über gewisse grundlegende Inhalte der Prinzipien besteht mittlerweile gleichwohl mehr oder weniger Konsens.

Das Demokratieprinzip verlangt, dass sämtliche (verfasste) Staatsgewalt, wie in ▸ 20 II aufgeführt, vom Volk ausgeht. Das Bundesverfassungsgericht spricht in Anlehnung an theoretische Vorarbeiten Ernst-Wolfgang Böckenfördes vom Erfordernis einer ununterbrochenen Legitimationskette vom Volk zu den staatlichen Organen und Sachwaltern. Zerbricht diese Kette – an welcher Stelle auch immer –, sind nachfolgende Glieder in ihrem Handeln nicht mehr auf das Volk rückführbar und dürfen keine Staatsgewalt mehr ausüben. Daher endet das Amt des Bundeskanzlers oder der Bundeskanzlerin nach ▸ 69 II mit der Auflösung des Bundestages und das Amt eines Bundesministers oder einer Bundesministerin zusätzlich bei einer Erledigung des Amtes des Bundeskanzlers oder der Bundeskanzlerin. Aus dem Erfordernis einer Legitimationskette ergibt sich eine weitere Konsequenz: Je mehr Glieder die Kette bis zu einem Entscheidungsträger oder einer Entscheidungsträgerin aufweist, desto weiter ist diese Person vom Volk als dem zentralen Legitimationsendsubjekt entfernt. Die demokratische Legitimation nimmt dadurch im Vergleich zu vorherigen Gliedern der Kette ab, wodurch sich die Gefahr erhöht, dass sich in der Art der konkreten Staatsausübung der Wille des Volkes nicht mehr in hinreichender Form artikuliert. Daher muss die Bedeutung der zu treffenden Entscheidungen mit jedem weiteren Glied der Kette abnehmen. Wesentliche Entscheidungen – und das heißt vor allem wesentliche Entscheidungen für die Verwirklichung der Grundrechte (▸ 1 ff.) – muss der Bundestag als einziges direkt legitimiertes Organ stets selbst treffen. Solche Entscheidungen dürfen nicht an andere Organe (etwa die Bundesregierung) delegiert werden. In der Coronapandemie musste das Infektionsschutzgesetz daher immer wieder angepasst werden, damit die Bundesregierung ihre Maßnahmen auf eine konkrete gesetzliche Ermächtigung stützen konnte. Wenn das Infektionsschutzgesetz eine bestimmte Maßnahme (etwa die Verpflichtung zum Tragen von Masken) nicht explizit gestattet, kann die Bundesregierung diese nicht einseitig anordnen. Wie weit dieser Wesentlichkeitsgrundsatz im Einzelnen reicht, ist umstritten – natürlich muss auch die Bundesregierung in der Lage sein, wichtige Entscheidungen zu treffen. Aus dem Wesentlichkeitsprinzip hat das Bundesverfassungsgericht aber unter anderem abgeleitet, dass es sich bei der Bundeswehr um eine Parlamentsarmee handelt, Einsätze also stets ein formales Bundestagsmandat voraussetzen und nicht einseitig durch die Bundesregierung angeordnet werden können.

Das Demokratieprinzip gebietet darüber hinaus eine Abstimmung nach dem Mehrheitsprinzip, verlangt aber zugleich ausreichend Schutzvorkehrungen für die Opposition (ohne dass der Begriff »Opposition« im Grundgesetz explizit genannt wäre). Darüber hinaus bedeutet Demokratie stets Herrschaft auf Zeit. Periodische Wahlen, die nach den in ▸ 38 I genannten Wahlgrundsätzen ablaufen, sind daher ebenfalls ein zwingendes Element des Demokratieprinzips. Schließlich umfasst das Demokratieprinzip die Gewährleistung gewisser Grundrechte, ohne die ein offener gesellschaftlicher Diskurs als Voraussetzung demokratischer Willensbildung nicht möglich wäre. Das betrifft die Meinungs- (▸ 5 I) und die Versammlungsfreiheit (▸ 8), aber auch das Recht, eine eigene Partei zu gründen (▸ 21).

Die Grundrechte sind als zentrales Element des in ▸ 20 III wurzelnden Rechtsstaatsprinzips bereits im ersten Abschnitt behandelt worden. Generell gehören zum Rechtsstaatsprinzip zudem all jene Elemente, die der Verfassungsstaat nutzt, um eine »Tyrannei der Mehrheit« zu verhindern. Es richtet sich damit gegen eine unbegrenzte Demokratie, in der die Minderheit der Mehrheit mehr oder weniger schutzlos ausgeliefert ist. Dazu gehört der Vorrang der Verfassung, der uns heute selbstverständlich erscheint, dem verfassungsgeschichtlich aber gerade in Deutschland ein langer Kampf voranging. Die Vorgaben der Verfassung setzen dem politischen Betrieb dadurch einen Rahmen, dessen Einhaltung durch das Bundesverfassungsgericht (▸ 93 f.) überwacht werden kann. Generell ist die in ▸ 19 IV normierte Gewährleistung effektiven Rechtsschutzes ein weiterer Bestandteil des Rechtsstaatsprinzips. Der oder die Einzelne hat dadurch die Möglichkeit, staatliche Maßnahmen durch unabhängige Gerichte (▸ 97 I) überprüfen zu lassen. Darüber hinaus umfasst das Rechtsstaatsprinzip noch eine effektive Gewaltenteilung (▸ 20 III), die Gesetzmäßigkeit der Verwaltung, den Grundsatz der Verhältnismäßigkeit (s. o.) und der Rechtssicherheit, der eine rückwirkende Gesetzgebung nur unter engen Voraussetzungen zulässt und im Bereich des Strafrechts gänzlich untersagt (▸ 103 II). Schließlich ist das Bestehen einer effektiven Staatshaftung Ausdruck einer rechtsstaatlichen Ordnung (▸ 34). Wo der Staat ausnahmsweise Rechte des oder der Einzelnen verletzt, steht dieser Person ein Anspruch auf (finanzielle) Wiedergutmachung zu.

Im Bundesstaat ist die Staatsgewalt zwischen dem Bund und den Bundesländern aufgeteilt, wobei auf einige Ausgestaltungen bei der Darstellung des zweiten Teils dieses Abschnitts einzugehen ist. Aus ▸ 20 I folgt zunächst eine Bestandsgarantie der Bundesstaatlichkeit, die daher auch durch Verfassungsänderung nicht abgeschafft werden kann. Die Bundesstaatlichkeit entspricht zwar der deutschen Verfassungstradition – schon das Kaiserreich war ein Bundesstaat –, war aber auch den Alliierten wichtig, als sie den Deutschen in den Frankfurter Dokumenten 1948 den Auftrag zur Ausarbeitung einer Verfassung erteilten. Im Bundesstaat kommt nicht nur dem Bund, sondern auch den einzelnen Ländern Staatsqualität zu. Die Zuständigkeiten werden durch das Grundgesetz aufgeteilt, in ihrem jeweiligen Bereich üben die Länder aber originäre Staatsgewalt aus, die sie daher nach eigenen Vorstellungen organisieren können. Sie genießen mithin Verfassungsautonomie, die lediglich durch die Homogenitätsklausel des ▸ 28 I insoweit eingeschränkt wird, als die dort genannten Staatsstrukturprinzipien zu beachten sind. Aus dem Bundesstaatsprinzip folgt allerdings keine Bestandsgarantie einzelner Bundesländer, wie sich auch aus ▸ 29 ergibt. Es bedarf aber stets einer Mindestzahl, wobei umstritten ist, ob zwei Länder als ausreichend angesehen werden können (sonderlich praxisrelevant ist diese Frage nicht). Aus ▸ 20 I ergibt sich zudem, dass die Länder stets an der Bundesgesetzgebung beteiligt sein müssen, was gegenwärtig durch den Bundesrat (▸ 50 ff.) sichergestellt wird. Schließlich wird dem Bundesstaatsprinzip noch der Grundsatz der Bundestreue entnommen, der sowohl den Bund als auch die Länder zu bundesfreundlichem Verhalten verpflichtet. Alle an dem verfassungsrechtlichen Bündnis Beteiligten sind also gehalten, dem Wesen des Bundes entsprechend zusammenzuwirken und zur Förderung und Wahrung seiner und der wohlverstandenen Interessen seiner Glieder zu kooperieren.

Auch beim Sozialstaatsprinzip handelt es sich um eine verbindliche Verfassungsnorm, die sich aber vornehmlich an den Gesetzgeber richtet. Dieser ist danach aufgefordert, die soziale Dimension in seinem Handeln angemessen zu berücksichtigen. Darüber hinaus ist das Bundesverfassungsgericht aber zurückhaltend, aus dem Sozialstaatsprinzip konkrete Handlungspflichten für die staatlichen Institutionen zu begründen, da diese meist mit erheblichen finanziellen Belastungen einhergehen, über die die politische Ebene entscheiden soll und muss. Eine Ausnahme bildet das aus ▸ 1 I in Verbindung mit ▸ 20 I abgeleitete Recht auf ein menschenwürdiges Existenzminimum. Der Staat muss demnach dafür Sorge tragen, dass jeder in der Lage ist, ein menschenwürdiges Leben zu führen, und die (finanziellen) Voraussetzungen für ein freiheitliches Leben im Sinne der Grundrechte erhält. Michael Heinig spricht daher davon, dass das Sozialstaatsprinzip »im Dienst der Freiheit« steht. In dieser Form fungiert das Sozialstaatsprinzip vor allem als Rechtfertigungsgrund für Eingriffe in andere grundrechtliche Freiheiten. Diese können also begrenzt werden, wenn dies zur Verwirklichung sozialer Gerechtigkeit und zur Verwirklichung gleicher Freiheitschancen erforderlich ist – man denke an Vorgaben für Vermieterinnen und Vermieter im sozialen Mietrecht. Allerdings sollte das Sozialstaatsprinzip nach hier vertretener Ansicht um eine gleichheitsrechtliche Komponente erweitert werden. Es steht danach im Dienst der Freiheit *und* der Gleichheit. Dahinter steht der Gedanke, dass eine zu große soziale Ungleichheit der Verwirklichung echter politischer Gleichheit im Wege steht, da die Personen nicht mehr in der Lage sind, sich als politisch gleich zu erkennen. Damit würden zusätzliche Umverteilungsmaßnahmen verfassungsrechtlich möglich, die über die Versorgung der ärmeren Schichten mit ausreichenden Mitteln (also reiner Suffizienz) hinausgehen.

Die Bedeutung des Republikprinzips erschöpft sich nach überwiegender Ansicht in der Forderung nach einer Wählbarkeit des Staatsoberhaupts auf Zeit und damit in der Ablehnung jeder Form der Erbmonarchie. Dementsprechend sieht ▸ 54 die Wahl des Bundespräsidenten durch die Bundesversammlung (▸ 54 I, III) für eine Amtsperiode von fünf Jahren vor.

Die politischen Parteien

In ▸ 21 wird erstmalig in der deutschen Verfassungsgeschichte die Rolle der politischen Parteien positiv gewürdigt. Sie wirken danach bei der politischen Willensbildung des Volkes mit. Damit wird anerkannt, dass Parteien im demokratischen Verfassungsstaat wichtige Funktionen zukommen: Sie reduzieren politische Alternativen durch die Formulierung politischer Programme, indem sie aus der Vielzahl politischer Bestrebungen und Meinungen entscheidungsfähige Konzepte aufgreifen, erörtern, klären oder selbst hervorbringen. Sie bieten den Mitgliedern die Möglichkeit, gemeinsam an den Parteiprogrammen zu arbeiten, und führen einen Interessenausgleich und die notwendigen Kompromisse herbei, deren es zur Durchführung dieser Konzepte bedarf. Sie vermitteln dadurch die gesellschaftlichen Vorstellungen in den politischen Raum, zugleich aber die politischen Entscheidungen über ihre Mitglieder und Öffentlichkeitsarbeit in die Gesellschaft zurück. Parteien sind folglich gesellschaftlich verwurzelt, unterscheiden sich von anderen privaten Interessenvertretungen aber darin, dass sie ihre Ziele durch die Teilnahme an Wahlen zum Ämtererwerb verfolgen. Sie sind dadurch eng mit staatlichen Institutionen verwoben – eine Zwitterstellung, die in der Rechtsprechung des Bundesverfassungsgerichts zum Ausdruck kommt: Parteien können als einzige Institution sowohl Verfassungsbeschwerde nach ▸ 94 I Nr. 4a als auch einen Organstreit nach ▸ 94 I Nr. 1 erheben, der an sich nur staatlichen Organen zur Verfügung steht. Gleichzeitig setzt die gesellschaftliche Verwurzelung der staatlichen Parteienfinanzierung eine Grenze, die zu keinem Zeitpunkt die privaten Einnahmen der Parteien (durch Mitgliederbeiträge und Spende) überschreiten darf. Parteien kommt schließlich die Aufgabe zu, politisches Führungspersonal auszubilden und auszuwählen – wer sich über dieses beschwert, hat die Möglichkeit, sich selbst in einer Partei zu engagieren oder eine eigene zu gründen.

Das Grundgesetz garantiert vor diesem Hintergrund in

▸ 21 I 2 die Parteigründungsfreiheit, wobei die interne Willensbildung nach ▸ 21 I 3 demokratischen Grundsätzen entsprechen muss. Daraus folgt unter anderem, dass die wesentlichen Entscheidungen auf regelmäßigen Parteitagen getroffen werden müssen.

Auch das Bundesverfassungsgericht (▸ 93 f.) hat die besondere Bedeutung der Parteien für die demokratische Ordnung in seiner Rechtsprechung immer wieder betont. Gleichwohl hat sich das Grundgesetz als Ausdruck einer wehrhaften Demokratie dafür entschieden, politische Parteien verbieten (▸ 21 II) oder von der staatlichen Parteienfinanzierung ausschließen zu können (▸ 21 III), wenn sie nach ihren Zielen oder ihrem Verhalten darauf ausgerichtet sind, die freiheitlich-demokratische Grundordnung zu beeinträchtigen. In der Geschichte der Bundesrepublik hat es zwei solcher Parteiverbote gegeben: Die rechtsextreme Sozialistische Reichspartei (SRP) wurde 1952, die Kommunistische Partei Deutschlands (KPD) 1956 verboten – die Verbote betrafen mithin die extremistischen politischen Ränder.

Die Zweckmäßigkeit solcher Parteiverbote ist umstritten; die Demokratie zeichnet sich gerade dadurch aus, unliebsame Ansichten nicht zu verbieten, sondern sich diesen im offenen, argumentativen Schlagabtausch zu stellen. Nicht alle demokratischen Ordnungen sehen daher eine solche Möglichkeit vor. Zudem kann ein Verbot nicht verhindern, dass die jeweiligen Ansichten weiter vertreten werden – im Gegenteil: Es kann sich eine Art verbotene Untergrundbewegung entwickeln, die sich radikalisiert und zu Gewalt greift. In den Anfangsjahren einer Demokratie können Verbote radikaler Parteien dennoch zu einer gewissen Konsolidierung der politischen Ordnung beitragen, wie es auch in Deutschland der Fall war. In gefestigten Demokratien sollte von der Option eines Parteiverbots hingegen zurückhaltend Gebrauch gemacht werden – was nicht bedeutet, es trotz gewisser Entwicklungen der letzten Jahre von vornherein zu verwerfen. Der letzte Versuch, die NPD verbieten zu lassen, scheiterte 2017 freilich auch an der fehlenden »Potenzialität«, das heißt der nicht gegebenen Chance der Partei, die verfassungsfeindlichen Ziele in absehbarer Zeit ernsthaft erreichen zu können. Der Nachfolgepartei der NPD wurde Anfang 2024 dann aber nach ▸ 21 III die Parteienfinanzierung entzogen. Der besonderen Bedeutung der Parteien entspricht es, dass über ein Verbot – anders als bei sonstigen Organisationen und Vereinen – nicht die Exekutive, sondern allein das Bundesverfassungsgericht entscheiden kann (▸ 21 IV). Daraus ergibt sich zugleich das sogenannte Parteienprivileg: Bis zu einer förmlichen Verbotsentscheidung darf keine staatliche Stelle einer vermeintlich verfassungsfeindlichen Partei aus inhaltlichen Gründen Leistungen verwehren, die sie anderen Parteien zukommen lässt. Dieses Parteienprivileg spielt immer wieder eine Rolle, wenn radikalen, aber nicht verbotenen Parteien die Nutzung von öffentlichen Stadthallen untersagt wird. Häufig wird Rechtsschutz solcher Parteien erfolgreich sein, was in der Bevölkerung immer wieder für Verwunderung sorgt, verfassungsrechtlich aber vorgegeben ist, um zu verhindern, dass sich die Exekutive unliebsame Konkurrenz allzu leicht vom Leibe halten kann.

Während ▸ 22 mit der Bundeshauptstadt und der Bundesflagge bedeutende Staatssymbole festlegt, enthält der heutige ▸ 23 den Europaartikel und konkretisiert damit das in der ▸ Präambel normierte Ziel, an einem vereinten Europa mitzuwirken. Dazu gestattet ▸ 23 I dem Bund, Hoheitsrechte auf die Europäische Union zu übertragen, die in ihrer Organisation allerdings den Anforderungen genügen muss, die nach ▸ 20 I, III auch für die Bundesrepublik gelten. Zudem setzt eine solche Übertragung wegen des Verweises auf ▸ 79 II eine Zweidrittelmehrheit im Bundestag und Bundesrat voraus. Da ▸ 23 I auch auf die Ewigkeitsklausel des ▸ 79 III verweist, finden solche Übertragungen ihre Grenze in den Grundsätzen des ▸ 1 I und ▸ 20 I. In diesen Vorgaben wurzelt die umstrittene Integrationsrechtsprechung des Bundesverfassungsgerichts, das daraus ableitet, dass die Bundesrepublik nicht in einem europäischen Bundesstaat aufgehen darf. Die weiteren Absätze des ▸ 23 versuchen den mit der europäischen Integration einhergehenden Bedeutungsverlust der Bundesländer verfahrensrechtlich aufzufangen, was in der Praxis jedoch nur unzureichend gelingt.

▸ 24–26 enthalten die grundlegenden Bestimmungen für die Verwirklichung der offenen Staatlichkeit, die ebenfalls bereits in der ▸ Präambel angelegt ist. ▸ 24 ermöglicht die Übertragung von Hoheitsrechten auf internationale Organisationen, in ▸ 24 II findet sich die Grundlage für den deutschen Beitritt zur NATO. Nach ▸ 25 sind die allgemeinen Regeln des Völkerrechts Bestandteil des Grundgesetzes und gehen den allgemeinen Gesetzen vor, stehen in der

Normhierarchie damit zwischen Verfassung und einfachen Gesetzen. Allerdings bezieht sich ▸ 25 nur auf die gewohnheitsrechtlich anerkannten allgemeinen Regeln des Völkerrechts und nicht auf das Völkervertragsrecht. Völkerrechtliche Verträge – wie der UNO-Vertrag oder die Europäische Menschenrechtskonvention – bedürfen hingegen nach ▸ 59 II der gesetzlichen Zustimmung durch den Bundestag und stehen innerstaatlich nach überwiegender Ansicht daher auf der gleichen Stufe wie andere Gesetze. In ▸ 26 findet sich schließlich ein ausdrückliches Verbot des Angriffskrieges, nach ▸ 26 II dürfen zur Kriegführung bestimmte Waffen nur mit Genehmigung der Bundesregierung hergestellt und in Verkehr gebracht werden, eine Regelung, die im Kriegswaffenkontrollgesetz näher ausgestaltet wird und zuletzt wieder mehr Aufmerksamkeit erfahren hat.

Die Homogenitätsklausel und die Neuregelung des Bundesgebietes

Die sogenannte Homogenitätsklausel des ▸ 28 I, die die Länder an die verfassungsrechtlichen Grundentscheidungen des ▸ 20 I, III bindet, leitet den zweiten Teil des zweiten Abschnitts ein. Abgesehen von diesen Vorgaben sind die Länder aber bei der Ausgestaltung ihrer Verfassungsordnung frei und können von ihrer Verfassungsautonomie nach ihren Vorstellungen Gebrauch machen. Im Ergebnis weisen die Verfassungen der Länder eine ähnliche Struktur auf – alle haben sich für parlamentarische Regierungssysteme entschieden, in denen eine kollektive Regierung mit einem Ministerpräsidenten oder einer Ministerpräsidentin an der Spitze in ihrem Bestand vom Vertrauen des Parlaments abhängig ist. In ▸ 28 II findet sich überdies die kommunale Selbstverwaltungsgarantie. Den Kommunen, die nach ▸ 28 I in den Ländern eingerichtet werden müssen, ist danach die Zuständigkeit für alle Angelegenheiten der örtlichen Gemeinschaft zu übertragen. Solche Angelegenheiten umfassen etwa lokale kulturelle Angebote, die Einrichtung kommunaler Schwimmbäder und Sportplätze, die Bereitstellung von Kindergärten oder die Organisation der gemeindlichen Verkehrs- und Radwege. Ihnen kommt auch die Planungshoheit zu: Die Kommunen regeln über die Erstellung von Flächennutzungs- und Bebauungsplänen die Art und den Umfang der Bebauungsmöglichkeiten innerhalb der jeweiligen Kommune und sind dabei lediglich an gewisse überregionale Planungen gebunden. Insgesamt kommt den Kommunen im staatsrechtlichen Organisationsgefüge eine erhebliche Bedeutung für das tägliche Leben zu, die in ihrer öffentlichen Wahrnehmung nicht angemessen gespiegelt wird – der Fokus liegt auf der Bundes- und eventuell noch der Landespolitik. Zur Erfüllung ihrer Aufgaben steht den Kommunen ein Anspruch auf eine angemessene Finanzausstattung gegen das jeweilige Land zu. Zudem werden die Einnahmen aus bestimmten Steuern nach ▸ 106 VI unmittelbar den Kommunen zugewiesen, die auch über die Hebesätze der Grund- und Gewerbesteuer entscheiden können. Im Übrigen haben die Kommunen – ebenso wie die Länder – nur begrenzt die Möglichkeit, eigene Steuern einzuführen. Ein bekanntes Beispiel ist die Zweitwohnungsteuer.

▸ 29 regelt das Verfahren einer Neugliederung des inneren Bundesgebietes (die Sonderregelung des ▸ 118 spielt keine Rolle mehr). Die Länder weisen aus zahlreichen Gründen Unterschiede im Hinblick auf ihre Einwohnerzahl, ihre wirtschaftliche Struktur und den Grad der Industrialisierung auf. Bei den drei Stadtstaaten Berlin, Bremen und Hamburg kommen weitere Besonderheiten hinzu. Die Neugliederungsklausel eröffnet die Möglichkeit, die Länder neu zu gestalten, um ihre effektive Aufgabenwahrnehmung sicherzustellen – eine Option, zu der es allerdings in naher Zukunft nicht kommen dürfte. Zwar erfolgt eine Neugliederung durch ein Bundesgesetz, dieses muss jedoch durch einen Volksentscheid in jedem der betroffenen Länder bestätigt werden. Zur Abschaffung ihres eigenen Landes sind die Landesbevölkerungen in der Regel nicht bereit. Auch von der Sonderregelung des ▸ 118a wird daher vermutlich kein Gebrauch gemacht werden.

Das Bund-Länder-Verhältnis

▸ 30–37 enthalten schließlich grundlegende Bestimmungen zum Bund-Länder-Verhältnis. Zunächst wird in ▸ 30 die Grundregel für die innerstaatliche Kompetenzverteilung aufgestellt. Danach obliegen die staatlichen Aufgaben den Ländern, sofern das Grundgesetz nicht ausdrücklich etwas anderes regelt, dem Bund also eine explizite Zuständigkeit zuweist. Diese Aufgabenregel wiederholt das Grundgesetz an späterer Stelle für die zentralen Staatsfunktionen: für die Gesetzgebung in ▸ 70, für die Verwaltung in ▸ 83 und für die Rechtsprechung – etwas verklausuliert – in ▸ 92. Im Grundgesetz finden sich daher nur wenige ausdrückliche Zuständigkeitszuweisungen an die Länder; diese sind schlicht für alles zuständig, was nicht explizit dem Bund zugewiesen ist. Die Gesetzgebungszuständigkeit der Länder für den Bereich des Schulwesens folgt also daraus, dass die Kompetenzkataloge des Bundes in ▸ 73 und ▸ 74 diesen Bereich nicht erwähnen. Gleiches gilt für den Bereich des allgemeinen Sicherheits- und Ordnungsrechts. In der Praxis ist es daher stets der Bund, der seine (abschließende) Zuständigkeit durch eine konkrete Regelung im Grundgesetz nachweisen muss. Durch diese Zuweisungsregel wird jede Aufgabe eindeutig einer der beiden Ebenen zugewiesen. Neu aufkommende Aufgaben liegen automatisch in der Zuständigkeit der Länder. Will der Bund hier tätig werden, bedarf es einer entsprechenden Änderung des Grundgesetzes (▸ 79).

Nach ▸ 31 bricht (jegliches) Bundesrecht (jegliches) Landesrecht. Sollte es zu einem Normenkonflikt kommen, setzt sich das Bundesrecht durch. Der Anwendungsbereich des ▸ 31 ist allerdings gering, da er kompetenzmäßiges Bundes- und Landesrecht voraussetzt. Da die Kompetenzen zwischen Bund und Ländern abschließend aufgeteilt sind, wird sich bei einem inhaltlichen Konflikt meist entweder das Bundes- oder das Landesrecht als kompetenzwidrig und damit nichtig erweisen. Gleichwohl bestätigt ▸ 31 den bundesstaatlichen Charakter der Bundesrepublik.

▸ 32 stellt klar, dass die Pflege der auswärtigen Beziehungen Sache des Bundes ist, erkennt aber an, dass die Länder jedenfalls in den Bereichen, in denen sie innerstaatlich zuständig sind, ein Interesse haben, beteiligt zu werden (▸ 32 II) oder eigene völkerrechtliche Beziehungen einzugehen (▸ 32 III). In der Praxis haben die Länder vielfältige Beziehungen zu anderen Staaten und unterhalten nicht zuletzt bei der Europäischen Union sogar eigene Ländervertretungen.

In ▸ 33 werden für Bund und Länder geltende Regelungen für den öffentlichen Dienst normiert. Klargestellt wird, dass im öffentlichen Dienst nicht nach Herkunft, sondern allein nach Eignung, Befähigung und fachlicher Leistung (▸ 33 I, II) und nicht nach dem religiösen Bekenntnis differenziert werden darf (▸ 33 III). Der ▸ 33 IV enthält den beamtenrechtlichen Funktionsvorbehalt. Danach ist im Bund und in den Ländern die Ausübung hoheitlicher Befugnisse in der Regel Beamtinnen und Beamten zu übertragen. Den Hintergrund bildet die Überlegung, dass Beamtinnen und Beamte aufgrund ihrer spezifischen Ausbildung und ihrer besonderen Stellung in besonderer Weise die Gewähr dafür bieten, rechtmäßige und unparteiische Entscheidungen zu treffen. Die auf den Anfang des 19. Jahrhunderts zurückgehenden hergebrachten Beamtengrundsätze (unter anderem Laufbahnprinzip, lebenslange Anstellung, angemessene Besoldung, Streikverbot) werden in ▸ 33 V garantiert.

In ▸ 34 wird der Grundsatz der Staatshaftung normiert und festgelegt, welche Ebene (Bund, Land oder Kommune) unter welchen Voraussetzungen für rechtswidriges Handeln einzustehen hat. Der ▸ 35 regelt die Amtshilfe, ▸ 36 gibt eine angemessene Berücksichtigung aller Bundesländer bei der Vergabe von Stellen für oberste Bundesbehörden vor. Der Bundeszwang nach ▸ 37 hat in der Praxis noch keine Rolle gespielt.

Abschnitt III

Der Bundestag

Artikel 38

(1) Die Abgeordneten des Deutschen Bundestages werden in allgemeiner, unmittelbarer, freier, gleicher und geheimer Wahl gewählt. Sie sind Vertreter des ganzen Volkes, an Aufträge und Weisungen nicht gebunden und nur ihrem Gewissen unterworfen.

(2) Wahlberechtigt ist, wer das achtzehnte Lebensjahr vollendet hat; wählbar ist, wer das Alter erreicht hat, mit dem die Volljährigkeit eintritt.

(3) Das Nähere bestimmt ein Bundesgesetz.

Artikel 39

(1) Der Bundestag wird vorbehaltlich der nachfolgenden Bestimmungen auf vier Jahre gewählt. Seine Wahlperiode endet mit dem Zusammentritt eines neuen Bundestages. Die Neuwahl findet frühestens sechsundvierzig, spätestens achtundvierzig Monate nach Beginn der Wahlperiode statt. Im Falle einer Auflösung des Bundestages findet die Neuwahl innerhalb von sechzig Tagen statt.

(2) Der Bundestag tritt spätestens am dreißigsten Tage nach der Wahl zusammen.

(3) Der Bundestag bestimmt den Schluß und den Wiederbeginn seiner Sitzungen. Der Präsident des Bundestages kann ihn früher einberufen. Er ist hierzu verpflichtet, wenn ein Drittel der Mitglieder, der Bundespräsident oder der Bundeskanzler es verlangen.

Artikel 40

(1) Der Bundestag wählt seinen Präsidenten, dessen Stellvertreter und die Schriftführer. Er gibt sich eine Geschäftsordnung.

(2) Der Präsident übt das Hausrecht und die Polizeigewalt im Gebäude des Bundestages aus. Ohne seine Genehmigung darf in den Räumen des Bundestages keine Durchsuchung oder Beschlagnahme stattfinden.

Artikel 41

(1) Die Wahlprüfung ist Sache des Bundestages. Er entscheidet auch, ob ein Abgeordneter des Bundestages die Mitgliedschaft verloren hat.

(2) Gegen die Entscheidung des Bundestages ist die Beschwerde an das Bundesverfassungsgericht zulässig.

(3) Das Nähere regelt ein Bundesgesetz.

Artikel 42

(1) Der Bundestag verhandelt öffentlich. Auf Antrag eines Zehntels seiner Mitglieder oder auf Antrag der Bundesregierung kann mit Zweidrittelmehrheit die Öffentlichkeit ausgeschlossen werden. Über den Antrag wird in nichtöffentlicher Sitzung entschieden.

(2) Zu einem Beschlusse des Bundestages ist die Mehrheit der abgegebenen Stimmen erforderlich, soweit dieses Grundgesetz nichts anderes bestimmt. Für die vom Bundestage vorzunehmenden Wahlen kann die Geschäftsordnung Ausnahmen zulassen.

(3) Wahrheitsgetreue Berichte über die öffentlichen Sitzungen des Bundestages und seiner Ausschüsse bleiben von jeder Verantwortlichkeit frei.

Artikel 43

(1) Der Bundestag und seine Ausschüsse können die Anwesenheit jedes Mitgliedes der Bundesregierung verlangen.

(2) Die Mitglieder des Bundesrates und der Bundesregierung sowie ihre Beauftragten haben zu allen Sitzungen des Bundestages und seiner Ausschüsse Zutritt. Sie müssen jederzeit gehört werden.

Artikel 44

(1) Der Bundestag hat das Recht und auf Antrag eines Viertels seiner Mitglieder die Pflicht, einen Untersuchungsausschuß einzusetzen, der in öffentlicher Verhandlung die erforderlichen Beweise erhebt. Die Öffentlichkeit kann ausgeschlossen werden.

(2) Auf Beweiserhebungen finden die Vorschriften über den Strafprozeß sinngemäß Anwendung. Das Brief-, Post- und Fernmeldegeheimnis bleibt unberührt.

(3) Gerichte und Verwaltungsbehörden sind zur Rechts- und Amtshilfe verpflichtet.

(4) Die Beschlüsse der Untersuchungsausschüsse sind der richterlichen Erörterung entzogen. In der Würdigung und Beurteilung des der Untersuchung zugrunde liegenden Sachverhaltes sind die Gerichte frei.

Artikel 45

Der Bundestag bestellt einen Ausschuß für die Angelegenheiten der Europäischen Union. Er kann ihn ermächtigen, die Rechte des Bundestages gemäß Artikel 23 gegenüber der Bundesregierung wahrzunehmen. Er kann ihn auch ermächtigen, die Rechte wahrzunehmen, die dem Bundestag in den vertraglichen Grundlagen der Europäischen Union eingeräumt sind.

Artikel 45a

(1) Der Bundestag bestellt einen Ausschuß für auswärtige Angelegenheiten und einen Ausschuß für Verteidigung.

(2) Der Ausschuß für Verteidigung hat auch die Rechte eines Untersuchungsausschusses. Auf Antrag eines Viertels seiner Mitglieder hat er die Pflicht, eine Angelegenheit zum Gegenstand seiner Untersuchung zu machen.

(3) Artikel 44 Abs. 1 findet auf dem Gebiet der Verteidigung keine Anwendung.

Artikel 45b

Zum Schutz der Grundrechte und als Hilfsorgan des Bundestages bei der Ausübung der parlamentarischen Kontrolle wird ein Wehrbeauftragter des Bundestages berufen. Das Nähere regelt ein Bundesgesetz.

Artikel 45c

(1) Der Bundestag bestellt einen Petitionsausschuß, dem die Behandlung der nach Artikel 17 an den Bundestag gerichteten Bitten und Beschwerden obliegt.

(2) Die Befugnisse des Ausschusses zur Überprüfung von Beschwerden regelt ein Bundesgesetz.

Artikel 45d

Parlamentarisches Kontrollgremium

(1) Der Bundestag bestellt ein Gremium zur Kontrolle der nachrichtendienstlichen Tätigkeit des Bundes.

(2) Das Nähere regelt ein Bundesgesetz.

Artikel 46

(1) Ein Abgeordneter darf zu keiner Zeit wegen seiner Abstimmung oder wegen einer Äußerung, die er im Bundestage oder in einem seiner Ausschüsse getan hat, gerichtlich oder dienstlich verfolgt oder sonst außerhalb des Bundestages zur Verantwortung gezogen werden. Dies gilt nicht für verleumderische Beleidigungen.

(2) Wegen einer mit Strafe bedrohten Handlung darf ein Abgeordneter nur mit Genehmigung des Bundestages zur Verantwortung gezogen oder verhaftet werden, es sei denn, daß er bei Begehung der Tat oder im Laufe des folgenden Tages festgenommen wird.

(3) Die Genehmigung des Bundestages ist ferner bei jeder anderen Beschränkung der persönlichen Freiheit eines Abgeordneten oder zur Einleitung eines Verfahrens gegen einen Abgeordneten gemäß Artikel 18 erforderlich.

(4) Jedes Strafverfahren und jedes Verfahren gemäß Artikel 18 gegen einen Abgeordneten, jede Haft und jede sonstige Beschränkung seiner persönlichen Freiheit sind auf Verlangen des Bundestages auszusetzen.

Artikel 47

Die Abgeordneten sind berechtigt, über Personen, die ihnen in ihrer Eigenschaft als Abgeordnete oder denen sie in dieser Eigenschaft Tatsachen anvertraut haben, sowie über diese Tatsachen selbst das Zeugnis zu verweigern. Soweit dieses Zeugnisverweigerungsrecht reicht, ist die Beschlagnahme von Schriftstücken unzulässig.

Artikel 48

(1) Wer sich um einen Sitz im Bundestage bewirbt, hat Anspruch auf den zur Vorbereitung seiner Wahl erforderlichen Urlaub.

(2) Niemand darf gehindert werden, das Amt eines Abgeordneten zu übernehmen und auszuüben. Eine Kündigung oder Entlassung aus diesem Grunde ist unzulässig.

(3) Die Abgeordneten haben Anspruch auf eine angemessene, ihre Unabhängigkeit sichernde Entschädigung. Sie haben das Recht der freien Benutzung aller staatlichen Verkehrsmittel. Das Nähere regelt ein Bundesgesetz.

Artikel 49

(weggefallen)

Erläuterungen

Die »Herzkammer der Demokratie«

Mit dem Bundestag behandelt der dritte Abschnitt die »Herzkammer der Demokratie«, den »politischen Primärstreitraum«. Er ist im parlamentarischen Regierungssystem des Grundgesetzes das einzige unmittelbar demokratisch legitimierte Organ und nach den Grundsätzen der im Demokratieprinzip (▸ 20 I) wurzelnden Wesentlichkeitstheorie dazu berufen, die zentralen Entscheidungen für das Gemeinwesen zu treffen. Der Bundestag tagt dazu in der Regel öffentlich (▸ 42 I) und nimmt in den Plenardebatten idealerweise sämtliche in der Gesellschaft existierenden

Ansichten zu einem bestimmten Thema auf, über das schließlich mit (grundsätzlich) einfacher Mehrheit entschieden wird (▸ 42 II).

Aufgaben des Bundestages

Zentrale Aufgabe des Bundestages ist die Gesetzgebung, die dieser nach dem in ▸ 76 ff. geregelten Verfahren gemeinsam mit dem Bundesrat (▸ 50 ff.) wahrnimmt. In den Gesetzen spiegeln sich die prinzipiellen und stets vorläufigen Festlegungen zu aktuellen gesellschaftlichen Kontroversen – z. B.: Wie soll mit gesellschaftlicher Vielfalt und Fragen der sexuellen Identität umgegangen werden? Wie soll ein modernes Staatsangehörigkeitsrecht aussehen? In welcher Form und in welchem Umfang soll den sozial schwächeren Schichten geholfen werden (Grundsicherung)? Soll das Fahren ohne gültigen Fahrschein und der Konsum von Cannabis weiterhin kriminalisiert werden? Nach einem Regierungswechsel werden solche und andere Fragen möglicherweise anders beantwortet – die Gesetze spiegeln die aktuelle »Politik in Worten«. Ob und inwieweit politische Programme und Wahlversprechen eingelöst werden, lässt sich in den Gesetzen schwarz auf weiß nachlesen.

Neben der Gesetzgebung obliegt dem Bundestag die Kontrolle der Regierung (▸ 62 ff.), die aufgrund der engen Verflechtung von Parlamentsmehrheit und Regierung im parlamentarischen Regierungssystem vornehmlich durch die Parlamentsminderheit, die Opposition, wahrgenommen wird. Der Bundestag kann daher nach ▸ 43 I jederzeit die Anwesenheit jedes Mitglieds der Bundesregierung verlangen, das die Fragen des Bundestages beantworten muss. In der Praxis spielt dieses Interpellationsrecht keine besondere Rolle, da eine Befragung der Bundesregierung nach den Regelungen der Geschäftsordnung (▸ 40 I 2) in Sitzungswochen ohnehin stattfindet. Mittlerweile haben sich die Fraktionen zudem darauf geeinigt, dass der Bundeskanzler oder die Bundeskanzlerin bei einer solchen Fragestunde dreimal im Jahr persönlich zu allen Themen im Plenum befragt werden kann. Darüber hinaus gibt es die Möglichkeit, kleine und große Anfragen an die Bundesregierung zu richten, die schriftlich zu beantworten sind und über die gegebenenfalls im Plenum debattiert werden muss. Größere Missstände und Fehlentwicklungen können nach ▸ 44 zum Gegenstand eines förmlichen Untersuchungsausschusses gemacht werden, dem gerichtsähnliche Kompetenzen zukommen (▸ 44 II). Um eine effektive Kontrolle der Bundesregierung zu ermöglichen, hat bereits eine parlamentarische Minderheit von einem Viertel der Abgeordneten das Recht, die Einsetzung eines solchen zu verlangen (▸ 44 I 1). Die schärfste Form des Parlaments, die Unzufriedenheit mit der Bundesregierung zum Ausdruck zu bringen, besteht in der Möglichkeit, diese im Wege eines konstruktiven Misstrauensvotums durch die Wahl eines neuen Bundeskanzlers abzusetzen (▸ 67). Dazu kam es 1982, als der Bundestag Helmut Schmidt durch die Wahl Helmut Kohls zum neuen Bundeskanzler in den Ruhestand schickte. 1972 scheiterte hingegen der Versuch, Rainer Barzel anstelle von Willy Brandt zum neuen Bundeskanzler zu wählen.

Eine zentrale Kompetenz von Parlamenten, die sich ursprünglich aus dem Steuerbewilligungsrecht der Stände entwickelt hat und im Laufe des 19. Jahrhunderts um das

Abb. 4: Der Sitzungssaal des Bundestages im Berliner Reichstag (Sitzung am 13. Februar 2020). – CC BY-SA 4.0 / Steffen Prößdorf

Ausgabenbewilligungsrecht erweitert wurde, ist das Haushaltsbewilligungsrecht. Nach ▸ 110 I sind alle Einnahmen und Ausgaben des Bundes in den Haushaltsplan einzustellen, der nach ▸ 110 II durch das Haushaltsgesetz festzustellen ist. Bilden die Gesetze die »Politik in Worten« ab, geht es beim Haushalt um die »Politik in Zahlen« – die Regierung muss mit der Aufstellung des Haushaltsplanes Farbe bekennen und offenlegen, welche Ziele sie mit welcher Priorität verfolgt (oder nicht verfolgt). Die in der ersten Hälfte des Jahres einsetzenden Haushaltsdebatten werden in der Öffentlichkeit daher mit großem Interesse verfolgt, für die Opposition bilden sie eine Gelegenheit, die Regierungstätigkeit der Ministerien und der Bundesregierung insgesamt zu kritisieren und Alternativen zu präsentieren.

Traditionell wird die Aussprache über den Etat des Bundeskanzleramts für die Generaldebatte genutzt, in der sich Oppositionsführer und Bundeskanzler einen medienwirksamen Schlagabtausch liefern.

Als einziges unmittelbar demokratisch legitimiertes Organ ist der Bundestag zudem dazu berufen, an der Kreation anderer Organe mitzuwirken. An erster Stelle steht die Bundesregierung. Nach ▸ 63 I wird der Bundeskanzler oder die Bundeskanzlerin auf Vorschlag des Bundespräsidenten oder der Bundespräsidentin (▸ 54 ff.) ohne Aussprache vom Bundestag gewählt. Nach ▸ 45b wählt der Bundestag einen Wehrbeauftragten oder eine Wehrbeauftragte. Zudem werden nach ▸ 93 II die Hälfte der Richterinnen und Richter des Bundesverfassungsgerichts durch den Bundestag gewählt. In der Öffentlichkeit wird das bisweilen kritisiert, da sich daraus eine zu große Nähe zum politischen Betrieb ergeben könne. Zu beachten ist aber, dass nach den aktuellen Regelungen eine Zweidrittelmehrheit im Bundestag erforderlich ist, wodurch eine Wahl politisch-ideologisch problematischer Personen verhindert wird – Zustände wie beim amerikanischen Supreme Court dürften in Deutschland ausgeschlossen sein. Darüber hinaus stellt sich demokratietheoretisch die Frage, welche andere Institution anstelle des Bundestages über die Richterinnen und Richter entscheiden sollte. Ihre besondere Bedeutung spricht jedenfalls dafür, diese mit einer ausreichenden personellen demokratischen Legitimation auszustatten, die allein durch den Bundestag (oder den Bundesrat) sichergestellt werden kann.

Schließlich kommen dem Bundestag noch einige weitere Aufgaben zu. So ist er nach ▸ 59 II für die Umsetzung völkerrechtlicher Verträge in den nationalen Raum zuständig. Aus der Wesentlichkeitstheorie leitet das Bundesverfassungsgericht zudem ab, dass der Bundestag über den Einsatz der Streitkräfte im Ausland entscheiden muss; bei der Bundeswehr handelt es sich um eine Parlamentsarmee. Anders als für den Einsatz der Streitkräfte im Innern (▸ 35 II, III sowie ▸ 87a) findet sich dazu keine ausdrückliche Regelung im Grundgesetz. Das Bundesverfassungsgericht greift daher auf das in ▸ 20 I normierte Demokratieprinzip zurück, um die Zuständigkeit des Bundestages in diesen Fällen zu begründen.

Die Bundestagswahlen

Die Wahl der Bundestagsabgeordneten für eine regelmäßige Wahlperiode von vier Jahren (▸ 39 I), die nach ▸ 39 I 2 allerdings stets erst mit dem Zusammentritt des neu gewählten Bundestages endet, erfolgt nach den in ▸ 38 I 1 genannten fünf Wahlgrundsätzen: Die Wahlen müssen allgemein (aktives und passives Wahlrecht für jeden Bürger, jede Bürgerin), unmittelbar (ohne eine Instanz, die zwischen die Wählerinnen und Wähler im Hinblick auf die Zusammensetzung des Parlaments tritt), frei (ohne äußeren Druck), gleich (gleicher Zähl- und gegebenenfalls auch Erfolgswert jeder Stimme) und geheim (unbeobachtet mittels Wahlkabine und Stimmzettel gefaltet oder im Umschlag) sein. In ▸ 38 I 2 ist zudem der Grundsatz der Gesamtrepräsentation normiert, wonach jeder und jede Bundestagsabgeordnete Vertreter oder Vertreterin des ganzen Volkes ist. In der staatstheoretischen Literatur ist umstritten, was diese Bestimmung genau bedeutet und ob beziehungsweise inwieweit sie z. B. der gesetzlichen Vorgabe einer zwischen Frauen und Männern paritätischen Zusammensetzung des Bundestages entgegensteht. Einige Landesverfassungsgerichte haben den Versuch des Landesgesetzgebers, eine Parität vorzuschreiben, bereits für verfassungswidrig erklärt. Ob das auch für das Grundgesetz gilt, ist nicht zuletzt wegen der Regelung des ▸ 3 II unklar und vom Bundesverfassungsgericht bisher nicht entschieden worden.

Im Hinblick auf die Ausgestaltung der Wahl im Übrigen macht das Grundgesetz nur wenige Vorgaben. Abgesehen vom Wahlalter (▸ 38 II), das durch eine Verfassungsänderung (▸ 79) auch herabgesetzt werden könnte, wird das Wahlrecht im Kern dem Gesetzgeber überlassen (▸ 38 III). Dieser hat sich von Anfang an dafür entschieden, Merkmale des Verhältniswahlsystems mit solchen des Mehrheitswahlsystems zu kombinieren (»personalisiertes Verhältniswahlsystem«). Nachdem dieses komplexe Wahlrecht, auch aufgrund einiger Entscheidungen des Bundesverfassungsgerichts, zu einem aufgeblähten Bundestag mit mehr als 700 Abgeordneten geführt hatte, konnte sich die Ampel-Regierung 2023 auf eine Neuregelung einigen, die die Größe des Bundestages auf 630 Abgeordnete begrenzt. Das Bundesverfassungsgericht bestätigte die Reform im Grundsatz im Jahr 2024, bemängelte aber die Abschaffung der Grundmandatsklausel und ordnete daher an, dass diese bis zu einer entsprechenden Neuregelung weiterhin Anwendung finden müsse – sie galt daher auch für die Wahl im Februar 2025. Die neue Regierung hat sich vorgenommen, das Wahlrecht erneut zu reformieren. Politisch umstritten ist hier vor allem das Erfordernis der sog. Zweitstimmendeckung für die Wahlkreisbewerberinnen und -bewerber, das dazu führte, dass einige Wahlkreise nicht mit einem Wahlkreissieger oder einer Wahlkreissiegerin im Bundestag vertreten sind. Verfassungsrechtlich wurde diese Regelung vom Bundesverfassungsgericht allerdings bestätigt.

Abgeordnete genießen Indemnität und Immunität, dürfen also für Äußerungen im Parlament nicht belangt und ohne Zustimmung des Parlaments nicht strafrechtlich verfolgt werden (▸ 46), können sich auf ein besonderes Zeugnisverweigerungsrecht berufen (▸ 47) und haben Anspruch auf eine angemessene Entschädigung (▸ 48 III). Im Rahmen ihrer parlamentarischen Tätigkeit genießen die Abgeordneten ein freies Mandat und sind an Aufträge und Weisungen nicht gebunden (▸ 38 I 2). Dass sie sich in der Praxis zu Fraktionen zusammenschließen und einer gewissen Fraktionsdisziplin folgen, ist dazu kein Widerspruch – jedem und jeder Abgeordneten steht es frei, selbst zu entscheiden, wie weit er oder sie sich fraktionellen Vorgaben unterwerfen will. Zur Wahrung der Funktionsfähigkeit eines parlamentarischen Regierungssystems ist das grundsätzliche Einhalten der Fraktionsdisziplin allerdings unumgänglich.

Innere Organisation des Bundestages

Die innere Organisation des Bundestages obliegt im Kern dem Bundestag selbst, was in seiner in ▸ 40 I 2 normierten Geschäftsordnungsautonomie seine rechtliche Grundlage findet. Der Bundestag wählt nach ▸ 40 I 1 allerdings einen

Präsidenten oder eine Präsidentin, der oder die in der Regel von der stärksten Fraktion gestellt wird. Die anderen Fraktionen stellen meist einen der Stellvertreter oder der Stellvertreterinnen. Da es sich um Wahlämter handelt – alle Mitglieder des Präsidiums müssen von der Mehrheit der Mitglieder des Bundestags gewählt werden – besteht insoweit aber für keine Fraktion ein einklagbarer Anspruch auf einen solchen Posten. Aus ▸ 45, 45a, 45c und 45d ergibt sich zudem die verfassungsrechtliche Pflicht des Bundestages, bestimmte Ausschüsse und Gremien einzurichten. Auch im Übrigen gliedert sich der Bundestag für die tägliche Arbeit in Ausschüsse, die die Beschlüsse des Plenums vorbereiten und sich in der Regel an der ministerialen Struktur der Bundesregierung orientieren. Aus der vorbereitenden Funktion der Ausschüsse folgert das Bundesverfassungsgericht, dass deren Zusammensetzung im Hinblick auf die politischen Mehrheiten derjenigen des Plenums entsprechen muss (es spricht sprachlich verunglückt vom Erfordernis der »Spiegelbildlichkeit« der Ausschüsse). Daraus folgt unter anderem, dass fraktionslosen Abgeordneten, die nur für sich selbst und keine Fraktion sprechen können, in einem Ausschuss zwar Rede-, aber kein Stimmrecht zukommt.

Da die entscheidende Tätigkeit in den Ausschüssen stattfindet, kommt der Plenardebatte nicht die Aufgabe zu, Kompromisse zu finden oder Lösungen zu erarbeiten. Sie soll vielmehr die Öffentlichkeit über die unterschiedlichen politischen Positionen informieren. Adressat der Debatten sind also weniger die im Plenum sitzenden Abgeordneten als vielmehr die Öffentlichkeit. Es ist daher weder zu erwarten noch bezweckt, dass die in den Ausschüssen erarbeiteten Ergebnisse durch die Plenardebatte modifiziert werden (etwas anderes gilt in den seltenen Fällen, in denen Abstimmungen von den Fraktionen freigegeben werden – ein Verfahren, das zur Sicherung der Funktionsfähigkeit parlamentarischer Tätigkeit im parlamentarischen Regierungssystem nicht die Regel sein darf und daher nicht als »Sternstunde« des Parlaments überhöht werden sollte). Es ist daher weder notwendig noch sinnvoll, dass sämtliche Abgeordnete bei jeder Plenardebatte anwesend sind. Wenn bisweilen vorgetragen wird, dass fehlende Abgeordnete ihren parlamentarischen Verpflichtungen nicht nachkommen, liegt dem ein Missverständnis zugrunde. Gerade weil die Abgeordnetentätigkeit aus weit mehr als den Plenardebatten besteht, ist es sinnvoll, die eigene Plenartätigkeit auf das notwendige Maß zu reduzieren.

Abschnitt IV

Der Bundesrat

Artikel 50

Durch den Bundesrat wirken die Länder bei der Gesetzgebung und Verwaltung des Bundes und in Angelegenheiten der Europäischen Union mit.

Artikel 51

(1) Der Bundesrat besteht aus Mitgliedern der Regierungen der Länder, die sie bestellen und abberufen. Sie können durch andere Mitglieder ihrer Regierungen vertreten werden.

(2) Jedes Land hat mindestens drei Stimmen, Länder mit mehr als zwei Millionen Einwohnern haben vier, Länder mit mehr als sechs Millionen Einwohnern fünf, Länder mit mehr als sieben Millionen Einwohnern sechs Stimmen.

(3) Jedes Land kann so viele Mitglieder entsenden, wie es Stimmen hat. Die Stimmen eines Landes können nur einheitlich und nur durch anwesende Mitglieder oder deren Vertreter abgegeben werden.

Artikel 52

(1) Der Bundesrat wählt seinen Präsidenten auf ein Jahr.

(2) Der Präsident beruft den Bundesrat ein. Er hat ihn einzuberufen, wenn die Vertreter von mindestens zwei Ländern oder die Bundesregierung es verlangen.

(3) Der Bundesrat faßt seine Beschlüsse mit mindestens der Mehrheit seiner Stimmen. Er gibt sich eine Geschäftsordnung. Er verhandelt öffentlich. Die Öffentlichkeit kann ausgeschlossen werden.

(3a) Für Angelegenheiten der Europäischen Union kann der Bundesrat eine Europakammer bilden, deren Beschlüsse als Beschlüsse des Bundesrates gelten; die Anzahl der einheitlich abzugebenden Stimmen der Länder bestimmt sich nach Artikel 51 Abs. 2.

(4) Den Ausschüssen des Bundesrates können andere Mitglieder oder Beauftragte der Regierungen der Länder angehören.

Artikel 53

Die Mitglieder der Bundesregierung haben das Recht und auf Verlangen die Pflicht, an den Verhandlungen des Bundesrates und seiner Ausschüsse teilzunehmen. Sie müssen jederzeit gehört werden. Der Bundesrat ist von der Bundesregierung über die Führung der Geschäfte auf dem laufenden zu halten.

Erläuterungen

Der Bundesrat bildet nach ▸ 50 die Vertretung der Länder auf der Ebene des Bundes. Die grundsätzliche Mitwirkung der Länder an der Bundesgesetzgebung wird zusätzlich über die Ewigkeitsklausel des ▸ 79 III geschützt. Der Bundesrat ist keine formale zweite Gesetzgebungskammer, da sich seine Mitwirkung in der Regel darin erschöpft, gegen Gesetzesbeschlüsse des Bundestages (▸ 77 I 1) nach Anrufung des Vermittlungsausschusses Einspruch erheben zu können, den der Bundestag überstimmen kann (▸ 77 II). Bundestag und Bundesrat sind also – anders als Repräsentantenhaus und Senat in den USA – nicht gleichberechtigt. Etwas anderes gilt bei Zustimmungsgesetzen, die nach der Konzeption des Grundgesetzes aber die Ausnahme darstellen. Verweigert der Bundesrat eine solche Zustimmung, ist das Gesetz gescheitert.

Der Bundesrat besteht nach ▸ 51 I aus drei bis sechs Vertreterinnen und Vertretern der Landesregierungen. Die maximale Zahl der entsandten Personen und die damit einhergehenden Stimmen orientieren sich an der Einwohnerzahl des jeweiligen Landes (▸ 51 II, III). In der Sache führt diese Regelung zu einer überproportionalen Vertretung der kleineren Länder: Nordrhein-Westfalen mit rund 18 Millionen Einwohnern hat im Bundesrat gerade einmal doppelt so viele Vertreterinnen und Vertreter sowie Stimmen wie Bremen mit seinen rund 700 000 Einwohnern. Im Gegensatz zu den Abgeordneten des Bundestages genießen die Mitglieder des Bundesrates kein freies, sondern ein imperatives Mandat, sind bei ihrer Stimmabgabe im Innenverhältnis folglich an die Vorgaben der Landesregierung gebunden. Die Stimmen eines Landes können nur einheitlich abgegeben werden, eine uneinheitliche Stimmenabgabe ist ungültig (▸ 51 III 2). Da der Bundesrat stets mit der absoluten Mehrheit seiner Mitglieder beschließt (▸ 52 III), wirkt eine ungültige Stimmenabgabe ebenso wie eine Enthaltung der Sache nach wie eine Nein-Stimme. Die politische Praxis, wonach sich Landeskoalitionsregierungen enthalten, wenn sie sich auf keine einheitliche Position einigen können, erweist sich vor diesem Hintergrund als nicht unproblematisch, da sie kleineren Parteien eine faktische Veto-Position einräumen kann.

Der Bundesrat wählt nach ▸ 52 I den Präsidenten oder

die Präsidentin für eine Amtszeit von einem Jahr. In der Praxis wechselt die Präsidentschaft jährlich von Bundesland zu Bundesland und wird von der Ministerpräsidentin oder dem Ministerpräsidenten wahrgenommen. Der Präsident oder die Präsidentin beruft den Bundesrat ein (▸ 52 II) und ist nach ▸ 57 im Falle der Verhinderung oder vorzeitigen Erledigung des Amtes Vertreter oder Vertreterin des Bundespräsidenten oder der Bundespräsidentin.

Wie der Bundestag genießt der Bundesrat nach ▸ 52 III 2 Geschäftsordnungsautonomie und hat für die interne Willensbildung Ausschüsse eingerichtet, zu denen gegenwärtig auch der in ▸ 52 IIIa erwähnte Ausschuss für Angelegenheiten der Europäischen Union zählt. Auch der Bundesrat kann nach ▸ 53 die Anwesenheit von Mitgliedern der Bundesregierung verlangen. Mitglieder der Bundesregierung müssen in seinen Sitzungen jederzeit gehört werden, wenn sie dies wünschen (▸ 53 2), was in der Praxis vor allem bei politisch umstrittenen Gesetzesvorhaben vorkommt.

Abschnitt IVa
Gemeinsamer Ausschuß

Artikel 53a

(1) Der Gemeinsame Ausschuß besteht zu zwei Dritteln aus Abgeordneten des Bundestages, zu einem Drittel aus Mitgliedern des Bundesrates. Die Abgeordneten werden vom Bundestage entsprechend dem Stärkeverhältnis der Fraktionen bestimmt; sie dürfen nicht der Bundesregierung angehören. Jedes Land wird durch ein von ihm bestelltes Mitglied des Bundesrates vertreten; diese Mitglieder sind nicht an Weisungen gebunden. Die Bildung des Gemeinsamen Ausschusses und sein Verfahren werden durch eine Geschäftsordnung geregelt, die vom Bundestage zu beschließen ist und der Zustimmung des Bundesrates bedarf.

(2) Die Bundesregierung hat den Gemeinsamen Ausschuß über ihre Planungen für den Verteidigungsfall zu unterrichten. Die Rechte des Bundestages und seiner Ausschüsse nach Artikel 43 Abs. 1 bleiben unberührt.

Erläuterungen

Der Gemeinsame Ausschuss ist als ständiges Verfassungsorgan im Zusammenhang mit der Aufnahme der umstrittenen Notstandsverfassung 1968 in das Grundgesetz aufgenommen worden. Er hat die Aufgabe, im Verteidigungsfall (▸ 115a I) unter bestimmten Voraussetzungen die zentralen Funktionen des Bundestages und des Bundesrates wahr-

Abb. 5: Sitzblockade gegen die Einführung der Notstandsgesetze, Berlin, 29. Mai 1968. – Foto: Bestand Ludwig Binder, Stiftung Haus der Geschichte

zunehmen. Nach ▸ 115a II hat er dazu unter Umständen die Befugnis, selbst den Verteidigungsfall festzustellen. Hinter dem Gemeinsamen Ausschuss steht die Überlegung, dass es im Verteidigungsfall – also bei einem mit Waffengewalt erfolgenden Angriff auf das Bundesgebiet – zu aufwendig oder unmöglich sein kann, den Bundestag und den Bundesrat in gewöhnlicher Form zusammentreten zu lassen. Um gleichwohl nicht jede Handlungsfähigkeit einzubüßen und ein Mindestmaß an demokratischer Legitimation und Gewaltenteilung aufrechtzuerhalten, tritt dann der Gemeinsame Ausschuss an ihre Stelle, der aus

Vertreterinnen und Vertretern der beiden Organe zusammengesetzt ist. Ausgeschlossen ist allerdings nach ▸ 115e II, dass der Gemeinsame Ausschuss die Gelegenheit nutzt, um das Grundgesetz zu ändern oder ganz oder teilweise außer Kraft zu setzen. Auch zum Erlass von Gesetzen nach ▸ 23 I 2, ▸ 24 I oder ▸ 29 ist der Gemeinsame Ausschuss nicht befugt. Die Einzelheiten zur Tätigkeit des Gemeinsamen Ausschusses können in der nach ▸ 54 I 3 zu erlassenden Geschäftsordnung nachgelesen werden. In der Geschichte der Bundesrepublik ist der Gemeinsame Ausschuss noch nicht zusammengetreten.

Abschnitt V

Der Bundespräsident

Artikel 54

(1) Der Bundespräsident wird ohne Aussprache von der Bundesversammlung gewählt. Wählbar ist jeder Deutsche, der das Wahlrecht zum Bundestage besitzt und das vierzigste Lebensjahr vollendet hat.

(2) Das Amt des Bundespräsidenten dauert fünf Jahre. Anschließende Wiederwahl ist nur einmal zulässig.

(3) Die Bundesversammlung besteht aus den Mitgliedern des Bundestages und einer gleichen Anzahl von Mitgliedern, die von den Volksvertretungen der Länder nach den Grundsätzen der Verhältniswahl gewählt werden.

(4) Die Bundesversammlung tritt spätestens dreißig Tage vor Ablauf der Amtszeit des Bundespräsidenten, bei vorzeitiger Beendigung spätestens dreißig Tage nach diesem Zeitpunkt zusammen. Sie wird von dem Präsidenten des Bundestages einberufen.

(5) Nach Ablauf der Wahlperiode beginnt die Frist des Absatzes 4 Satz 1 mit dem ersten Zusammentritt des Bundestages.

(6) Gewählt ist, wer die Stimmen der Mehrheit der Mitglieder der Bundesversammlung erhält. Wird diese Mehrheit in zwei Wahlgängen von keinem Bewerber erreicht, so ist gewählt, wer in einem weiteren Wahlgang die meisten Stimmen auf sich vereinigt.

(7) Das Nähere regelt ein Bundesgesetz.

Artikel 55

(1) Der Bundespräsident darf weder der Regierung noch einer gesetzgebenden Körperschaft des Bundes oder eines Landes angehören.

(2) Der Bundespräsident darf kein anderes besoldetes Amt, kein Gewerbe und keinen Beruf ausüben und weder der Leitung noch dem Aufsichtsrate eines auf Erwerb gerichteten Unternehmens angehören.

Artikel 56

Der Bundespräsident leistet bei seinem Amtsantritt vor den versammelten Mitgliedern des Bundestages und des Bundesrates folgenden Eid:

> »Ich schwöre, daß ich meine Kraft dem Wohle des deutschen Volkes widmen, seinen Nutzen mehren, Schaden von ihm wenden, das Grundgesetz und die Gesetze des Bundes wahren und verteidigen, meine Pflichten gewissenhaft erfüllen und Gerechtigkeit gegen jedermann üben werde. So wahr mir Gott helfe.«

Der Eid kann auch ohne religiöse Beteuerung geleistet werden.

Artikel 57

Die Befugnisse des Bundespräsidenten werden im Falle seiner Verhinderung oder bei vorzeitiger Erledigung des Amtes durch den Präsidenten des Bundesrates wahrgenommen.

Artikel 58

Anordnungen und Verfügungen des Bundespräsidenten bedürfen zu ihrer Gültigkeit der Gegenzeichnung durch den

Bundeskanzler oder durch den zuständigen Bundesminister. Dies gilt nicht für die Ernennung und Entlassung des Bundeskanzlers, die Auflösung des Bundestages gemäß Artikel 63 und das Ersuchen gemäß Artikel 69 Abs. 3.

Artikel 59

(1) Der Bundespräsident vertritt den Bund völkerrechtlich. Er schließt im Namen des Bundes die Verträge mit auswärtigen Staaten. Er beglaubigt und empfängt die Gesandten.

(2) Verträge, welche die politischen Beziehungen des Bundes regeln oder sich auf Gegenstände der Bundesgesetzgebung beziehen, bedürfen der Zustimmung oder der Mitwirkung der jeweils für die Bundesgesetzgebung zuständigen Körperschaften in der Form eines Bundesgesetzes. Für Verwaltungsabkommen gelten die Vorschriften über die Bundesverwaltung entsprechend.

Artikel 59a

(weggefallen)

Artikel 60

(1) Der Bundespräsident ernennt und entläßt die Bundesrichter, die Bundesbeamten, die Offiziere und Unteroffiziere, soweit gesetzlich nichts anderes bestimmt ist.

(2) Er übt im Einzelfalle für den Bund das Begnadigungsrecht aus.

(3) Er kann diese Befugnisse auf andere Behörden übertragen.

(4) Die Absätze 2 bis 4 des Artikels 46 finden auf den Bundespräsidenten entsprechende Anwendung.

Artikel 61

(1) Der Bundestag oder der Bundesrat können den Bundespräsidenten wegen vorsätzlicher Verletzung des Grundgesetzes oder eines anderen Bundesgesetzes vor dem Bundesverfassungsgericht anklagen. Der Antrag auf Erhebung der Anklage muß von mindestens einem Viertel der Mitglieder des Bundestages oder einem Viertel der Stimmen des Bundesrates gestellt werden. Der Beschluß auf Erhebung der Anklage bedarf der Mehrheit von zwei Dritteln der Mitglieder des Bundestages oder von zwei Dritteln der Stimmen des Bundesrates. Die Anklage wird von einem Beauftragten der anklagenden Körperschaft vertreten.

(2) Stellt das Bundesverfassungsgericht fest, daß der Bundespräsident einer vorsätzlichen Verletzung des Grundgesetzes oder eines anderen Bundesgesetzes schuldig ist, so kann es ihn des Amtes für verlustig erklären. Durch einstweilige Anordnung kann es nach der Erhebung der Anklage bestimmen, daß er an der Ausübung seines Amtes verhindert ist.

Erläuterungen

Funktion im parlamentarischen Regierungssystem

Die Ausgestaltung des Amtes des Bundespräsidenten ist deutlich von den negativen Erfahrungen am Ende der Weimarer Republik geprägt. Der Bundespräsident hat im Vergleich zum damaligen Reichspräsidenten weniger Kompetenzen, seine Amtszeit ist begrenzt, eine unmittelbare Wiederwahl nur einmal zulässig (▸ 54 II). Zudem wird er nicht mehr direkt, sondern indirekt durch die Bundesversammlung gewählt (▸ 54 I, III). Diese veränderte (reduzierte) Rolle fügt sich jedoch ganz in das parlamentarische Regierungssystem ein, in dem die politisch-exekutivische Hauptverantwortung der Bundesregierung zukommt (▸ 65), die in ihrem Bestand vom Bundestag abhängt (▸ 67). Immer wieder kommt in politisch ruhigen Zeiten die Forderung auf, das Amt des Bundespräsidenten abzuschaffen. Der Verzicht auf ein eigenständiges Staatsoberhaupt wäre allerdings nicht nur untypisch für ein parlamentarisches Regierungssystem, es zeigt sich vielmehr gerade in Krisenzeiten, dass dem Bundespräsidenten bedeutende politische Reservefunktionen zukommen, die zur Stabilität des politischen Systems beitragen. So hat sich der Bundespräsident etwa 2017 in die Regierungsbildung der späteren großen Koalition eingemischt, als diese zu scheitern drohte, im Jahr 2024 erklärte er sich zur Auflösung des Bundestages nach ▸ 68 bereit, nachdem dem damaligen Bundeskanzler Olaf Scholz der Bundestag das Vertrauen verweigert hatte.

Die Aufgaben des Bundespräsidenten

Amt und Funktion des Bundespräsidenten lassen sich nicht vollständig aus den Normen des Grundgesetzes entnehmen, sondern ergeben sich zusätzlich aus der grundlegenden Entscheidung für ein parlamentarisches Regierungssystem und einer Reihe traditionell dem Staatsoberhaupt zugewiesener Kompetenzen. Zusammenfassend können drei Funktionen unterschieden werden.

Der Bundespräsident nimmt erstens eine Repräsenta-

Abb. 6: Das Schloss Bellevue in Berlin, Amtssitz des Bundespräsidenten seit 1994. – CC BY-SA 4.0 / Tobiasio

tions- und Integrationsfunktion wahr. Das Bundesverfassungsgericht hat diese folgendermaßen umschrieben: »Der Bundespräsident repräsentiert Staat und Volk der Bundesrepublik Deutschland nach außen und innen und soll die Einheit des Staates verkörpern.« ▸ 59 I sieht vor, dass der Bundespräsident die Bundesrepublik völkerrechtlich nach außen vertritt, was unter anderem die formelle Ratifikation völkerrechtlicher Verträge (nicht aber deren Aushandlung), den Empfang von Diplomaten, die Organisation von Staatsbesuchen, aber auch Reden, Interviews und Glückwünsche umfasst. Die nicht unumstrittene Repräsentation nach innen ist als eine Art Vorstandsrepräsentation zu verstehen, die sich etwa in der Ausfertigung von Gesetzen (▸ 82 I), aber auch in der Verleihung von Orden, der Ernennung der Bundesbeamten (▸ 60 I) oder dem Begnadigungsrecht (▸ 60 II) manifestiert. Die Integrationsfunktion ist demgegenüber rechtlich kaum determiniert, hängt vielmehr vom Stil und der Persönlichkeit des Bundespräsidenten oder der Bundespräsidentin ab. Wahrgenommen wird sie vornehmlich durch Reden, Empfänge, persönliche Gespräche und sonstige (informelle) Instrumente. Die Funktion als parteipolitisch neutrales Staatsoberhaupt (Parteimitgliedschaften ruhen traditionell während der Amtszeit) verlangt zwar eine gewisse Distanz zu tagesaktuellen politischen Auseinandersetzungen, hindert den Bundespräsidenten oder die Bundespräsidentin aber nicht, in Reden politisch-moralische Standpunkte zu formulieren. Das Bundesverfassungsgericht gewährt insoweit einen weiten Gestaltungsspielraum. Dass z. B. der damalige Bundespräsident Joachim Gauck Anhängerinnen und Anhänger der NPD als »Spinner« bezeichnete, war danach verfassungsrechtlich nicht zu beanstanden.

In Zeiten, in denen das parlamentarische Regierungssystem mit seinem engen Zusammenspiel von Parlament und Regierung in die Krise gerät, kommen dem Bundespräsidenten oder der Bundespräsidentin nach dem Grundgesetz zweitens (begrenzte) politische Reservefunktionen zu. Entsprechende Kompetenzen finden sich dort, wo die Regierungsbildung vorerst scheitert (▸ 63 IV) oder die Regierung das Vertrauen des Parlaments nach einer Vertrauensfrage verloren hat (▸ 68). Zudem kann der Bundespräsident unter bestimmten Voraussetzungen den Gesetzgebungsnotstand erklären (▸ 81).

Schließlich und drittens kommt dem Bundespräsidenten oder der Bundespräsidentin eine rechtliche Reservefunktion zu, die in Erscheinung tritt, wenn er oder sie Akte anderer Organe formal ausfertigt, vollzieht, umsetzt, ratifiziert oder verkündet, nachdem sie auf ihre Verfassungsmäßigkeit überprüft wurden. Dieses Prüfungsrecht zeigt sich vor allem bei der Ausfertigung von Gesetzen, die vom Bundespräsidenten oder der Bundespräsidentin unter Berufung auf ▸ 82 auf ihre formelle und materielle Verfassungsmäßigkeit überprüft werden. Verweigert der Bundespräsident oder die Bundespräsidentin nach einer solchen Prüfung die Unterschrift unter das Gesetz, ist das Gesetzgebungsverfahren gescheitert. Zwar könnte der Bundestag im Wege des Organstreits (▸ 94 I 1) eine verfassungsrechtliche Überprüfung durch das Bundesverfassungsgericht einleiten. In der Praxis wird eine solche (seltene) Entscheidung aber von den Gesetzgebungsorganen respektvoll akzeptiert. Die rechtliche Reservefunktion zeigt sich auch bei der Ernennung der Ministerinnen und Minister (▸ 64 II) und der Beamtinnen und Beamten (▸ 60 I), bei denen der Bundespräsident oder die Bundespräsidentin überprüfen darf, ob die formellen Voraussetzungen für eine Ernennung vorliegen (etwa deutsche Staatsangehörigkeit), sowie bei der Wahrnehmung der gesetzlichen Vertretungsmacht (▸ 59 I, II), der Genehmigung der Geschäftsordnung der Bundesregierung (▸ 65 4) und bei einigen weiteren in einfachen Gesetzen vorgesehenen Befugnissen.

Die Wahl des Bundespräsidenten

Der Bundespräsident oder die Bundespräsidentin, der oder die nach ▸ 54 I deutsch, zum Bundestag wählbar und mindestens 40 Jahre alt sein muss, wird durch die Bundesversammlung gewählt, die aus den Abgeordneten des Bundestages sowie einer gleichen Anzahl an Mitgliedern besteht, die von den Volksvertretungen der Länder gewählt werden (▸ 54 II). In der Praxis wählen die Landesparlamente stets eine gewisse Zahl an prominenten Persönlichkeiten aus Sport und Unterhaltung sowie Bürgerinnen und Bürger in die Bundesversammlung. Ihre Zusammensetzung spiegelt dadurch die Vielfalt der Gesellschaft und bringt zum Ausdruck, dass der Bundespräsident oder die Bundespräsidentin als Staatsoberhaupt aller Deutschen fungiert; er oder sie genießt dadurch eine breite, föderal-demokratische Legitimation. Eine immer wieder ins Spiel gebrachte Direktwahl erwiese sich demgegenüber als verfehlt, da sie aufgrund des damit einhergehenden Legitimationsniveaus, das über dasjenige des Bundeskanzlers oder der Bundeskanzlerin hinausgehen würde, mit einer politischen Machtverschiebung einherginge, die die austarierte institutionelle Balance im parlamentarischen Regierungssystem empfindlich stören würde. Beim Amtsantritt leistet der Bundespräsident oder die Bundespräsidentin den in ▸ 56 vorgesehenen Amtseid, den nach ▸ 64 II auch die Mitglieder der Bundesregierung ableisten müssen. Spätestens zu diesem Zeitpunkt muss die betreffende Person die in ▸ 55 genannten politischen Ämter und Berufe niedergelegt haben.

Die Gegenzeichnung

Im parlamentarischen Regierungssystem des Grundgesetzes trägt die Bundesregierung die gesamte politische Verantwortung (▸ 65). Da der Bundespräsident oder die Bundespräsidentin formal Teil der Exekutive ist, sieht ▸ 58 daher vor, dass seine oder ihre Anordnungen und Verfügungen zu ihrer Gültigkeit der Gegenzeichnung durch die Bundesregierung bedürfen. In der Praxis werden bedeutende schriftliche Akte dem Bundespräsidenten oder der Bundespräsidentin erst nach »Gegenzeichnung« zur weiteren Behandlung zugeleitet – nicht zuletzt bei Gesetzen ist die Gegenzeichnung faktisch also eine »Vorzeichnung«. Welche Akte von der Pflicht zur Gegenzeichnung erfasst werden, ist nicht ganz klar. Gegenzeichnungspflichtig sind jedenfalls alle Handlungen (unabhängig von ihrer Form), die rechtliche Verbindlichkeit beanspruchen. Rechtserhebliche Unterlassungen werden hingegen nicht erfasst – etwa die Weigerung, eine Bundesbeamtin nach ▸ 60 I zu ernennen. Reden und andere nicht rechtlich, wohl aber politisch bedeutsame Handlungen sind formal ebenfalls nicht gegenzeichnungspflichtig. Bei Reden im Ausland ist aber von der Verpflichtung auszugehen, diese vorher mit der Bundesregierung (in der Regel dem Auswärtigen Amt) abzustimmen. Ausnahmen von der Gegenzeichnungspflicht sind in ▸ 58 2 normiert und erfassen Fälle, in denen der Bundespräsident oder die Bundespräsidentin in Wahrnehmung seiner oder ihrer politischen Reservefunktion ausnahmsweise eigene politische Verantwortung trägt. Richtigerweise (und entgegen der Ansicht des Bundesverfassungsgerichts) ist daher auch die Auflösungsverfügung nach ▸ 68 I 1 gegenzeichnungsfrei.

Abschnitt VI

Die Bundesregierung

Artikel 62

Die Bundesregierung besteht aus dem Bundeskanzler und aus den Bundesministern.

Artikel 63

(1) Der Bundeskanzler wird auf Vorschlag des Bundespräsidenten vom Bundestage ohne Aussprache gewählt.

(2) Gewählt ist, wer die Stimmen der Mehrheit der Mitglieder des Bundestages auf sich vereinigt. Der Gewählte ist vom Bundespräsidenten zu ernennen.

(3) Wird der Vorgeschlagene nicht gewählt, so kann der Bundestag binnen vierzehn Tagen nach dem Wahlgange mit mehr als der Hälfte seiner Mitglieder einen Bundeskanzler wählen.

(4) Kommt eine Wahl innerhalb dieser Frist nicht zustande, so findet unverzüglich ein neuer Wahlgang statt, in dem gewählt ist, wer die meisten Stimmen erhält. Vereinigt der Gewählte die Stimmen der Mehrheit der Mitglieder des Bundestages auf sich, so muß der Bundespräsident ihn binnen sieben Tagen nach der Wahl ernennen. Erreicht der Gewählte diese Mehrheit nicht, so hat der Bundespräsident binnen sieben Tagen entweder ihn zu ernennen oder den Bundestag aufzulösen.

Artikel 64

(1) Die Bundesminister werden auf Vorschlag des Bundeskanzlers vom Bundespräsidenten ernannt und entlassen.

(2) Der Bundeskanzler und die Bundesminister leisten bei der Amtsübernahme vor dem Bundestage den in Artikel 56 vorgesehenen Eid.

Artikel 65

Der Bundeskanzler bestimmt die Richtlinien der Politik und trägt dafür die Verantwortung. Innerhalb dieser Richtlinien leitet jeder Bundesminister seinen Geschäftsbereich selbständig und unter eigener Verantwortung. Über Meinungsverschiedenheiten zwischen den Bundesministern entscheidet die Bundesregierung. Der Bundeskanzler leitet ihre Geschäfte nach einer von der Bundesregierung beschlossenen und vom Bundespräsidenten genehmigten Geschäftsordnung.

Artikel 65a

(1) Der Bundesminister für Verteidigung hat die Befehls- und Kommandogewalt über die Streitkräfte.

(2) (weggefallen)

Artikel 66

Der Bundeskanzler und die Bundesminister dürfen kein anderes besoldetes Amt, kein Gewerbe und keinen Beruf ausüben und weder der Leitung noch ohne Zustimmung des Bundestages dem Aufsichtsrate eines auf Erwerb gerichteten Unternehmens angehören.

Artikel 67

(1) Der Bundestag kann dem Bundeskanzler das Mißtrauen nur dadurch aussprechen, daß er mit der Mehrheit seiner Mitglieder einen Nachfolger wählt und den Bundespräsidenten

ersucht, den Bundeskanzler zu entlassen. Der Bundespräsident muß dem Ersuchen entsprechen und den Gewählten ernennen.

(2) Zwischen dem Antrage und der Wahl müssen achtundvierzig Stunden liegen.

Artikel 68

(1) Findet ein Antrag des Bundeskanzlers, ihm das Vertrauen auszusprechen, nicht die Zustimmung der Mehrheit der Mitglieder des Bundestages, so kann der Bundespräsident auf Vorschlag des Bundeskanzlers binnen einundzwanzig Tagen den Bundestag auflösen. Das Recht zur Auflösung erlischt, sobald der Bundestag mit der Mehrheit seiner Mitglieder einen anderen Bundeskanzler wählt.

(2) Zwischen dem Antrage und der Abstimmung müssen achtundvierzig Stunden liegen.

Artikel 69

(1) Der Bundeskanzler ernennt einen Bundesminister zu seinem Stellvertreter.

(2) Das Amt des Bundeskanzlers oder eines Bundesministers endigt in jedem Falle mit dem Zusammentritt eines neuen Bundestages, das Amt eines Bundesministers auch mit jeder anderen Erledigung des Amtes des Bundeskanzlers.

(3) Auf Ersuchen des Bundespräsidenten ist der Bundeskanzler, auf Ersuchen des Bundeskanzlers oder des Bundespräsidenten ein Bundesminister verpflichtet, die Geschäfte bis zur Ernennung seines Nachfolgers weiterzuführen.

Der sechste Abschnitt behandelt die Bundesregierung, die nach ▸ 62 aus dem Bundeskanzler oder der Bundeskanzlerin und den Bundesministerinnen und -ministern besteht. Im Gegensatz zu den USA, wo die Exekutive formal nur aus dem Präsidenten besteht, handelt es sich folglich um eine Kollegialregierung, die sich aus mehreren Personen zusammensetzt und die ihre Entscheidungen grundsätzlich per Mehrheitsbeschluss trifft.

Die Konstituierung der Bundesregierung

An der Spitze steht der Bundeskanzler oder die Bundeskanzlerin, der oder die nach ▸ 63 I auf Vorschlag des Bundespräsidenten oder der Bundespräsidentin (▸ 54 ff.) vom Bundestag (▸ 38 ff.) ohne Aussprache gewählt wird. In der Praxis gehen der Wahl Koalitionsverhandlungen voraus, in denen sich die regierungstragenden Parteien auf ein gemeinsames Programm und die Person des Bundeskanzlers oder der Bundeskanzlerin einigen. Der Vorschlag des Bundespräsidenten oder der Bundespräsidentin richtet sich nach dem Ergebnis dieser Verhandlungen. Für die Wahl ist die Mehrheit der Mitglieder des Bundestages, die sogenannte Kanzlermehrheit, erforderlich (▸ 63 I). Wird diese nicht erreicht, sehen die folgenden Absätze des ▸ 63 weitere Wahlgänge vor, deren Scheitern die Auflösung des Bundestages durch den Bundespräsidenten oder die Bundespräsidentin nach sich ziehen kann. Die Bundesministerinnen und -minister werden nach der Wahl des Kanzlers oder der Kanzlerin auf dessen oder deren Vorschlag vom Bundespräsidenten oder der Bundespräsidentin ernannt (▸ 64). Auch hier werden die Posten faktisch aber von den Koalitionsparteien nach den Vereinbarungen im Koalitionsvertrag bestimmt. Das gilt auch für die Anzahl und den Zuschnitt der Bundesministerien. Zu beachten ist allerdings, dass das Grundgesetz drei Ministerien explizit nennt, deren Errichtung daher zwingend ist: das Verteidigungs- (▸ 65c), das Justiz- (▸ 96) und das Finanzministerium (▸ 112). Sowohl für den Bundeskanzler oder die Bundeskanzlerin als auch für die Bundesministerinnen und -minister gelten das Amts- und Berufsverbot des ▸ 66. Nach ▸ 69 I wird eines der Kabinettsmitglieder zum Stellvertreter oder zur Stellvertreterin ernannt, das im Fall einer vorübergehenden Verhinderung der Amtsausübung (Krankheit oder Urlaub) den Bundeskanzler oder die Bundeskanzlerin vertritt. In der Öffentlichkeit wird diese Person meist als Vizekanzler oder Vizekanzlerin bezeichnet. Die Mitglieder der Bundesregierung leisten nach ▸ 64 II den in ▸ 56 vorgesehenen Amtseid.

Das parlamentarische Regierungssystem

Aufgrund der Wahl des Bundeskanzlers oder der Bundeskanzlerin durch den Bundestag besteht eine enge Verflechtung zwischen der Bundesregierung und der Regierungsmehrheit im Parlament, da die Regierung, wie sich aus ▸ 67 ergibt, auch im Anschluss in ihrem Bestand vom Vertrauen des Bundestages abhängt. Aus diesem Artikel folgt damit, dass sich die Bundesrepublik für ein parlamentarisches Regierungssystem entschieden hat, in dem die zentrale Frontstellung nicht zwischen Regierung und Parlament (wie im Präsidialsystem), sondern zwischen Regierung und parlamentarischer Opposition besteht. Die Kooperation zwischen Regierung und Parlamentsmehrheit zeigt sich in der Figur des sogenannten »parlamentarischen Staatssekretärs« oder der »parlamentarischen Staatssekretärin«. Dabei handelt es sich um Abgeordnete der Regierungsfraktionen, die in die Leitungsebene eines Ministeriums integriert werden. Die Ampel-Bundesregierung des Bundeskanzlers Scholz z. B. beschäftigte 2024 im Bundeskanzleramt und den 16 Bundesministerien 37 parlamentarische Staatssekretäre, die nicht zuletzt die Abstimmung zwischen Regierung und Parlament erleichtern sollten. Sollte der Bundeskanzler oder die Bundeskanzlerin während einer Legislaturperiode das Gefühl haben, sich des Vertrauens der Parlamentsmehrheit nicht mehr sicher sein zu können, kann er oder sie nach ▸ 68 die Vertrauensfrage stellen, die auch mit einer Sachfrage verbunden werden kann. Sollte er oder sie diese verlieren, kann das zu einer Auflösung des Bundestages führen. Darüber hinaus ist anerkannt, dass der Bundeskanzler oder die Bundeskanzlerin in einer angespannten politischen Lage auch eine sogenannte »negative Vertrauensfrage« stellen kann. In dieser Konstellation bezweckt der Bundeskanzler oder die Bundeskanzlerin mit dem Wissen der regierungstragenden Fraktionen den formalen Entzug des Vertrauens, um im Anschluss auf eine Bundestagsauflösung durch den Bundespräsidenten oder die Bundespräsidentin und anschließende Neuwahlen hinzuwirken. Diese Möglichkeit ist von Bundeskanzler Helmut Kohl 1982 und 2005 auch von Bundeskanzler Gerhard Schröder genutzt worden. Im Jahr 2024 handelte es sich demgegenüber um eine »echte

Vertrauensfrage«, weil Bundeskanzler Olaf Scholz das Vertrauen des Bundestages aufgrund des Austritts der FDP aus der Regierung tatsächlich verloren hatte.

Als Kollegialregierung entscheidet die Bundesregierung nach dem Mehrheitsprinzip – jedem Regierungsmitglied einschließlich des Bundeskanzlers oder der Bundeskanzlerin kommt eine Stimme zu. Allerdings bestimmt der Bundeskanzler oder die Bundeskanzlerin nach ▸ 65 die sogenannten Richtlinien der Politik. Bei diesen handelt es sich um fundamentale Richtungsentscheidungen, die für die Regierungsmitglieder verbindlich sind. Deutlich wurde die Richtlinienkompetenz z. B. bei der »Zeitenwende-Rede« des Bundeskanzlers Olaf Scholz, die dieser am 27. Februar 2022 nach Beginn des völkerrechtswidrigen Angriffskrieges der Russischen Föderation gegen die Ukraine hielt. Insofern nimmt der Bundeskanzler oder die Bundeskanzlerin innerhalb der Bundesregierung eine besondere Rolle ein. Er oder sie steht auch keinem spezifischen Ressort vor, sondern trägt nach ▸ 65 1 die Verantwortung für die gesamte Regierungstätigkeit. Um dieser Koordinierungs- und Steuerungsaufgabe nachzukommen, spielt das Bundeskanzleramt mittlerweile eine erhebliche Rolle, obwohl dieses im Grundgesetz nicht explizit erwähnt wird. Es bildet gewissermaßen das »Superministerium der Bundesregierung«, in dem alle Fäden zusammenlaufen und die Regierungsagenda zentral mitentwickelt wird. Es untersteht unmittelbar dem Bundeskanzler oder der Bundeskanzlerin und wird vom Kanzleramtsminister geleitet, der als Minister für besondere Aufgaben auch dem Bundeskabinett angehört. Aktuell beschäftigt es ca. 600 Personen, hinzu kommen die rund 500 Mitarbeitenden des Presse- und Infor-

Abb. 7: Das Bundeskanzleramt in Berlin, die eigentliche Machtzentrale der Bundesregierung (2012). – CC BY-SA 3.0 / Holger Weinandt

mationsamtes, das ebenfalls dem Bundeskanzler oder der Bundeskanzlerin untersteht. Im Rahmen der »Frühkoordinierung« sind sämtliche Ressorts verpflichtet, Gesetzentwürfe zunächst mit dem Bundeskanzleramt abzustimmen. Erst im Anschluss darf die eigentliche Ressortabstimmung beginnen. In den letzten Jahren hat das Bundeskanzleramt mit dem Bereich der Europapolitik und der Digitalisierung begonnen, auch eigene Fachbereiche zu übernehmen, was sich verfassungsrechtlich als nicht unproblematisch erweist. Der Einfluss des Bundeskanzleramts auf die Regierungstätigkeit ist jedenfalls erheblich, was angesichts der wenig durchsichtigen Machtverhältnisse bisweilen kritisch gesehen wird, allerdings einer Entwicklung in allen demokratischen Verfassungsstaaten entspricht.

Innerhalb der durch den Bundeskanzler oder die Bundeskanzlerin vorgegebenen Richtlinien leiten die Bundesminister und -ministerinnen ihr Ressort nach dem Ressortprinzip, also selbständig und unter eigener Verantwortung. Auch der Bundeskanzler oder die Bundeskanzlerin kann in das jeweilige Ressort nicht hineinregieren oder dem Minister oder der Ministerin verbindliche Weisungen erteilen, was ein zusätzliches Element der Gewaltenteilung in die Organisation der Bundesregierung einführt. Sollte der Bundeskanzler oder die Bundeskanzlerin mit dem Vorgehen oder den Personalentscheidungen eines Bundesministers oder einer Bundesministerin unzufrieden sein, bleibt in letzter Konsequenz nur die Entlassung nach ▸ 64 1, was allerdings in der Regel zu einer Koalitionskrise führen dürfte – so war es auch im Jahr 2024, nachdem Bundeskanzler Olaf Scholz den Finanzminister Christian Lindner entlassen hatte.

Kommt es zwischen einzelnen Bundesministern und Bundesministerinnen zu Meinungsverschiedenheiten, entscheidet nach ▸ 65 3 die Bundesregierung als Kollegium. Allerdings werden solche Unstimmigkeiten möglichst im Vorfeld durch die Beteiligung des Bundeskanzleramtes vermieden.

Die Aufgabe der Staatsleitung

Funktional obliegt der Bundesregierung die »Staatsleitung«, die sich – bei allen Schwierigkeiten einer allgemeinen Definition – als Inbegriff sämtlicher politischen Grundentscheidungen verstehen lässt, die nicht zwingend in

Form eines Gesetzes oder einer Gerichtsentscheidung ergehen. Entscheidungsgegenstand sind also fundamentale Entscheidungen einer Gesellschaft: Umgang mit Flüchtlingen, Lieferung schwerer Waffen in Kriegsgebiete, Energiewende und Klimaschutz, Organisation der Pandemiebekämpfung. Der Entscheidungsprozess umfasst die Planung, die Entscheidung, die Durchführung und die Kontrolle dieser politischen Weichenstellungen, wobei die Regierung bei der Umsetzung häufig darauf angewiesen ist, dass der Bundestag die entsprechenden Gesetze erlässt. Im parlamentarischen Regierungssystem des Grundgesetzes stellt das grundsätzlich kein Problem dar, da die Regierung von der Parlamentsmehrheit getragen wird. Die Regierung hat daher nach ▸ 76 I auch das Recht, den Gesetzgebungsprozess im Bundestag eigenständig einzuleiten. Der Entscheidungsmodus der Bundesregierung lässt sich folglich als schöpferisch gestaltend beschreiben. Was in welcher Form auf die Agenda der Bundesregierung kommt, wird von den Akteuren autonom bestimmt, die dabei (natürlich) auf Entwicklungen in der Gesellschaft und den Medien reagieren – sichtbar z. B. bei der Finanzkrise 2008, der Flüchtlingskrise 2015, der Coronapandemie 2020–23 und auch beim Angriff auf die Ukraine 2022. Wie beim Bundestag spielt also Responsivität eine große Rolle. Es geht aber nie um den bloßen Vollzug getroffener, sondern stets um das Treffen eigener politisch bedeutsamer Entscheidungen, die inhaltlich beziehungsweise rechtlich weder vom Grundgesetz noch von anderen politischen Stellen vorgegeben sind, für die die Bundesregierung dann aber die alleinige (politische) Verantwortung trägt. Bei der Wahrnehmung dieser Gestaltungsaufgaben wäre es daher auch ein Missverständnis, anzunehmen, dass die Regierung politisch neutral agieren müsste. Im parlamentarischen Regierungssystem kommt die Regierung über die parlamentarische Mehrheit ins Amt und soll deren politische Agenda umsetzen. Das Bundesverfassungsgericht will die Bundesregierung demgegenüber insbesondere bei Äußerungen gegenüber dem politischen Gegner verbalen Neutralitätsverpflichtungen unterwerfen. Darin zeigt sich eine gewisse Sehnsucht nach einer unpolitischen und über den Dingen schwebenden Bundesregierung aller Deutschen, die aber das Wesen politischer Regierungen verkennt: Regierungen sind keine Verwaltungsbehörden, verfolgen vielmehr ein politisches Programm, nachdem sie sich in Wahlen vorläufig durchgesetzt haben. Die Lösung des Bundesverfassungsgerichts, zwischen parteipolitischen und Äußerungen in Regierungsfunktion zu unterscheiden, wirkt nicht ganz überzeugend. Zuzustimmen ist dem Bundesverfassungsgericht allerdings darin, dass die Bundesregierung keine (finanziellen) Regierungsressourcen für den parteipolitischen Wahlkampf einsetzen darf, da dies eine ungerechtfertigte Benachteiligung der anderen Parteien darstellen würde.

Abschnitt VII

Die Gesetzgebung des Bundes

Artikel 70

(1) Die Länder haben das Recht der Gesetzgebung, soweit dieses Grundgesetz nicht dem Bunde Gesetzgebungsbefugnisse verleiht.

(2) Die Abgrenzung der Zuständigkeit zwischen Bund und Ländern bemißt sich nach den Vorschriften dieses Grundgesetzes über die ausschließliche und die konkurrierende Gesetzgebung.

Artikel 71

Im Bereiche der ausschließlichen Gesetzgebung des Bundes haben die Länder die Befugnis zur Gesetzgebung nur, wenn und soweit sie hierzu in einem Bundesgesetze ausdrücklich ermächtigt werden.

Artikel 72

(1) Im Bereich der konkurrierenden Gesetzgebung haben die Länder die Befugnis zur Gesetzgebung, solange und soweit der Bund von seiner Gesetzgebungszuständigkeit nicht durch Gesetz Gebrauch gemacht hat.

(2) Auf den Gebieten des Artikels 74 Abs. 1 Nr. 4, 7, 11, 13, 15, 19a, 20, 22, 25 und 26 hat der Bund das Gesetzgebungsrecht, wenn und soweit die Herstellung gleichwertiger Lebensverhältnisse im Bundesgebiet oder die Wahrung der Rechts- oder Wirtschaftseinheit im gesamtstaatlichen Interesse eine bundesgesetzliche Regelung erforderlich macht.

(3) Hat der Bund von seiner Gesetzgebungszuständigkeit

Gebrauch gemacht, können die Länder durch Gesetz hiervon abweichende Regelungen treffen über:

1. das Jagdwesen (ohne das Recht der Jagdscheine);
2. den Naturschutz und die Landschaftspflege (ohne die allgemeinen Grundsätze des Naturschutzes, das Recht des Artenschutzes oder des Meeresnaturschutzes);
3. die Bodenverteilung;
4. die Raumordnung;
5. den Wasserhaushalt (ohne stoff- oder anlagenbezogene Regelungen);
6. die Hochschulzulassung und die Hochschulabschlüsse;
7. die Grundsteuer.

Bundesgesetze auf diesen Gebieten treten frühestens sechs Monate nach ihrer Verkündung in Kraft, soweit nicht mit Zustimmung des Bundesrates anderes bestimmt ist. Auf den Gebieten des Satzes 1 geht im Verhältnis von Bundes- und Landesrecht das jeweils spätere Gesetz vor.

(4) Durch Bundesgesetz kann bestimmt werden, daß eine bundesgesetzliche Regelung, für die eine Erforderlichkeit im Sinne des Absatzes 2 nicht mehr besteht, durch Landesrecht ersetzt werden kann.

Artikel 73

(1) Der Bund hat die ausschließliche Gesetzgebung über:

1. die auswärtigen Angelegenheiten sowie die Verteidigung einschließlich des Schutzes der Zivilbevölkerung;
2. die Staatsangehörigkeit im Bunde;
3. die Freizügigkeit, das Paßwesen, das Melde- und

Ausweiswesen, die Ein- und Auswanderung und die Auslieferung;

4. das Währungs-, Geld- und Münzwesen, Maße und Gewichte sowie die Zeitbestimmung;
5. die Einheit des Zoll- und Handelsgebietes, die Handels- und Schiffahrtsverträge, die Freizügigkeit des Warenverkehrs und den Waren- und Zahlungsverkehr mit dem Auslande einschließlich des Zoll- und Grenzschutzes;

5a. den Schutz deutschen Kulturgutes gegen Abwanderung ins Ausland;

6. den Luftverkehr;

6a. den Verkehr von Eisenbahnen, die ganz oder mehrheitlich im Eigentum des Bundes stehen (Eisenbahnen des Bundes), den Bau, die Unterhaltung und das Betreiben von Schienenwegen der Eisenbahnen des Bundes sowie die Erhebung von Entgelten für die Benutzung dieser Schienenwege;

7. das Postwesen und die Telekommunikation;
8. die Rechtsverhältnisse der im Dienste des Bundes und der bundesunmittelbaren Körperschaften des öffentlichen Rechtes stehenden Personen;
9. den gewerblichen Rechtsschutz, das Urheberrecht und das Verlagsrecht;

9a. die Abwehr von Gefahren des internationalen Terrorismus durch das Bundeskriminalpolizeiamt in Fällen, in denen eine länderübergreifende Gefahr vorliegt, die Zuständigkeit einer Landespolizeibehörde nicht erkennbar ist oder die oberste Landesbehörde um eine Übernahme ersucht;

10. die Zusammenarbeit des Bundes und der Länder

a) in der Kriminalpolizei,

b) zum Schutze der freiheitlichen demokratischen Grundordnung, des Bestandes und der Sicherheit des Bundes oder eines Landes (Verfassungsschutz) und

c) zum Schutze gegen Bestrebungen im Bundesgebiet, die durch Anwendung von Gewalt oder darauf gerichtete Vorbereitungshandlungen auswärtige Belange der Bundesrepublik Deutschland gefährden,

sowie die Einrichtung eines Bundeskriminalpolizeiamtes und die internationale Verbrechensbekämpfung;

11. die Statistik für Bundeszwecke;
12. das Waffen- und das Sprengstoffrecht;
13. die Versorgung der Kriegsbeschädigten und Kriegshinterbliebenen und die Fürsorge für die ehemaligen Kriegsgefangenen;
14. die Erzeugung und Nutzung der Kernenergie zu friedlichen Zwecken, die Errichtung und den Betrieb von Anlagen, die diesen Zwecken dienen, den Schutz gegen Gefahren, die bei Freiwerden von Kernenergie oder durch ionisierende Strahlen entstehen, und die Beseitigung radioaktiver Stoffe.

(2) Gesetze nach Absatz 1 Nr. 9a bedürfen der Zustimmung des Bundesrates.

Artikel 74

(1) Die konkurrierende Gesetzgebung erstreckt sich auf folgende Gebiete:

1. das bürgerliche Recht, das Strafrecht, die Gerichts-

verfassung, das gerichtliche Verfahren (ohne das Recht des Untersuchungshaftvollzugs), die Rechtsanwaltschaft, das Notariat und die Rechtsberatung;

2. das Personenstandswesen;
3. das Vereinsrecht;
4. das Aufenthalts- und Niederlassungsrecht der Ausländer;
5. (weggefallen)
6. die Angelegenheiten der Flüchtlinge und Vertriebenen;
7. die öffentliche Fürsorge (ohne das Heimrecht);
8. (weggefallen)
9. die Kriegsschäden und die Wiedergutmachung;
10. die Kriegsgräber und Gräber anderer Opfer des Krieges und Opfer von Gewaltherrschaft;
11. das Recht der Wirtschaft (Bergbau, Industrie, Energiewirtschaft, Handwerk, Gewerbe, Handel, Bank- und Börsenwesen, privatrechtliches Versicherungswesen) ohne das Recht des Ladenschlusses, der Gaststätten, der Spielhallen, der Schaustellung von Personen, der Messen, der Ausstellungen und der Märkte;
12. das Arbeitsrecht einschließlich der Betriebsverfassung, des Arbeitsschutzes und der Arbeitsvermittlung sowie die Sozialversicherung einschließlich der Arbeitslosenversicherung;
13. die Regelung der Ausbildungsbeihilfen und die Förderung der wissenschaftlichen Forschung;
14. das Recht der Enteignung, soweit sie auf den Sachgebieten der Artikel 73 und 74 in Betracht kommt;
15. die Überführung von Grund und Boden, von Natur-

schätzen und Produktionsmitteln in Gemeineigentum oder in andere Formen der Gemeinwirtschaft;

16. die Verhütung des Mißbrauchs wirtschaftlicher Machtstellung;
17. die Förderung der land- und forstwirtschaftlichen Erzeugung (ohne das Recht der Flurbereinigung), die Sicherung der Ernährung, die Ein- und Ausfuhr land- und forstwirtschaftlicher Erzeugnisse, die Hochsee- und Küstenfischerei und den Küstenschutz;
18. den städtebaulichen Grundstücksverkehr, das Bodenrecht (ohne das Recht der Erschließungsbeiträge) und das Wohngeldrecht, das Altschuldenhilferecht, das Wohnungsbauprämienrecht, das Bergarbeiterwohnungsbaurecht und das Bergmannssiedlungsrecht;
19. Maßnahmen gegen gemeingefährliche oder übertragbare Krankheiten bei Menschen und Tieren, Zulassung zu ärztlichen und anderen Heilberufen und zum Heilgewerbe, sowie das Recht des Apothekenwesens, der Arzneien, der Medizinprodukte, der Heilmittel, der Betäubungsmittel und der Gifte;

19a. die wirtschaftliche Sicherung der Krankenhäuser und die Regelung der Krankenhauspflegesätze;

20. das Recht der Lebensmittel einschließlich der ihrer Gewinnung dienenden Tiere, das Recht der Genussmittel, Bedarfsgegenstände und Futtermittel sowie den Schutz beim Verkehr mit land- und forstwirtschaftlichem Saat- und Pflanzgut, den Schutz der Pflanzen gegen Krankheiten und Schädlinge sowie den Tierschutz;

21. die Hochsee- und Küstenschiffahrt sowie die Seezeichen, die Binnenschiffahrt, den Wetterdienst, die Seewasserstraßen und die dem allgemeinen Verkehr dienenden Binnenwasserstraßen;
22. den Straßenverkehr, das Kraftfahrwesen, den Bau und die Unterhaltung von Landstraßen für den Fernverkehr sowie die Erhebung und Verteilung von Gebühren oder Entgelten für die Benutzung öffentlicher Straßen mit Fahrzeugen;
23. die Schienenbahnen, die nicht Eisenbahnen des Bundes sind, mit Ausnahme der Bergbahnen;
24. die Abfallwirtschaft, die Luftreinhaltung und die Lärmbekämpfung (ohne Schutz vor verhaltensbezogenem Lärm);
25. die Staatshaftung;
26. die medizinisch unterstützte Erzeugung menschlichen Lebens, die Untersuchung und die künstliche Veränderung von Erbinformationen sowie Regelungen zur Transplantation von Organen, Geweben und Zellen;
27. die Statusrechte und -pflichten der Beamten der Länder, Gemeinden und anderen Körperschaften des öffentlichen Rechts sowie der Richter in den Ländern mit Ausnahme der Laufbahnen, Besoldung und Versorgung;
28. das Jagdwesen;
29. den Naturschutz und die Landschaftspflege;
30. die Bodenverteilung;
31. die Raumordnung;
32. den Wasserhaushalt;
33. die Hochschulzulassung und die Hochschulabschlüsse.

(2) Gesetze nach Absatz 1 Nr. 25 und 27 bedürfen der Zustimmung des Bundesrates.

Artikel 74a und 75
(weggefallen)

Artikel 76
(1) Gesetzesvorlagen werden beim Bundestage durch die Bundesregierung, aus der Mitte des Bundestages oder durch den Bundesrat eingebracht.

(2) Vorlagen der Bundesregierung sind zunächst dem Bundesrat zuzuleiten. Der Bundesrat ist berechtigt, innerhalb von sechs Wochen zu diesen Vorlagen Stellung zu nehmen. Verlangt er aus wichtigem Grunde, insbesondere mit Rücksicht auf den Umfang einer Vorlage, eine Fristverlängerung, so beträgt die Frist neun Wochen. Die Bundesregierung kann eine Vorlage, die sie bei der Zuleitung an den Bundesrat ausnahmsweise als besonders eilbedürftig bezeichnet hat, nach drei Wochen oder, wenn der Bundesrat ein Verlangen nach Satz 3 geäußert hat, nach sechs Wochen dem Bundestag zuleiten, auch wenn die Stellungnahme des Bundesrates noch nicht bei ihr eingegangen ist; sie hat die Stellungnahme des Bundesrates unverzüglich nach Eingang dem Bundestag nachzureichen. Bei Vorlagen zur Änderung dieses Grundgesetzes und zur Übertragung von Hoheitsrechten nach Artikel 23 oder Artikel 24 beträgt die Frist zur Stellungnahme neun Wochen; Satz 4 findet keine Anwendung.

(3) Vorlagen des Bundesrates sind dem Bundestag durch die Bundesregierung innerhalb von sechs Wochen zuzuleiten. Sie soll hierbei ihre Auffassung darlegen. Verlangt sie aus wichtigem Grunde, insbesondere mit Rücksicht auf den Um-

fang einer Vorlage, eine Fristverlängerung, so beträgt die Frist neun Wochen. Wenn der Bundesrat eine Vorlage ausnahmsweise als besonders eilbedürftig bezeichnet hat, beträgt die Frist drei Wochen oder, wenn die Bundesregierung ein Verlangen nach Satz 3 geäußert hat, sechs Wochen. Bei Vorlagen zur Änderung dieses Grundgesetzes und zur Übertragung von Hoheitsrechten nach Artikel 23 oder Artikel 24 beträgt die Frist neun Wochen; Satz 4 findet keine Anwendung. Der Bundestag hat über die Vorlagen in angemessener Frist zu beraten und Beschluß zu fassen.

Artikel 77

(1) Die Bundesgesetze werden vom Bundestage beschlossen. Sie sind nach ihrer Annahme durch den Präsidenten des Bundestages unverzüglich dem Bundesrate zuzuleiten.

(2) Der Bundesrat kann binnen drei Wochen nach Eingang des Gesetzesbeschlusses verlangen, daß ein aus Mitgliedern des Bundestages und des Bundesrates für die gemeinsame Beratung von Vorlagen gebildeter Ausschuß einberufen wird. Die Zusammensetzung und das Verfahren dieses Ausschusses regelt eine Geschäftsordnung, die vom Bundestag beschlossen wird und der Zustimmung des Bundesrates bedarf. Die in diesen Ausschuß entsandten Mitglieder des Bundesrates sind nicht an Weisungen gebunden. Ist zu einem Gesetze die Zustimmung des Bundesrates erforderlich, so können auch der Bundestag und die Bundesregierung die Einberufung verlangen. Schlägt der Ausschuß eine Änderung des Gesetzesbeschlusses vor, so hat der Bundestag erneut Beschluß zu fassen.

(2a) Soweit zu einem Gesetz die Zustimmung des Bundesrates erforderlich ist, hat der Bundesrat, wenn ein Verlangen nach Absatz 2 Satz 1 nicht gestellt oder das Vermittlungsverfahren ohne einen Vorschlag zur Änderung des Gesetzesbeschlusses beendet ist, in angemessener Frist über die Zustimmung Beschluß zu fassen.

(3) Soweit zu einem Gesetze die Zustimmung des Bundesrates nicht erforderlich ist, kann der Bundesrat, wenn das Verfahren nach Absatz 2 beendigt ist, gegen ein vom Bundestage beschlossenes Gesetz binnen zwei Wochen Einspruch einlegen. Die Einspruchsfrist beginnt im Falle des Absatzes 2 letzter Satz mit dem Eingange des vom Bundestage erneut gefaßten Beschlusses, in allen anderen Fällen mit dem Eingange der Mitteilung des Vorsitzenden des in Absatz 2 vorgesehenen Ausschusses, daß das Verfahren vor dem Ausschusse abgeschlossen ist.

(4) Wird der Einspruch mit der Mehrheit der Stimmen des Bundesrates beschlossen, so kann er durch Beschluß der Mehrheit der Mitglieder des Bundestages zurückgewiesen werden. Hat der Bundesrat den Einspruch mit einer Mehrheit von mindestens zwei Dritteln seiner Stimmen beschlossen, so bedarf die Zurückweisung durch den Bundestag einer Mehrheit von zwei Dritteln, mindestens der Mehrheit der Mitglieder des Bundestages.

Artikel 78

Ein vom Bundestage beschlossenes Gesetz kommt zustande, wenn der Bundesrat zustimmt, den Antrag gemäß Artikel 77 Abs. 2 nicht stellt, innerhalb der Frist des Artikels 77 Abs. 3 keinen Einspruch einlegt oder ihn zurücknimmt oder wenn der Einspruch vom Bundestage überstimmt wird.

Artikel 79

(1) Das Grundgesetz kann nur durch ein Gesetz geändert werden, das den Wortlaut des Grundgesetzes ausdrücklich ändert oder ergänzt. Bei völkerrechtlichen Verträgen, die eine Friedensregelung, die Vorbereitung einer Friedensregelung oder den Abbau einer besatzungsrechtlichen Ordnung zum Gegenstand haben oder der Verteidigung der Bundesrepublik zu dienen bestimmt sind, genügt zur Klarstellung, daß die Bestimmungen des Grundgesetzes dem Abschluß und dem Inkraftsetzen der Verträge nicht entgegenstehen, eine Ergänzung des Wortlautes des Grundgesetzes, die sich auf diese Klarstellung beschränkt.

(2) Ein solches Gesetz bedarf der Zustimmung von zwei Dritteln der Mitglieder des Bundestages und zwei Dritteln der Stimmen des Bundesrates.

(3) Eine Änderung dieses Grundgesetzes, durch welche die Gliederung des Bundes in Länder, die grundsätzliche Mitwirkung der Länder bei der Gesetzgebung oder die in den Artikeln 1 und 20 niedergelegten Grundsätze berührt werden, ist unzulässig.

Artikel 80

(1) Durch Gesetz können die Bundesregierung, ein Bundesminister oder die Landesregierungen ermächtigt werden, Rechtsverordnungen zu erlassen. Dabei müssen Inhalt, Zweck und Ausmaß der erteilten Ermächtigung im Gesetze bestimmt werden. Die Rechtsgrundlage ist in der Verordnung anzugeben. Ist durch Gesetz vorgesehen, daß eine Ermächtigung weiter übertragen werden kann, so bedarf es zur Übertragung der Ermächtigung einer Rechtsverordnung.

(2) Der Zustimmung des Bundesrates bedürfen, vorbehalt-

lich anderweitiger bundesgesetzlicher Regelung, Rechtsverordnungen der Bundesregierung oder eines Bundesministers über Grundsätze und Gebühren für die Benutzung der Einrichtungen des Postwesens und der Telekommunikation, über die Grundsätze der Erhebung des Entgelts für die Benutzung der Einrichtungen der Eisenbahnen des Bundes, über den Bau und Betrieb der Eisenbahnen, sowie Rechtsverordnungen auf Grund von Bundesgesetzen, die der Zustimmung des Bundesrates bedürfen oder die von den Ländern im Auftrage des Bundes oder als eigene Angelegenheit ausgeführt werden.

(3) Der Bundesrat kann der Bundesregierung Vorlagen für den Erlaß von Rechtsverordnungen zuleiten, die seiner Zustimmung bedürfen.

(4) Soweit durch Bundesgesetz oder auf Grund von Bundesgesetzen Landesregierungen ermächtigt werden, Rechtsverordnungen zu erlassen, sind die Länder zu einer Regelung auch durch Gesetz befugt.

Artikel 80a

(1) Ist in diesem Grundgesetz oder in einem Bundesgesetz über die Verteidigung einschließlich des Schutzes der Zivilbevölkerung bestimmt, daß Rechtsvorschriften nur nach Maßgabe dieses Artikels angewandt werden dürfen, so ist die Anwendung außer im Verteidigungsfalle nur zulässig, wenn der Bundestag den Eintritt des Spannungsfalles festgestellt oder wenn er der Anwendung besonders zugestimmt hat. Die Feststellung des Spannungsfalles und die besondere Zustimmung in den Fällen des Artikels 12a Abs. 5 Satz 1 und Abs. 6 Satz 2 bedürfen einer Mehrheit von zwei Dritteln der abgegebenen Stimmen.

(2) Maßnahmen auf Grund von Rechtsvorschriften nach Absatz 1 sind aufzuheben, wenn der Bundestag es verlangt.

(3) Abweichend von Absatz 1 ist die Anwendung solcher Rechtsvorschriften auch auf der Grundlage und nach Maßgabe eines Beschlusses zulässig, der von einem internationalen Organ im Rahmen eines Bündnisvertrages mit Zustimmung der Bundesregierung gefaßt wird. Maßnahmen nach diesem Absatz sind aufzuheben, wenn der Bundestag es mit der Mehrheit seiner Mitglieder verlangt.

Artikel 81

(1) Wird im Falle des Artikels 68 der Bundestag nicht aufgelöst, so kann der Bundespräsident auf Antrag der Bundesregierung mit Zustimmung des Bundesrates für eine Gesetzesvorlage den Gesetzgebungsnotstand erklären, wenn der Bundestag sie ablehnt, obwohl die Bundesregierung sie als dringlich bezeichnet hat. Das gleiche gilt, wenn eine Gesetzesvorlage abgelehnt worden ist, obwohl der Bundeskanzler mit ihr den Antrag des Artikels 68 verbunden hatte.

(2) Lehnt der Bundestag die Gesetzesvorlage nach Erklärung des Gesetzgebungsnotstandes erneut ab oder nimmt er sie in einer für die Bundesregierung als unannehmbar bezeichneten Fassung an, so gilt das Gesetz als zustande gekommen, soweit der Bundesrat ihm zustimmt. Das gleiche gilt, wenn die Vorlage vom Bundestage nicht innerhalb von vier Wochen nach der erneuten Einbringung verabschiedet wird.

(3) Während der Amtszeit eines Bundeskanzlers kann auch jede andere vom Bundestage abgelehnte Gesetzesvorlage innerhalb einer Frist von sechs Monaten nach der ersten Erklärung des Gesetzgebungsnotstandes gemäß Absatz 1 und 2

verabschiedet werden. Nach Ablauf der Frist ist während der Amtszeit des gleichen Bundeskanzlers eine weitere Erklärung des Gesetzgebungsnotstandes unzulässig.

(4) Das Grundgesetz darf durch ein Gesetz, das nach Absatz 2 zustande kommt, weder geändert, noch ganz oder teilweise außer Kraft oder außer Anwendung gesetzt werden.

Artikel 82

(1) Die nach den Vorschriften dieses Grundgesetzes zustande gekommenen Gesetze werden vom Bundespräsidenten nach Gegenzeichnung ausgefertigt und im Bundesgesetzblatt verkündet. Das Bundesgesetzblatt kann in elektronischer Form geführt werden. Rechtsverordnungen werden von der Stelle, die sie erlässt, ausgefertigt. Das Nähere zur Verkündung und zur Form von Gegenzeichnung und Ausfertigung von Gesetzen und Rechtsverordnungen regelt ein Bundesgesetz.

(2) Jedes Gesetz und jede Rechtsverordnung soll den Tag des Inkrafttretens bestimmen. Fehlt eine solche Bestimmung, so treten sie mit dem vierzehnten Tage nach Ablauf des Tages in Kraft, an dem das Bundesgesetzblatt ausgegeben worden ist.

Erläuterungen

Der siebte Abschnitt leitet von den organisatorischen zu den funktionalen Bestimmungen über und beginnt mit der Gesetzgebung.

Die Zuständigkeitsverteilung zwischen Bund und Ländern

Der moderne Staat ist Gesetzgebungsstaat. Mit den Gesetzen wird das gesellschaftliche Leben gestaltet, in den Gesetzen lässt sich ablesen, wie sich eine Gesellschaft das Zusammenleben vorstellt. Die durch die Gesetze gestaltete Rechtsordnung ist daher nie abgeschlossen, weil sich Gerechtigkeitsvorstellungen verändern, Wertesysteme verschieben sowie neue Herausforderungen aufkommen.

Im Bundesstaat (▸ 20 I) stellt sich zunächst die Frage, welche Ebene – Bundes- oder Landesebene – für die Gesetzgebung zuständig sein soll. Dementsprechend beginnt der Abschnitt in ▸ 70 I mit der Konkretisierung der bereits in ▸ 30 genannten grundlegenden Aufgabenverteilung. Die Gesetzgebung liegt danach in der Zuständigkeit der Länder, soweit sich nicht aus dem Grundgesetz eine Bundeszuständigkeit ergibt. In den folgenden Artikeln werden daher die wesentlichen Zuständigkeiten des Bundes aufgelistet, die sich nach ▸ 70 II in ausschließliche und konkurrierende Zuständigkeiten unterteilen lassen. Hinzu kommen wenige Bundeszuständigkeiten an anderer Stelle (etwa ▸ 21 V oder ▸ 38 III) sowie eng zu fassende ungeschriebene Gesetzgebungskompetenzen des Bundes. In allen anderen Bereichen sind die Länder zuständig. Trotz dieser Grundregel wird der Großteil der Gesetze mittlerweile jedoch vom Bund erlassen, der von seinen Zuständigkeiten praktisch umfassend Gebrauch gemacht hat. Den Ländern verbleiben nur noch wenige Bereiche, in denen sie gesetzgeberisch tätig werden können. Dazu gehören unter anderem das Polizei- und Ordnungsrecht, das Schulrecht einschließlich der Hochschulen sowie das Kommunalrecht.

Die ausschließliche Zuständigkeit des Bundes ist in ▸ 71 und ▸ 73 geregelt. In diesen Bereichen besteht keinerlei Länderzuständigkeit; eine in ▸ 71 ausnahmsweise vorgesehene Ermächtigung der Länder zur Gesetzgebung erfolgt in der Praxis selten. In ▸ 73 I sind die Gegenstände der ausschließlichen Gesetzgebungszuständigkeit des Bundes aufgelistet. Es handelt sich um Bereiche, in denen eine bundeseinheitliche Regelung entweder zwingend erforderlich oder offenkundig zweckmäßig ist, wie die auswärtigen Angelegenheiten (▸ 73 I Nr. 1), die Staatsangehörigkeit (▸ 73 I Nr. 2) oder die Regelung des Luftverkehrs (▸ 73 I Nr. 6). Bei den unter ▸ 73 I fallenden Gesetzen handelt es sich grundsätzlich um Einspruchsgesetze, der Bundesrat muss diesen damit nicht explizit zustimmen. Etwas anderes gilt nach ▸ 73 II nur im Falle des ▸ 73 I Nr. 9a. Sofern ein Land in einem der in ▸ 73 I genannten Bereiche gesetzgeberisch tätig werden sollte, sind diese Gesetze aufgrund der fehlenden Gesetzgebungszuständigkeit nichtig (sofern nicht ausnahmsweise doch eine Ermächtigung nach ▸ 71 vorliegt).

Demgegenüber sind die Länder im Bereich der konkurrierenden Gesetzgebungszuständigkeit des Bundes zur Gesetzgebung befugt, solange und soweit der Bund von seiner

Zuständigkeit keinen Gebrauch gemacht hat (▸ 72 I). Die Bereiche, die diese Bundeszuständigkeit umfasst, sind in ▸ 74 I aufgelistet. In diesen Fällen bewirkt erst das gesetzgeberische Tätigwerden des Bundes eine Sperrwirkung für die Landesgesetzgebung und das nur insoweit, als der Bund von dieser Kompetenz Gebrauch gemacht hat. Sollte der Bund etwa nur Teilbereiche gesetzlich geregelt haben, können die Länder die anderen Teile durch eigene Landesgesetze ausfüllen, sofern der Bund dies nicht ausdrücklich oder implizit ausgeschlossen hat. Inwieweit eine solche Sperrwirkung durch die Bundesgesetzgebung greift, kann in Einzelfällen schwer zu ermitteln und damit auch zwischen Bund und Ländern umstritten sein. Im Zweifel muss das Bundesverfassungsgericht den Streit im Wege einer abstrakten Normenkontrolle nach ▸ 94 I Nr. 2 entscheiden, wie es etwa im Fall des Berliner Mietendeckels 2021 geschehen ist. Juristisch stand hier in Streit, ob der Bundesgesetzgeber mit seinen Regelungen zum Mieterschutz im Bürgerlichen Gesetzbuch von diesem unter ▸ 74 I Nr. 1 fallenden Kompetenztitel bereits abschließend Gebrauch gemacht hatte. Da dies nach Ansicht des Bundesverfassungsgerichts der Fall war, konnte das Land Berlin nicht mehr tätig werden.

Inhaltlich enthält der Katalog des ▸ 74 I Bereiche, in denen eine bundeseinheitliche Regelung sinnvoll sein kann, aber nicht zwingend erforderlich ist. Faktisch hat der Bund mittlerweile auf praktisch allen genannten Bereichen jedoch Bundesgesetze erlassen und die Länder dadurch aus der Gesetzgebung weitestgehend verdrängt. Zum Schutz der Landeskompetenzen ist in ▸ 72 II allerdings vorgesehen, dass der Bund in bestimmten Fällen des ▸ 74 I zumindest nachweisen muss, dass eine bundeseinheitliche Regelung zur Herstellung gleichwertiger Lebensverhältnisse im Bundesgebiet oder zur Wahrung der Rechts- und Wirtschaftseinheit im gesamtstaatlichen Interesse erforderlich ist. Ob diese Voraussetzungen gegeben sind, kann durch das Bundesverfassungsgericht überprüft werden (▸ 94 I Nr. 2a). Sollte das nicht der Fall sein, fehlt dem Bund die Gesetzgebungskompetenz. Gleichwohl erlassene Bundesgesetze sind nichtig und entfalten keine Sperrwirkung für die Landesgesetzgebung. Sofern eine Erforderlichkeit zwar beim Erlass des Bundesgesetzes bestand, mittlerweile jedoch weggefallen ist, kann nach ▸ 72 IV durch Bundesgesetz bestimmt werden, dass das Bundesgesetz durch Landesrecht ersetzt werden kann.

Ebenfalls zum Schutz der Landeskompetenzen sieht ▸ 72 III eine Abweichungskompetenz der Länder vor. In bestimmten Bereichen des ▸ 74 I werden dadurch Sperrwirkung und Vorrang der Bundesgesetzgebung durchbrochen. Die Länder dürfen weiterhin eigene Gesetze erlassen, werden das aber aufgrund des damit verbundenen (finanziellen) Aufwands nur selten tun. Im Anschluss hätte der Bund – theoretisch – erneut die Möglichkeit, bundeseinheitliche Regelungen zu erlassen, von denen die Länder wiederum abweichen dürfen. Nach ▸ 72 III 3 setzt sich hier also entgegen der Regelung des ▸ 31 auch im Bund-Länder-Verhältnis das später erlassene Bundes- oder Landesgesetz durch. In der Praxis spielt diese Abweichungsgesetzgebung der Länder keine besondere Rolle.

Sofern der Bund für den Erlass eines Gesetzes zuständig ist, regeln die ▸ 76 ff. das Verfahren, nach dem dieses zustande kommt. Das Gesetzgebungsverfahren beginnt mit der Einbringung des Gesetzentwurfs in den Bundestag (▸ 76 I), die entweder durch die Bundesregierung (▸ 62 ff.), den Bundesrat (▸ 50 ff.) oder aus der »Mitte des Bundestages« (in der Regel durch eine oder mehrere Fraktionen) erfolgen kann. In der Praxis wird der Großteil der Gesetze durch die Bundesregierung eingebracht, die mit ihrem ministeriellen Apparat die Ressourcen für die Ausarbeitung komplexer Gesetzesentwürfe besitzt. Von den 693 in der Legislaturperiode 2021–2024 eingebrachten Gesetzesvorlagen wurden 360 von der Bundesregierung, 243 aus der Mitte des Bundestages und 90 von den Ländern eingebracht. Darin zeigt sich die enge Verzahnung von Regierung und Parlamentsmehrheit im parlamentarischen Regierungssystem – zumal die Bundesregierung auch an der Erarbeitung zahlreicher Gesetzentwürfe beteiligt gewesen sein dürfte, die von den Regierungsfraktionen eingebracht wurden.

Nach ▸ 77 I 1 werden die Bundesgesetze anschließend vom Bundestag beschlossen. In der Geschäftsordnung (nicht der Verfassung) sind drei Lesungen vorgesehen, wobei die erste Lesung mit der Überweisung an den zuständigen Ausschuss endet, der eine Empfehlung für den Plenarbeschluss ausarbeitet. Nach der Behandlung eventueller Änderungsanträge erfolgt der eigentliche Gesetzesbeschluss mit einfacher Mehrheit (▸ 42 II 1) in der dritten Lesung. Im Anschluss leitet die Präsidentin oder der Präsident des Bundestages das Gesetz an den Bundesrat zur weiteren Behandlung weiter (▸ 77 I 2).

Das Verfahren im Bundesrat hängt davon ab, ob es sich um ein Einspruchsgesetz oder ein Zustimmungsgesetz handelt. Die Regel stellt das Einspruchsgesetz dar. Etwas anderes gilt nur, wenn sich aus einer Bestimmung des Grundgesetzes ausnahmsweise etwas anderes ergibt. Beispiele finden sich in ▸ 73 II, ▸ 74 II oder – in der Praxis besonders häufig – ▸ 84. Liegt danach (nur) ein Einspruchsgesetz vor, kann der Bundesrat nach ▸ 77 II 1 den Vermittlungsausschuss anrufen, wenn er mit dem Gesetz nicht einverstanden sein sollte. Der Vermittlungsausschuss ist paritätisch mit Mitgliedern des Bundestages und des Bundesrates besetzt und hat die Aufgabe, einen Kompromiss auszuhandeln. Gelingt das, kann das Gesetz nach einem erneuten Beschluss des Bundestages und des Bundesrates zur Ausfertigung an den Bundespräsidenten oder die Bundespräsidentin weitergeleitet werden (▸ 82). Gelingt das nicht, hat der Bundesrat die Möglichkeit Einspruch zu erheben, der vom Bundestag aber zurückgewiesen werden kann (▸ 77 III), wobei die im Bundestag erforderlichen Mehrheiten (einfache oder Zweidrittelmehrheit) für eine Zurückweisung von den Einspruchsmehrheiten im Bundesrat abhängen (▸ 77 IV). Gelingt die Zurückweisung, wird das Gesetz an den Bundespräsidenten oder die Bundespräsidentin weitergeleitet (▸ 82), andernfalls ist das Gesetz gescheitert.

Im Falle eines Zustimmungsgesetzes kommt das Gesetz zustande, wenn der Bundesrat explizit zustimmt. Sollte das absehbar nicht möglich sein, können sowohl der Bundesrat als auch der Bundestag den Vermittlungsausschuss anrufen. Kommt es dort zu einem Kompromiss, kann das Gesetz nach einer erneuten Beschlussfassung des Bundestages sowie der förmlichen Zustimmung des Bundesrates an den Bundespräsidenten oder die Bundespräsidentin weitergeleitet werden (▸ 82). Gelingt dies nicht oder wird die Zustimmung vom Bundesrat zuvor verweigert, ist das Gesetzgebungsverfahren gescheitert.

Ein nach diesen Vorschriften zustande gekommenes Gesetz (▸ 78) wird nach Gegenzeichnung (vgl. auch ▸ 58) an den Bundespräsidenten oder die Bundespräsidentin zur Ausfertigung weitergeleitet (▸ 82). Dieser oder diese nimmt für sich in Anspruch, das Gesetz in diesem Zusammenhang auf seine formelle und materielle Verfassungsmäßigkeit zu überprüfen und gegebenenfalls die Unterschrift und damit die Ausfertigung zu verweigern. In der Praxis wird die Unterschrift nur selten – bislang achtmal – verweigert; wo dies geschieht, ist das Gesetzgebungsverfahren gescheitert.

Die Änderung des Grundgesetzes

In ▸ 79 wird das Verfahren zur Änderung des Grundgesetzes als besondere Form des Gesetzgebungsverfahrens geregelt. Die Möglichkeit, die Verfassung ändern zu können, geht auf die amerikanische Revolution zurück und erweist sich als geniale Lösung für das sogenannte Generationenproblem: Wie lässt es sich rechtfertigen, dass eine Verfassung als Ausdruck der Selbstbestimmung eines Volkes auch die Generationen bindet, die an ihrer Entstehung nicht mitgewirkt haben? In den Beratungen zur amerikanischen

Verfassung wurde darüber nachgedacht, die Verfassung mit einem automatischen Verfallsdatum zu versehen, damit jede Generation neu über eine eigene Verfassung entscheiden kann. Das hätte zu einer erheblichen Instabilität des politischen Systems führen können. Die Idee, eine Verfassung stattdessen ändern zu können, erweist sich als der bessere Weg. Allerdings muss sichergestellt werden, dass die Verfassung ihre Funktion als Rahmenordnung für den politischen Prozess und damit auch für die Gesetzgebung weiterhin wahrnehmen kann. Erreicht wird das, indem die Verfassungsänderung an gesteigerte Verfahrensanforderungen geknüpft wird, die verhindern, dass die Verfassungsänderung zum alltäglichen politischen Geschäft wird. ▸ 79 II sieht daher vor, dass ein verfassungsänderndes Gesetz abweichend von der allgemeinen Regel des ▸ 42 II 1 einer Zweidrittelmehrheit sowohl im Bundestag als auch im Bundesrat bedarf. Damit ist sichergestellt, dass eine solche Änderung nicht ohne Mitwirkung der Opposition erfolgen kann – sichtbar wurde das z. B. bei der Errichtung des 100-Milliarden-Euro-Sondervermögens für die Bundeswehr 2022 (▸ 87a Ia) oder die im Jahr 2025 erfolgte Änderung der Schuldenbremse (▸ 115 II). Darüber hinaus verlangt ▸ 79 I, dass das verfassungsändernde Gesetz den Wortlaut des Grundgesetzes ausdrücklich verändert, eine Änderung also auch bei Erreichen der erforderlichen Mehrheiten nicht schleichend erfolgen darf. Ein Gesetz, das gegen die Verfassung verstößt, zufälligerweise aber die notwendigen Zweidrittelmehrheiten erreicht hat, kann daher nicht (und anders als in Weimar) in ein verfassungsänderndes Gesetz umgedeutet werden. Es bleibt verfassungswidrig. Darüber hinaus entzieht die Ewigkeitsklausel des

▸ 79 III bestimmte Regelungen pauschal einer Verfassungsänderung. Im Ergebnis erweist sich das Erfordernis einer Zweidrittelmehrheit allerdings als keine allzu große Hürde für Verfassungsänderungen. Im internationalen Vergleich ist das Grundgesetz seit dem Jahr 1949 daher vergleichsweise häufig geändert worden (s. o.).

Die Verordnungsermächtigung

Die Weimarer Reichsverfassung sah in Art. 48 eine Ermächtigung des Reichspräsidenten zum Erlass sogenannter »Notverordnungen« vor, deren extensive und in der Sache verfassungswidrige Anwendung die Weimarer Verfassungsordnung unterhöhlt und zum Ende der Weimarer Republik beigetragen hat. Der Parlamentarische Rat wollte auf die Möglichkeit der Bundesregierung, Verordnungen zu erlassen, jedoch nicht verzichten, weil Verordnungen in hochtechnischen und sich schnell entwickelnden Bereichen eine erleichterte und schnellere Anpassung ermöglichen. Um eine Entwicklung wie in Weimar zu verhindern, verlangt ▸ 80 I 1 nunmehr jedoch stets eine konkrete gesetzliche Ermächtigung der Bundesregierung für den Erlass von Verordnungen. Die Bundesregierung wird dementsprechend nicht aus eigenem Recht tätig, muss ihre Kompetenz vielmehr in jedem Einzelfall auf ein konkretes Gesetz zurückführen können. Eine darüber hinausgehende Verordnungsermächtigung für die Bundesregierung enthält das Grundgesetz selbst in Notsituationen wie dem Verteidigungsfall (▸ 115a ff.) nicht. Inhalt, Zweck und Ausmaß der gesetzlichen Verordnungsermächtigung müssen sich zudem aus dem Gesetz selbst ergeben, die wesentlichen Entscheidungen dürfen aufgrund der im Demokratieprinzip (▸ 20 I) wurzelnden Wesentlichkeitstheorie nicht an den Verordnungsgeber delegiert werden. Grundrechtseinschränkungen durch eine Verordnung sind daher nur möglich, sofern diese in abstrakter Form bereits in der gesetzlichen Ermächtigung zugelassen wurden bzw. angelegt sind. So konnte die Bundesregierung z. B. in der Coronapandemie grundrechtseinschränkende Verordnungen nur deshalb erlassen, weil sie durch das Infektionsschutzgesetz dazu explizit ermächtigt worden war.

Abschnitt VIII

Die Ausführung der Bundesgesetze und die Bundesverwaltung

Artikel 83

Die Länder führen die Bundesgesetze als eigene Angelegenheit aus, soweit dieses Grundgesetz nichts anderes bestimmt oder zuläßt.

Artikel 84

(1) Führen die Länder die Bundesgesetze als eigene Angelegenheit aus, so regeln sie die Einrichtung der Behörden und das Verwaltungsverfahren. Wenn Bundesgesetze etwas anderes bestimmen, können die Länder davon abweichende Regelungen treffen. Hat ein Land eine abweichende Regelung nach Satz 2 getroffen, treten in diesem Land hierauf bezogene spätere bundesgesetzliche Regelungen der Einrichtung der Behörden und des Verwaltungsverfahrens frühestens sechs Monate nach ihrer Verkündung in Kraft, soweit nicht mit Zustimmung des Bundesrates anderes bestimmt ist. Artikel 72 Abs. 3 Satz 3 gilt entsprechend. In Ausnahmefällen kann der Bund wegen eines besonderen Bedürfnisses nach bundeseinheitlicher Regelung das Verwaltungsverfahren ohne Abweichungsmöglichkeit für die Länder regeln. Diese Gesetze bedürfen der Zustimmung des Bundesrates. Durch Bundesgesetz dürfen Gemeinden und Gemeindeverbänden Aufgaben nicht übertragen werden.

(2) Die Bundesregierung kann mit Zustimmung des Bundesrates allgemeine Verwaltungsvorschriften erlassen.

(3) Die Bundesregierung übt die Aufsicht darüber aus, daß

die Länder die Bundesgesetze dem geltenden Rechte gemäß ausführen. Die Bundesregierung kann zu diesem Zwecke Beauftragte zu den obersten Landesbehörden entsenden, mit deren Zustimmung und, falls diese Zustimmung versagt wird, mit Zustimmung des Bundesrates auch zu den nachgeordneten Behörden.

(4) Werden Mängel, die die Bundesregierung bei der Ausführung der Bundesgesetze in den Ländern festgestellt hat, nicht beseitigt, so beschließt auf Antrag der Bundesregierung oder des Landes der Bundesrat, ob das Land das Recht verletzt hat. Gegen den Beschluß des Bundesrates kann das Bundesverfassungsgericht angerufen werden.

(5) Der Bundesregierung kann durch Bundesgesetz, das der Zustimmung des Bundesrates bedarf, zur Ausführung von Bundesgesetzen die Befugnis verliehen werden, für besondere Fälle Einzelweisungen zu erteilen. Sie sind, außer wenn die Bundesregierung den Fall für dringlich erachtet, an die obersten Landesbehörden zu richten.

Artikel 85

(1) Führen die Länder die Bundesgesetze im Auftrage des Bundes aus, so bleibt die Einrichtung der Behörden Angelegenheit der Länder, soweit nicht Bundesgesetze mit Zustimmung des Bundesrates etwas anderes bestimmen. Durch Bundesgesetz dürfen Gemeinden und Gemeindeverbänden Aufgaben nicht übertragen werden.

(2) Die Bundesregierung kann mit Zustimmung des Bundesrates allgemeine Verwaltungsvorschriften erlassen. Sie kann die einheitliche Ausbildung der Beamten und Angestellten regeln. Die Leiter der Mittelbehörden sind mit ihrem Einvernehmen zu bestellen.

(3) Die Landesbehörden unterstehen den Weisungen der zuständigen obersten Bundesbehörden. Die Weisungen sind, außer wenn die Bundesregierung es für dringlich erachtet, an die obersten Landesbehörden zu richten. Der Vollzug der Weisung ist durch die obersten Landesbehörden sicherzustellen.

(4) Die Bundesaufsicht erstreckt sich auf Gesetzmäßigkeit und Zweckmäßigkeit der Ausführung. Die Bundesregierung kann zu diesem Zwecke Bericht und Vorlage der Akten verlangen und Beauftragte zu allen Behörden entsenden.

Artikel 86

Führt der Bund die Gesetze durch bundeseigene Verwaltung oder durch bundesunmittelbare Körperschaften oder Anstalten des öffentlichen Rechtes aus, so erläßt die Bundesregierung, soweit nicht das Gesetz Besonderes vorschreibt, die allgemeinen Verwaltungsvorschriften. Sie regelt, soweit das Gesetz nichts anderes bestimmt, die Einrichtung der Behörden.

Artikel 87

(1) In bundeseigener Verwaltung mit eigenem Verwaltungsunterbau werden geführt der Auswärtige Dienst, die Bundesfinanzverwaltung und nach Maßgabe des Artikels 89 die Verwaltung der Bundeswasserstraßen und der Schiffahrt. Durch Bundesgesetz können Bundesgrenzschutzbehörden, Zentralstellen für das polizeiliche Auskunfts- und Nachrichtenwesen, für die Kriminalpolizei und zur Sammlung von Unterlagen für Zwecke des Verfassungsschutzes und des Schutzes gegen Bestrebungen im Bundesgebiet, die durch Anwendung von Gewalt oder darauf gerichtete Vorberei-

tungshandlungen auswärtige Belange der Bundesrepublik Deutschland gefährden, eingerichtet werden.

(2) Als bundesunmittelbare Körperschaften des öffentlichen Rechtes werden diejenigen sozialen Versicherungsträger geführt, deren Zuständigkeitsbereich sich über das Gebiet eines Landes hinaus erstreckt. Soziale Versicherungsträger, deren Zuständigkeitsbereich sich über das Gebiet eines Landes, aber nicht über mehr als drei Länder hinaus erstreckt, werden abweichend von Satz 1 als landesunmittelbare Körperschaften des öffentlichen Rechtes geführt, wenn das aufsichtsführende Land durch die beteiligten Länder bestimmt ist.

(3) Außerdem können für Angelegenheiten, für die dem Bunde die Gesetzgebung zusteht, selbständige Bundesoberbehörden und neue bundesunmittelbare Körperschaften und Anstalten des öffentlichen Rechtes durch Bundesgesetz errichtet werden. Erwachsen dem Bunde auf Gebieten, für die ihm die Gesetzgebung zusteht, neue Aufgaben, so können bei dringendem Bedarf bundeseigene Mittel- und Unterbehörden mit Zustimmung des Bundesrates und der Mehrheit der Mitglieder des Bundestages errichtet werden.

Artikel 87a

(1) Der Bund stellt Streitkräfte zur Verteidigung auf. Ihre zahlenmäßige Stärke und die Grundzüge ihrer Organisation müssen sich aus dem Haushaltsplan ergeben.

(1a) Zur Stärkung der Bündnis- und Verteidigungsfähigkeit kann der Bund ein Sondervermögen mit eigener Kreditermächtigung in Höhe von einmalig bis zu 100 Milliarden Euro errichten. Auf die Kreditermächtigung sind Artikel 109 Absatz 3 und Artikel 115 Absatz 2 nicht anzuwenden. Das Nähere regelt ein Bundesgesetz.

(2) Außer zur Verteidigung dürfen die Streitkräfte nur eingesetzt werden, soweit dieses Grundgesetz es ausdrücklich zuläßt.

(3) Die Streitkräfte haben im Verteidigungsfalle und im Spannungsfalle die Befugnis, zivile Objekte zu schützen und Aufgaben der Verkehrsregelung wahrzunehmen, soweit dies zur Erfüllung ihres Verteidigungsauftrages erforderlich ist. Außerdem kann den Streitkräften im Verteidigungsfalle und im Spannungsfalle der Schutz ziviler Objekte auch zur Unterstützung polizeilicher Maßnahmen übertragen werden; die Streitkräfte wirken dabei mit den zuständigen Behörden zusammen.

(4) Zur Abwehr einer drohenden Gefahr für den Bestand oder die freiheitliche demokratische Grundordnung des Bundes oder eines Landes kann die Bundesregierung, wenn die Voraussetzungen des Artikels 91 Abs. 2 vorliegen und die Polizeikräfte sowie der Bundesgrenzschutz nicht ausreichen, Streitkräfte zur Unterstützung der Polizei und des Bundesgrenzschutzes beim Schutze von zivilen Objekten und bei der Bekämpfung organisierter und militärisch bewaffneter Aufständischer einsetzen. Der Einsatz von Streitkräften ist einzustellen, wenn der Bundestag oder der Bundesrat es verlangen.

Artikel 87b

(1) Die Bundeswehrverwaltung wird in bundeseigener Verwaltung mit eigenem Verwaltungsunterbau geführt. Sie dient den Aufgaben des Personalwesens und der unmittelbaren Deckung des Sachbedarfs der Streitkräfte. Aufgaben der Beschädigtenversorgung und des Bauwesens können der Bundeswehrverwaltung nur durch Bundesgesetz, das der Zustimmung des Bundesrates bedarf, übertragen werden. Der Zu-

stimmung des Bundesrates bedürfen ferner Gesetze, soweit sie die Bundeswehrverwaltung zu Eingriffen in Rechte Dritter ermächtigen; das gilt nicht für Gesetze auf dem Gebiete des Personalwesens.

(2) Im übrigen können Bundesgesetze, die der Verteidigung einschließlich des Wehrersatzwesens und des Schutzes der Zivilbevölkerung dienen, mit Zustimmung des Bundesrates bestimmen, daß sie ganz oder teilweise in bundeseigener Verwaltung mit eigenem Verwaltungsunterbau oder von den Ländern im Auftrage des Bundes ausgeführt werden. Werden solche Gesetze von den Ländern im Auftrage des Bundes ausgeführt, so können sie mit Zustimmung des Bundesrates bestimmen, daß die der Bundesregierung und den zuständigen obersten Bundesbehörden auf Grund des Artikels 85 zustehenden Befugnisse ganz oder teilweise Bundesoberbehörden übertragen werden; dabei kann bestimmt werden, daß diese Behörden beim Erlaß allgemeiner Verwaltungsvorschriften gemäß Artikel 85 Abs. 2 Satz 1 nicht der Zustimmung des Bundesrates bedürfen.

Artikel 87c

Gesetze, die auf Grund des Artikels 73 Abs. 1 Nr. 14 ergehen, können mit Zustimmung des Bundesrates bestimmen, daß sie von den Ländern im Auftrage des Bundes ausgeführt werden.

Artikel 87d

(1) Die Luftverkehrsverwaltung wird in Bundesverwaltung geführt. Aufgaben der Flugsicherung können auch durch ausländische Flugsicherungsorganisationen wahrgenommen werden, die nach Recht der Europäischen Gemeinschaft zugelassen sind. Das Nähere regelt ein Bundesgesetz.

(2) Durch Bundesgesetz, das der Zustimmung des Bundesrates bedarf, können Aufgaben der Luftverkehrsverwaltung den Ländern als Auftragsverwaltung übertragen werden.

Artikel 87e

(1) Die Eisenbahnverkehrsverwaltung für Eisenbahnen des Bundes wird in bundeseigener Verwaltung geführt. Durch Bundesgesetz können Aufgaben der Eisenbahnverkehrsverwaltung den Ländern als eigene Angelegenheit übertragen werden.

(2) Der Bund nimmt die über den Bereich der Eisenbahnen des Bundes hinausgehenden Aufgaben der Eisenbahnverkehrsverwaltung wahr, die ihm durch Bundesgesetz übertragen werden.

(3) Eisenbahnen des Bundes werden als Wirtschaftsunternehmen in privat-rechtlicher Form geführt. Diese stehen im Eigentum des Bundes, soweit die Tätigkeit des Wirtschaftsunternehmens den Bau, die Unterhaltung und das Betreiben von Schienenwegen umfaßt. Die Veräußerung von Anteilen des Bundes an den Unternehmen nach Satz 2 erfolgt auf Grund eines Gesetzes; die Mehrheit der Anteile an diesen Unternehmen verbleibt beim Bund. Das Nähere wird durch Bundesgesetz geregelt.

(4) Der Bund gewährleistet, daß dem Wohl der Allgemeinheit, insbesondere den Verkehrsbedürfnissen, beim Ausbau und Erhalt des Schienennetzes der Eisenbahnen des Bundes sowie bei deren Verkehrsangeboten auf diesem Schienennetz, soweit diese nicht den Schienenpersonennahverkehr betreffen, Rechnung getragen wird. Das Nähere wird durch Bundesgesetz geregelt.

(5) Gesetze auf Grund der Absätze 1 bis 4 bedürfen der Zu-

stimmung des Bundesrates. Der Zustimmung des Bundesrates bedürfen ferner Gesetze, die die Auflösung, die Verschmelzung und die Aufspaltung von Eisenbahnunternehmen des Bundes, die Übertragung von Schienenwegen der Eisenbahnen des Bundes an Dritte sowie die Stillegung von Schienenwegen der Eisenbahnen des Bundes regeln oder Auswirkungen auf den Schienenpersonennahverkehr haben.

Artikel 87f

(1) Nach Maßgabe eines Bundesgesetzes, das der Zustimmung des Bundesrates bedarf, gewährleistet der Bund im Bereich des Postwesens und der Telekommunikation flächendeckend angemessene und ausreichende Dienstleistungen.

(2) Dienstleistungen im Sinne des Absatzes 1 werden als privatwirtschaftliche Tätigkeiten durch die aus dem Sondervermögen Deutsche Bundespost hervorgegangenen Unternehmen und durch andere private Anbieter erbracht. Hoheitsaufgaben im Bereich des Postwesens und der Telekommunikation werden in bundeseigener Verwaltung ausgeführt.

(3) Unbeschadet des Absatzes 2 Satz 2 führt der Bund in der Rechtsform einer bundesunmittelbaren Anstalt des öffentlichen Rechts einzelne Aufgaben in bezug auf die aus dem Sondervermögen Deutsche Bundespost hervorgegangenen Unternehmen nach Maßgabe eines Bundesgesetzes aus.

Artikel 88

Der Bund errichtet eine Währungs- und Notenbank als Bundesbank. Ihre Aufgaben und Befugnisse können im Rahmen der Europäischen Union der Europäischen Zentralbank übertragen werden, die unabhängig ist und dem vorrangigen Ziel der Sicherung der Preisstabilität verpflichtet.

Artikel 89

(1) Der Bund ist Eigentümer der bisherigen Reichswasserstraßen.

(2) Der Bund verwaltet die Bundeswasserstraßen durch eigene Behörden. Er nimmt die über den Bereich eines Landes hinausgehenden staatlichen Aufgaben der Binnenschiffahrt und die Aufgaben der Seeschiffahrt wahr, die ihm durch Gesetz übertragen werden. Er kann die Verwaltung von Bundeswasserstraßen, soweit sie im Gebiete eines Landes liegen, diesem Lande auf Antrag als Auftragsverwaltung übertragen. Berührt eine Wasserstraße das Gebiet mehrerer Länder, so kann der Bund das Land beauftragen, für das die beteiligten Länder es beantragen.

(3) Bei der Verwaltung, dem Ausbau und dem Neubau von Wasserstraßen sind die Bedürfnisse der Landeskultur und der Wasserwirtschaft im Einvernehmen mit den Ländern zu wahren.

Artikel 90

(1) Der Bund bleibt Eigentümer der Bundesautobahnen und sonstigen Bundesstraßen des Fernverkehrs. Das Eigentum ist unveräußerlich.

(2) Die Verwaltung der Bundesautobahnen wird in Bundesverwaltung geführt. Der Bund kann sich zur Erledigung seiner Aufgaben einer Gesellschaft privaten Rechts bedienen. Diese Gesellschaft steht im unveräußerlichen Eigentum des Bundes. Eine unmittelbare oder mittelbare Beteiligung Dritter an der Gesellschaft und deren Tochtergesellschaften ist ausgeschlossen. Eine Beteiligung Privater im Rahmen von Öffentlich-Privaten Partnerschaften ist ausgeschlossen für Streckennetze, die das gesamte Bundesautobahnnetz oder das gesam-

te Netz sonstiger Bundesfernstraßen in einem Land oder wesentliche Teile davon umfassen. Das Nähere regelt ein Bundesgesetz.

(3) Die Länder oder die nach Landesrecht zuständigen Selbstverwaltungskörperschaften verwalten die sonstigen Bundesstraßen des Fernverkehrs im Auftrage des Bundes.

(4) Auf Antrag eines Landes kann der Bund die sonstigen Bundesstraßen des Fernverkehrs, soweit sie im Gebiet dieses Landes liegen, in Bundesverwaltung übernehmen.

Artikel 91

(1) Zur Abwehr einer drohenden Gefahr für den Bestand oder die freiheitliche demokratische Grundordnung des Bundes oder eines Landes kann ein Land Polizeikräfte anderer Länder sowie Kräfte und Einrichtungen anderer Verwaltungen und des Bundesgrenzschutzes anfordern.

(2) Ist das Land, in dem die Gefahr droht, nicht selbst zur Bekämpfung der Gefahr bereit oder in der Lage, so kann die Bundesregierung die Polizei in diesem Lande und die Polizeikräfte anderer Länder ihren Weisungen unterstellen sowie Einheiten des Bundesgrenzschutzes einsetzen. Die Anordnung ist nach Beseitigung der Gefahr, im übrigen jederzeit auf Verlangen des Bundesrates aufzuheben. Erstreckt sich die Gefahr auf das Gebiet mehr als eines Landes, so kann die Bundesregierung, soweit es zur wirksamen Bekämpfung erforderlich ist, den Landesregierungen Weisungen erteilen; Satz 1 und Satz 2 bleiben unberührt.

Nach ihrem Erlass müssen die Bundesgesetze durch die Verwaltung im Einzelfall vollzogen werden. Der achte Abschnitt regelt dementsprechend die Ausführung der Bundesgesetze und den grundsätzlichen Aufbau der Bundesverwaltung.

Ausführung der Bundesgesetze durch die Länder

In ▸ 83 wiederholt das Grundgesetz die bereits in ▸ 30 allgemein und in ▸ 70 I für die Gesetzgebung normierte Grundregel für die staatliche Aufgabenverteilung und weist die Vollziehung der Bundesgesetze im Grundsatz den Ländern als eigene Angelegenheit zu. Anders als in anderen Bundesstaaten (etwa den USA) vollzieht der Bund seine eigenen Gesetze nur ausnahmsweise selbst, worin ein zusätzliches Element föderaler Gewaltenteilung zu sehen ist. Im Gegensatz zur parallelen Grundregel im Bereich der Gesetzgebung (▸ 70) entspricht diese Regel im Bereich der Verwaltung aber auch den Vollzugsrealitäten – es sind tatsächlich die Länder, die vornehmlich verwaltend tätig werden. Der Bund hat auf die Art und Weise dieses Vollzugs nur einen begrenzten Einfluss, weshalb die Länder allerdings auch die Vollzugskosten tragen müssen (▸ 104a I). So bestimmt ▸ 84 I 1, dass die Länder im Regelfall für die Einrichtung der Behörden und das Verwaltungsverfahren zuständig sind. Diese Organisation der Landesverwaltung wird im Grundgesetz nur rudimentär geregelt oder ergibt sich aus den für den Vollzug der Bundesgesetze aufgestellten Vorgaben. Alle Länder kennen daher einen eigenen Verwaltungsaufbau und haben eigene Verwaltungsverfahrensgesetze erlassen, die sich in ihrem Inhalt allerdings am Verwaltungsverfahrensgesetz des Bundes orientieren. Nach ▸ 84 I 5 kann der Bund ausnahmsweise auch in diesem Bereich einheitliche Vorgaben für den Verwaltungsvollzug treffen; entsprechende Gesetze bedürfen jedoch der Zustimmung des Bundesrates.

Die Bundesauftragsverwaltung und die bundeseigene Verwaltung

In bestimmten Fällen sieht das Grundgesetz obligatorisch vor oder gestattet es dem Bundesgesetzgeber fakultativ, festzulegen, dass eine Materie von den Ländern nicht als eigene Angelegenheit, sondern im Auftrag des Bundes vollzogen wird. Obligatorisch ist die Bundesauftragsverwaltung etwa in ▸ 90 II, ▸ 104a III 2, ▸ 108 III 1 vorgesehen. Fakultativ kann sie nach ▸ 87b II, ▸ 87c, ▸ 87d II, ▸ 89 II 3, 4 und ▸ 120a I eingeführt werden. Nach ▸ 85 kommen dem Bund in einem solchen Fall erweiterte Einwirkungsmöglichkeiten auf den Verwaltungsvollzug durch die Länder zu; er muss dann nach ▸ 104a II aber auch die Vollzugskosten tragen. Zwar bleiben die Länder auch in diesem Fall stets diejenige Ebene, die mit den Bürgerinnen und Bürgern und Unternehmen im Rahmen des Vollzugs in Kontakt tritt. Die Wahrnehmungskompetenz verbleibt mithin bei den Ländern. Im Innenverhältnis hat der Bund aber nicht nur die Möglichkeit, nach ▸ 85 II stärker auf die Organisation und die Ausbildung der Beamtinnen und Beamten einzuwirken, sondern kann nach ▸ 85 III auch inhaltliche Weisungen erteilen und dadurch die sogenannte Sachkompetenz im Einzelfall an sich ziehen. Für die Landesbehörden sind entsprechende Weisungen verbindlich. In der Praxis ist es vor allem im Bereich der Kernenergie immer wieder zu kleineren Auseinandersetzungen zwischen dem Bund und den Ländern gekommen, der nach ▸ 87c gegenwärtig im Auftrage des Bundes vollzogen wird.

▸ 86 regelt den seltenen Fall, dass eine bestimmte Materie durch den Bund in bundeseigener Verwaltung vollzogen wird, die Länder also gänzlich außen vor bleiben. Die entsprechenden Materien sind in ▸ 87 I und einigen weiteren Bestimmungen (etwa ▸ 87b, ▸ 87d, ▸ 87e) aufgelistet. Aus den genannten Materien lässt sich in der Regel unmittelbar erschließen, warum eine einheitliche Bundesverwaltung hier für notwendig angesehen wird. Darüber hinaus ermöglicht der ▸ 87 III dem Bund, Angelegenheiten, für die ihm die Gesetzgebungszuständigkeit zusteht, in bundeseigene Verwaltung zu überführen. Aufgrund seiner umfassenden Gesetzgebungskompetenzen scheint dies auf den ersten Blick eine sehr weitgehende Kompetenz zu sein, durch die die Grundregel des ▸ 83 unterlaufen werden könnte. Aus zwei Gründen macht der Bund von dieser Kompetenz aber in der Praxis nur selten Gebrauch: Erstens geht mit der Verwaltungskompetenz wegen der Regelung des ▸ 104a I auch die Finanzierungslast auf den Bund über. Zweitens erlaubt der ▸ 87 III 1 grundsätzlich nur die Errichtung einer einzigen zentralen Behörde ohne jeglichen in der Fläche verteilten Unterbau. Etwas anderes gilt nach ▸ 87 III 2 nur für den seltenen Fall, dass es sich um gänzlich neue Aufgaben handelt. Die Errichtung einer einzigen zentralen Behörde erweist sich indes meist nicht als zielführend. Ein Beispiel für eine nach ▸ 87 III errichtete Bundesbehörde bildet die Bundesanstalt für Finanzdienstleistungsaufsicht (BaFin). Diese hat tatsächlich keinen eigenen Verwaltungsunterbau, arbeitet allerdings eng mit demjenigen der nach ▸ 88 errichteten Bundesbank zusammen – was sich verfassungsrechtlich als problematisch erweist, da damit die Vorgaben des ▸ 87 III faktisch unterlaufen werden.

In ▸ 87a findet sich zudem eine besondere Regelung zu den Streitkräften (der Bundeswehr), die danach vom Bund allein für den Zweck der Verteidigung aufgestellt werden (zum Verteidigungsfall ▸ 115a ff.). ▸ 87a II stellt daher klar, dass ein Einsatz des Militärs im Innern außerhalb des Verteidigungsfalles nur dann zulässig ist, soweit sich dafür ausnahmsweise eine besondere Ermächtigung im Grundgesetz findet, wie das etwa in ▸ 87a III und IV der Fall ist. Darüber hinaus ist der Einsatz militärischer Mittel in sehr begrenztem Umfang auch nach ▸ 35 II, III sowie im Rahmen eines nach ▸ 24 zulässigerweise errichteten Systems kollektiver Sicherheit wie der NATO möglich. In ▸ 87a Ia findet sich zudem das Sondervermögen zur Ertüchtigung der Bundeswehr in Höhe von 100 Milliarden Euro, das im Jahr 2022 in Reaktion auf den völkerrechtswidrigen Angriffskrieg Russlands gegen die Ukraine in das Grundgesetz eingefügt wurde.

Abschnitt VIIIa

Gemeinschaftsaufgaben, Verwaltungszusammenarbeit

Artikel 91a

(1) Der Bund wirkt auf folgenden Gebieten bei der Erfüllung von Aufgaben der Länder mit, wenn diese Aufgaben für die Gesamtheit bedeutsam sind und die Mitwirkung des Bundes zur Verbesserung der Lebensverhältnisse erforderlich ist (Gemeinschaftsaufgaben):

1. Verbesserung der regionalen Wirtschaftsstruktur,
2. Verbesserung der Agrarstruktur und des Küstenschutzes.

(2) Durch Bundesgesetz mit Zustimmung des Bundesrates werden die Gemeinschaftsaufgaben sowie Einzelheiten der Koordinierung näher bestimmt.

(3) Der Bund trägt in den Fällen des Absatzes 1 Nr. 1 die Hälfte der Ausgaben in jedem Land. In den Fällen des Absatzes 1 Nr. 2 trägt der Bund mindestens die Hälfte; die Beteiligung ist für alle Länder einheitlich festzusetzen. Das Nähere regelt das Gesetz. Die Bereitstellung der Mittel bleibt der Feststellung in den Haushaltsplänen des Bundes und der Länder vorbehalten.

Artikel 91b

(1) Bund und Länder können auf Grund von Vereinbarungen in Fällen überregionaler Bedeutung bei der Förderung von Wissenschaft, Forschung und Lehre zusammenwirken. Vereinbarungen, die im Schwerpunkt Hochschulen betreffen, bedürfen der Zustimmung aller Länder. Dies gilt nicht für Ver-

einbarungen über Forschungsbauten einschließlich Großgeräten.

(2) Bund und Länder können auf Grund von Vereinbarungen zur Feststellung der Leistungsfähigkeit des Bildungswesens im internationalen Vergleich und bei diesbezüglichen Berichten und Empfehlungen zusammenwirken.

(3) Die Kostentragung wird in der Vereinbarung geregelt.

Artikel 91c

(1) Bund und Länder können bei der Planung, der Errichtung und dem Betrieb der für ihre Aufgabenerfüllung benötigten informationstechnischen Systeme zusammenwirken.

(2) Bund und Länder können auf Grund von Vereinbarungen die für die Kommunikation zwischen ihren informationstechnischen Systemen notwendigen Standards und Sicherheitsanforderungen festlegen. Vereinbarungen über die Grundlagen der Zusammenarbeit nach Satz 1 können für einzelne nach Inhalt und Ausmaß bestimmte Aufgaben vorsehen, dass nähere Regelungen bei Zustimmung einer in der Vereinbarung zu bestimmenden qualifizierten Mehrheit für Bund und Länder in Kraft treten. Sie bedürfen der Zustimmung des Bundestages und der Volksvertretungen der beteiligten Länder; das Recht zur Kündigung dieser Vereinbarungen kann nicht ausgeschlossen werden. Die Vereinbarungen regeln auch die Kostentragung.

(3) Die Länder können darüber hinaus den gemeinschaftlichen Betrieb informationstechnischer Systeme sowie die Errichtung von dazu bestimmten Einrichtungen vereinbaren.

(4) Der Bund errichtet zur Verbindung der informationstechnischen Netze des Bundes und der Länder ein Verbindungsnetz. Das Nähere zur Errichtung und zum Betrieb des

Verbindungsnetzes regelt ein Bundesgesetz mit Zustimmung des Bundesrates.

(5) Der übergreifende informationstechnische Zugang zu den Verwaltungsleistungen von Bund und Ländern wird durch Bundesgesetz mit Zustimmung des Bundesrates geregelt.

Artikel 91d

Bund und Länder können zur Feststellung und Förderung der Leistungsfähigkeit ihrer Verwaltungen Vergleichsstudien durchführen und die Ergebnisse veröffentlichen.

Artikel 91e

(1) Bei der Ausführung von Bundesgesetzen auf dem Gebiet der Grundsicherung für Arbeitsuchende wirken Bund und Länder oder die nach Landesrecht zuständigen Gemeinden und Gemeindeverbände in der Regel in gemeinsamen Einrichtungen zusammen.

(2) Der Bund kann zulassen, dass eine begrenzte Anzahl von Gemeinden und Gemeindeverbänden auf ihren Antrag und mit Zustimmung der obersten Landesbehörde die Aufgaben nach Absatz 1 allein wahrnimmt. Die notwendigen Ausgaben einschließlich der Verwaltungsausgaben trägt der Bund, soweit die Aufgaben bei einer Ausführung von Gesetzen nach Absatz 1 vom Bund wahrzunehmen sind.

(3) Das Nähere regelt ein Bundesgesetz, das der Zustimmung des Bundesrates bedarf.

Die Aufgabenbereiche des Bundes und der Länder sind unter dem Grundgesetz vergleichsweise streng voneinander getrennt. Dadurch wird nicht nur die politische Verantwortung, sondern auch die Finanzierungslast eindeutig zugewiesen (vgl. ▸ 104a I). Zudem wird einer schleichenden Zentralisierung der Aufgaben beim Bund entgegengewirkt. Die klare und nicht zur Disposition stehende Aufteilung der Kompetenzen präsentiert sich damit auch als Ausprägung föderaler Gewaltenteilung. Schon ab den 1950er Jahren begannen Bund und Länder allerdings insbesondere im Bereich der Hochschulfinanzierung und der regionalen Wirtschaftsförderung auf vielfältige Art miteinander zu kooperieren. Auch wenn eine solche Kooperation in Form gemeinsamer Aufgabenwahrnehmung sinnvoll gewesen sein mag, war sie ohne ausdrückliche Ermächtigung verfassungsrechtlich nicht gestattet. Die notwendige verfassungsrechtliche Regelung wurde gleichwohl erst 1969 in das Grundgesetz eingefügt und enthielt zunächst nur die Bestimmungen des ▸ 91a und ▸ 91b. Seitdem ist die Kooperation ausgeweitet und der Abschnitt um weitere Artikel ergänzt worden. Neben der formalen Erlaubnis zur Kooperation auf einem bestimmten Gebiet enthalten die Regelungen meist auch eine explizite Bestimmung zur Kostentragung (vgl. ▸ 91a III) oder sehen vor, dass Bund und Länder dazu eine Vereinbarung treffen müssen (vgl. ▸ 91b III). Aus verfassungsrechtlicher Sicht erweist sich die Ausdehnung der Bereiche gemeinsamer Aufgabenwahrnehmung als wenig glücklich, da die Verantwortlichkeiten verschwimmen und die Bürgerinnen und Bürger nicht mehr erkennen können, welche Ebene (Bund oder Land) sie für eine verfehlte Politik sanktionieren können.

Abschnitt IX

Die Rechtsprechung

Artikel 92

Die rechtsprechende Gewalt ist den Richtern anvertraut; sie wird durch das Bundesverfassungsgericht, durch die in diesem Grundgesetze vorgesehenen Bundesgerichte und durch die Gerichte der Länder ausgeübt.

Artikel 93

(1) Das Bundesverfassungsgericht ist ein allen übrigen Verfassungsorganen gegenüber selbständiger und unabhängiger Gerichtshof des Bundes.

(2) Das Bundesverfassungsgericht besteht aus Bundesrichtern und anderen Mitgliedern; es gliedert sich in zwei Senate. In jeden Senat werden je zur Hälfte vom Bundestag und vom Bundesrat acht Richter gewählt; sie dürfen weder dem Bundestag, dem Bundesrat, der Bundesregierung noch entsprechenden Organen eines Landes angehören. Durch Bundesgesetz nach Absatz 5 kann vorgesehen werden, dass das Wahlrecht vom anderen Wahlorganen ausgeübt werden kann, wenn innerhalb einer zu bestimmenden Frist nach dem Ende der Amtszeit oder dem vorzeitigen Ausscheiden eines Richters eine Wahl seines Nachfolgers nicht zustande kommt.

(3) Die Amtszeit der Mitglieder des Bundesverfassungsgerichts dauert zwölf Jahre, längstens bis zum Ende des Monats, in dem das Mitglied das 68. Lebensjahr vollendet. Nach Ablauf der Amtszeit führen die Richter ihre Amtsgeschäfte bis zur Ernennung des Nachfolgers fort. Eine anschließende oder spätere Wiederwahl ist ausgeschlossen.

(4) Das Bundesverfassungsgericht gibt sich eine Geschäftsordnung, die das Plenum beschließt.

(5) Ein Bundesgesetz regelt die Verfassung und das Verfahren des Bundesverfassungsgerichts. Es kann für Verfassungsbeschwerden die vorherige Erschöpfung des Rechtsweges zur Voraussetzung machen und ein besonderes Annahmeverfahren vorsehen.

Artikel 94

(1) Das Bundesverfassungsgericht entscheidet:

1. über die Auslegung dieses Grundgesetzes aus Anlass von Streitigkeiten über den Umfang der Rechte und Pflichten eines obersten Bundesorgans oder anderer Beteiligter, die durch dieses Grundgesetz oder in der Geschäftsordnung eines obersten Bundesorgans mit eigenen Rechten ausgestattet sind;
2. bei Meinungsverschiedenheiten oder Zweifeln über die förmliche und sachliche Vereinbarkeit von Bundesrecht oder Landesrecht mit diesem Grundgesetz oder die Vereinbarkeit von Landesrecht mit sonstigem Bundesrecht auf Antrag der Bundesregierung, einer Landesregierung oder eines Viertels der Mitglieder des Bundestages;

2a. bei Meinungsverschiedenheiten, ob ein Gesetz den Voraussetzungen des Artikels 72 Absatz 2 entspricht, auf Antrag des Bundesrates, einer Landesregierung oder der Volksvertretung eines Landes;

3. bei Meinungsverschiedenheiten über Rechte und Pflichten des Bundes und der Länder, insbesondere bei der Ausführung von Bundesrecht durch die Länder und bei der Ausübung der Bundesaufsicht;

4. in anderen öffentlich-rechtlichen Streitigkeiten zwischen dem Bund und den Ländern, zwischen verschiedenen Ländern oder innerhalb eines Landes, soweit nicht ein anderer Rechtsweg gegeben ist;
4a. über Verfassungsbeschwerden, die von jedermann mit der Behauptung erhoben werden können, durch die öffentliche Gewalt in einem seiner Grundrechte oder in einem seiner in Artikel 20 Absatz 4, 33, 38, 101, 103 und 104 enthaltenen Rechte verletzt zu sein;
4b. über Verfassungsbeschwerden von Gemeinden und Gemeindeverbänden wegen Verletzung des Rechts auf Selbstverwaltung nach Artikel 28 durch ein Gesetz, bei Landesgesetzen jedoch nur, soweit nicht Beschwerde beim Landesverfassungsgericht erhoben werden kann;
4c. über Beschwerden von Vereinigungen gegen ihre Nichtanerkennung als Partei für die Wahl zum Bundestag;
5. in den übrigen in diesem Grundgesetz vorgesehenen Fällen.

(2) Das Bundesverfassungsgericht entscheidet außerdem auf Antrag des Bundesrates, einer Landesregierung oder der Volksvertretung eines Landes, ob im Falle des Artikels 72 Absatz 4 die Erforderlichkeit für eine bundesgesetzliche Regelung nach Artikel 72 Absatz 2 nicht mehr besteht oder Bundesrecht in den Fällen des Artikels 125a Absatz 2 Satz 1 nicht mehr erlassen werden könnte. Die Feststellung, dass die Erforderlichkeit entfallen ist oder Bundesrecht nicht mehr erlassen werden könnte, ersetzt ein Bundesgesetz nach Artikel 72 Absatz 4 oder nach Artikel 125a Absatz 2 Satz 2. Der Antrag nach Satz 1 ist nur zulässig, wenn eine Gesetzesvorlage nach Artikel

72 Absatz 4 oder nach Artikel 125a Absatz 2 Satz 2 im Bundestag abgelehnt oder über sie nicht innerhalb eines Jahres beraten und Beschluss gefasst oder wenn eine entsprechende Gesetzesvorlage im Bundesrat abgelehnt worden ist.

(3) Das Bundesverfassungsgericht wird ferner in den ihm sonst durch Bundesgesetz zugewiesenen Fällen tätig.

(4) Die Entscheidungen des Bundesverfassungsgerichts binden die Verfassungsorgane des Bundes und der Länder sowie alle Gerichte und Behörden. Ein Bundesgesetz bestimmt, in welchen Fällen seine Entscheidungen Gesetzeskraft haben.

Artikel 95

(1) Für die Gebiete der ordentlichen, der Verwaltungs-, der Finanz-, der Arbeits- und der Sozialgerichtsbarkeit errichtet der Bund als oberste Gerichtshöfe den Bundesgerichtshof, das Bundesverwaltungsgericht, den Bundesfinanzhof, das Bundesarbeitsgericht und das Bundessozialgericht.

(2) Über die Berufung der Richter dieser Gerichte entscheidet der für das jeweilige Sachgebiet zuständige Bundesminister gemeinsam mit einem Richterwahlausschuß, der aus den für das jeweilige Sachgebiet zuständigen Ministern der Länder und einer gleichen Anzahl von Mitgliedern besteht, die vom Bundestage gewählt werden.

(3) Zur Wahrung der Einheitlichkeit der Rechtsprechung ist ein Gemeinsamer Senat der in Absatz 1 genannten Gerichte zu bilden. Das Nähere regelt ein Bundesgesetz.

Artikel 96

(1) Der Bund kann für Angelegenheiten des gewerblichen Rechtsschutzes ein Bundesgericht errichten.

(2) Der Bund kann Wehrstrafgerichte für die Streitkräfte als

Bundesgerichte errichten. Sie können die Strafgerichtsbarkeit nur im Verteidigungsfalle sowie über Angehörige der Streitkräfte ausüben, die in das Ausland entsandt oder an Bord von Kriegsschiffen eingeschifft sind. Das Nähere regelt ein Bundesgesetz. Diese Gerichte gehören zum Geschäftsbereich des Bundesjustizministers. Ihre hauptamtlichen Richter müssen die Befähigung zum Richteramt haben.

(3) Oberster Gerichtshof für die in Absatz 1 und 2 genannten Gerichte ist der Bundesgerichtshof.

(4) Der Bund kann für Personen, die zu ihm in einem öffentlich-rechtlichen Dienstverhältnis stehen, Bundesgerichte zur Entscheidung in Disziplinarverfahren und Beschwerdeverfahren errichten.

(5) Für Strafverfahren auf den folgenden Gebieten kann ein Bundesgesetz mit Zustimmung des Bundesrates vorsehen, daß Gerichte der Länder Gerichtsbarkeit des Bundes ausüben:

1. Völkermord;
2. völkerstrafrechtliche Verbrechen gegen die Menschlichkeit;
3. Kriegsverbrechen;
4. andere Handlungen, die geeignet sind und in der Absicht vorgenommen werden, das friedliche Zusammenleben der Völker zu stören (Artikel 26 Abs. 1);
5. Staatsschutz.

Artikel 97

(1) Die Richter sind unabhängig und nur dem Gesetze unterworfen.

(2) Die hauptamtlich und planmäßig endgültig angestellten Richter können wider ihren Willen nur kraft richterlicher Entscheidung und nur aus Gründen und unter den Formen,

welche die Gesetze bestimmen, vor Ablauf ihrer Amtszeit entlassen oder dauernd oder zeitweise ihres Amtes enthoben oder an eine andere Stelle oder in den Ruhestand versetzt werden. Die Gesetzgebung kann Altersgrenzen festsetzen, bei deren Erreichung auf Lebenszeit angestellte Richter in den Ruhestand treten. Bei Veränderung der Einrichtung der Gerichte oder ihrer Bezirke können Richter an ein anderes Gericht versetzt oder aus dem Amte entfernt werden, jedoch nur unter Belassung des vollen Gehaltes.

Artikel 98

(1) Die Rechtsstellung der Bundesrichter ist durch besonderes Bundesgesetz zu regeln.

(2) Wenn ein Bundesrichter im Amte oder außerhalb des Amtes gegen die Grundsätze des Grundgesetzes oder gegen die verfassungsmäßige Ordnung eines Landes verstößt, so kann das Bundesverfassungsgericht mit Zweidrittelmehrheit auf Antrag des Bundestages anordnen, daß der Richter in ein anderes Amt oder in den Ruhestand zu versetzen ist. Im Falle eines vorsätzlichen Verstoßes kann auf Entlassung erkannt werden.

(3) Die Rechtsstellung der Richter in den Ländern ist durch besondere Landesgesetze zu regeln, soweit Artikel 74 Abs. 1 Nr. 27 nichts anderes bestimmt.

(4) Die Länder können bestimmen, daß über die Anstellung der Richter in den Ländern der Landesjustizminister gemeinsam mit einem Richterwahlausschuß entscheidet.

(5) Die Länder können für Landesrichter eine Absatz 2 entsprechende Regelung treffen. Geltendes Landesverfassungsrecht bleibt unberührt. Die Entscheidung über eine Richteranklage steht dem Bundesverfassungsgericht zu.

Artikel 99

Dem Bundesverfassungsgerichte kann durch Landesgesetz die Entscheidung von Verfassungsstreitigkeiten innerhalb eines Landes, den in Artikel 95 Abs. 1 genannten obersten Gerichtshöfen für den letzten Rechtszug die Entscheidung in solchen Sachen zugewiesen werden, bei denen es sich um die Anwendung von Landesrecht handelt.

Artikel 100

(1) Hält ein Gericht ein Gesetz, auf dessen Gültigkeit es bei der Entscheidung ankommt, für verfassungswidrig, so ist das Verfahren auszusetzen und, wenn es sich um die Verletzung der Verfassung eines Landes handelt, die Entscheidung des für Verfassungsstreitigkeiten zuständigen Gerichtes des Landes, wenn es sich um die Verletzung dieses Grundgesetzes handelt, die Entscheidung des Bundesverfassungsgerichtes einzuholen. Dies gilt auch, wenn es sich um die Verletzung dieses Grundgesetzes durch Landesrecht oder um die Unvereinbarkeit eines Landesgesetzes mit einem Bundesgesetze handelt.

(2) Ist in einem Rechtsstreite zweifelhaft, ob eine Regel des Völkerrechtes Bestandteil des Bundesrechtes ist und ob sie unmittelbar Rechte und Pflichten für den Einzelnen erzeugt (Artikel 25), so hat das Gericht die Entscheidung des Bundesverfassungsgerichtes einzuholen.

(3) Will das Verfassungsgericht eines Landes bei der Auslegung des Grundgesetzes von einer Entscheidung des Bundesverfassungsgerichtes oder des Verfassungsgerichtes eines anderen Landes abweichen, so hat das Verfassungsgericht die Entscheidung des Bundesverfassungsgerichtes einzuholen.

Artikel 101

(1) Ausnahmegerichte sind unzulässig. Niemand darf seinem gesetzlichen Richter entzogen werden.

(2) Gerichte für besondere Sachgebiete können nur durch Gesetz errichtet werden.

Artikel 102

Die Todesstrafe ist abgeschafft.

Artikel 103

(1) Vor Gericht hat jedermann Anspruch auf rechtliches Gehör.

(2) Eine Tat kann nur bestraft werden, wenn die Strafbarkeit gesetzlich bestimmt war, bevor die Tat begangen wurde.

(3) Niemand darf wegen derselben Tat auf Grund der allgemeinen Strafgesetze mehrmals bestraft werden.

Artikel 104

(1) Die Freiheit der Person kann nur auf Grund eines förmlichen Gesetzes und nur unter Beachtung der darin vorgeschriebenen Formen beschränkt werden. Festgehaltene Personen dürfen weder seelisch noch körperlich mißhandelt werden.

(2) Über die Zulässigkeit und Fortdauer einer Freiheitsentziehung hat nur der Richter zu entscheiden. Bei jeder nicht auf richterlicher Anordnung beruhenden Freiheitsentziehung ist unverzüglich eine richterliche Entscheidung herbeizuführen. Die Polizei darf aus eigener Machtvollkommenheit niemanden länger als bis zum Ende des Tages nach dem Ergreifen in eigenem Gewahrsam halten. Das Nähere ist gesetzlich zu regeln.

(3) Jeder wegen des Verdachtes einer strafbaren Handlung vorläufig Festgenommene ist spätestens am Tage nach der Festnahme dem Richter vorzuführen, der ihm die Gründe der Festnahme mitzuteilen, ihn zu vernehmen und ihm Gelegenheit zu Einwendungen zu geben hat. Der Richter hat unverzüglich entweder einen mit Gründen versehenen schriftlichen Haftbefehl zu erlassen oder die Freilassung anzuordnen.

(4) Von jeder richterlichen Entscheidung über die Anordnung oder Fortdauer einer Freiheitsentziehung ist unverzüglich ein Angehöriger des Festgehaltenen oder eine Person seines Vertrauens zu benachrichtigen.

Erläuterungen

Die Organisation der Rechtsprechung

Eine effektive und unabhängige Gerichtsbarkeit bildet ein zentrales Element des in ▸ 20 III wurzelnden Rechtsstaatsprinzips. In ▸ 19 IV wird festgehalten, dass jeder Person, die sich durch die Staatsgewalt in ihren Rechten verletzt sieht, der Rechtsweg offensteht. Der neunte Abschnitt widmet sich der konkreten Ausgestaltung und Organisation der Rechtsprechung und wiederholt in ▸ 92 zunächst und ein wenig verklausuliert die bereits in ▸ 30, ▸ 70 und ▸ 83 für die anderen Gewalten normierte Grundregel. Auch die Organisation der Rechtsprechung ist folglich Sache der Länder, soweit das Grundgesetz nicht die Errichtung von Bundesgerichten erlaubt oder vorgibt.

In ▸ 93 und ▸ 94 werden zunächst Zuständigkeit und Zusammensetzung des in Karlsruhe ansässigen Bundesverfassungsgerichts geregelt. Konzeptionell geht dieses auf das Reichsgericht der Paulskirchenverfassung von 1848/49 zurück – § 126 der gescheiterten Paulskirchenverfassung wies diesem weitreichende Funktionen für politische Streitigkeiten zu und sah bereits die Möglichkeit für deutsche Staatsbürger vor, eine Individualverfassungsbeschwerde einzureichen, wenn sie sich in ihren durch die Reichsverfassung gewährten Rechten verletzt sahen. Die spätere Verfassung des Deutschen Reiches von 1871 kannte keine umfassende Verfassungsgerichtsbarkeit, erst mit der Weimarer Verfassung von 1919 erlebte sie mit dem Staatsgerichtshof eine gewisse Renaissance, konnte sich aber aufgrund der kurzen Zeitspanne bis zur Machtergreifung der Nationalsozialisten nicht wirklich entfalten. Insbesondere die zentrale Funktion einer Verfassungsgerichtsbarkeit, parlamentarische Gesetze überprüfen und gegebenenfalls für nichtig erklären zu können, blieb unterentwickelt. Im Parlamentarischen Rat war man sich schnell einig, dass das unter dem Grundgesetz anders sein sollte, und stattete das Bundesverfassungsgericht mit weitreichenden Kompetenzen aus.

Aufgrund dieser nunmehr vornehmlich in ▸ 94 geregelten Zuständigkeiten nimmt das Bundesverfassungsgericht mittlerweile eine bedeutende Rolle im politischen Leben der Bundesrepublik ein. Dazu hat auch beigetragen, dass es sich in der maßgeblich von Gerhard Leibholz verfassten Status-Denkschrift bereits im Jahr 1952 zum förmlichen Verfassungsorgan erklärte, das damit auf einer Stufe mit

Abb. 8: Das Bundesverfassungsgericht in Karlsruhe, 2006. –

dem Bundespräsidenten oder der Bundespräsidentin, dem Bundestag, der Bundesregierung oder dem Bundesrat steht. Seit dem Jahr 2024 ist dieser besondere Status nunmehr auch in ▸ 93 I festgeschrieben. In ▸ 93 IV findet sich jetzt auch die Geschäftsordnungsautonomie des Bundesverfassungsgerichts. Bedeutend ist vor allem die Kompetenz des Bundesverfassungsgerichts, Parlamentsgesetze für verfassungswidrig zu erklären, die sich aus ▸ 94 I Nr. 2 (abstrakte Normenkontrolle, die unabhängig von einem konkreten Rechtsstreit erfolgt) und ▸ 100 I (konkrete Normenkontrolle, die anlässlich eines vor einem Gericht anhängigen Rechtsstreits erfolgt), aber auch aus ▸ 94 I Nr. 4a (Verfassungsbeschwerde) ergibt. Das Bundesverfassungsgericht kann dadurch in erheblicher Weise in den demokratischen

Prozess eingreifen, ohne selbst in vergleichbarer Weise wie der Bundestag legitimiert zu sein – und hat das in der Vergangenheit vor allem zum Schutz der Grundrechte auch immer wieder getan. In der Staatstheorie ist diese Funktion deshalb nicht unumstritten, und ihre Rechtfertigung (und mögliche Grenzen) werden unter dem Begriff »counter majoritarian difficulty« (dem Problem einer von einem Gericht getroffenen Entscheidung gegen den parlamentarischen Mehrheitswillen) breit diskutiert. Als problematisch erweist sich vor allem, dass das Bundesverfassungsgericht keinerlei formaler Kontrolle unterliegt und auch keine politische Verantwortung für die eigenen Entscheidungen übernehmen muss. Schon das spricht tendenziell für eine gewisse judikative Zurückhaltung in politisch umstrittenen Bereichen. Jedenfalls muss sich das Bundesverfassungsgericht bewusst sein, dass es darauf angewiesen ist, dass seine formal verbindlichen Entscheidungen (vgl. ▸ 94 IV) freiwillig befolgt werden, da eine zwangsweise Durchsetzung nicht vorgesehen ist. Wo ein Verfassungsgericht zu sehr in den politischen Raum interveniert, diesen über Gebühr verengt oder sich gegen fundamentale Wertvorstellungen der Gesellschaft positioniert, riskiert es diese freiwillige Befolgungsbereitschaft (zu sehen sind solche Legitimitätsverluste aktuell beim amerikanischen Supreme Court). Verfassungsgerichte müssen also den Rahmen der Verfassung effektiv verteidigen, aber gleichzeitig darauf achten, diesen nicht zu sehr mit materiellen Vorgaben eigenständig auszufüllen und politischen Diskurs dadurch unmöglich zu machen oder übermäßig zu erschweren. Gerade in hochpolitischen Fragen navigiert ein Verfassungsgericht insoweit immer ein wenig zwischen Skylla und

Charybdis. Das Bundesverfassungsgericht hat diese Aufgabe bisher erstaunlich gut gemeistert und genießt in der Bevölkerung zu Recht großes Vertrauen – in dem aber möglicherweise auch ein problematisches Misstrauen gegenüber der Politik zum Ausdruck kommt.

Um zu verhindern, dass rechtspopulistische Mehrheiten die Organisation des Bundesverfassungsgerichts fundamental verändern und dieses damit schwächen können, finden sich die zentralen organisatorischen Vorgaben seit Dezember 2024 in ▸ 93. Nach ▸ 93 II 1 besteht das Bundesverfassungsgericht aus Bundesrichterinnen und Bundesrichtern und anderen Mitgliedern, die sich auf zwei Senate mit je acht Mitgliedern verteilen. Nach den aktuellen Regelungen müssen pro Senat jeweils drei der Richterinnen und Richter aus den in ▸ 95 I genannten obersten Gerichtshöfen des Bundes stammen. Im Übrigen werden die Senate seit jeher durch Rechtsprofessorinnen und -professoren dominiert, was immer wieder kritisiert wird und sich auch im Stil der Entscheidungen niederschlägt. Anwälte und ehemalige Politiker bilden eher die Ausnahme. Die Mitglieder der Senate müssen das 40. Lebensjahr vollendet haben und die Befähigung zum Richteramt aufweisen. Sie werden je zur Hälfte vom Bundestag und Bundesrat mit Zweidrittelmehrheit gewählt. Dadurch soll verhindert werden, dass (wie etwa in den USA) allzu ideologische Persönlichkeiten ausgewählt werden. In der Praxis wird das Vorschlagsrecht für einen vakanten Posten nach einem Rotationssystem meist einer der etablierten Parteien (SPD, CDU/CSU, Grüne, FDP) eingeräumt. Die anderen Parteien schließen sich traditionell dem jeweiligen Vorschlag an, sofern sie keine grundlegenden Einwände haben. Sollte es aufgrund dieses qualifizierten Mehrheitserfordernisses entweder im Bundestag oder im Bundesrat zu einer Blockadesituation kommen, erlaubt ▸ 93 II 3 nunmehr den Übergang des Wahlrechts auf das jeweils andere Organ.

Wie sich ebenfalls bereits aus einem Umkehrschluss aus ▸ 95 I ergibt, ist das Bundesverfassungsgericht nicht in den gewöhnlichen Instanzenzug integriert, agiert vielmehr (anders als der amerikanische Supreme Court) als außerordentliches Gericht, das sich nur mit Verfassungsfragen beschäftigt – eine organisatorische Konzeption, die auf den österreichischen Verfassungsrechtler Hans Kelsen zurückgeht.

Die Bundesgerichte und die Stellung der Richterinnen und Richter

Die fünf obersten Bundesgerichte, die für den jeweiligen Rechtsbereich die letzte Fachinstanz darstellen, werden in ▸ 95 I aufgeführt (zur Auswahl der Richterinnen und Richter siehe ▸ 95 II). Zu unterscheiden sind der Bundesgerichtshof (ordentliche Gerichtsbarkeit, also Zivil- und Strafsachen) in Karlsruhe und partiell in Leipzig, das Bundesverwaltungsgericht in Leipzig, der Bundesfinanzhof in München, das Bundesarbeitsgericht in Erfurt und das Bundessozialgericht in Kassel. Hinzu kommt das Bundespatentgericht in München, das nach ▸ 96 I errichtet worden ist, aber nach ▸ 96 III dem Bundesgerichtshof untersteht. Der in ▸ 95 III vorgesehene Gemeinsame Senat aller oberster Bundesgerichte spielt in der Praxis keine Rolle.

▸ 97 und ▸ 98 regeln die besondere Stellung der Richterinnen und Richter, die zugleich eine fundamentale Ausprägung des in ▸ 20 III normierten Rechtsstaatsprinzips darstellt. Nach ▸ 97 I sind sie unabhängig und nur dem Gesetze unterworfen. Die Regelung richtet sich gegen alle Versuche der anderen Staatsgewalten, auf die Entscheidungen direkt oder indirekt Einfluss auszuüben oder einen solchen Einfluss von dritter Seite zu ermöglichen. Wo eine solche sachliche Unabhängigkeit nicht gewährleistet ist oder nur auf dem Papier steht, kann von einem Rechtsstaat keine Rede sein. Von der sachlichen ist die vornehmlich in ▸ 97 II geregelte persönliche Unabhängigkeit zu unterscheiden, deren Gewährleistung Voraussetzung für die sachliche Unabhängigkeit ist. Während ▸ 97 für alle Richterinnen und Richter gilt, enthält ▸ 98 besondere Vorgaben für Bundesrichterinnen und -richter, die unter engen Voraussetzungen bei Verfehlungen im Amt oder außerhalb des Amtes in ein anderes Amt oder den Ruhestand versetzt werden können. Zur Sicherung ihrer Unabhängigkeit muss eine solche Entscheidung aber vom Bundesverfassungsgericht mit einer Zweidrittelmehrheit getroffen werden.

Prozessuale Vorgaben und Prinzipien

Während die Gewährleistung des gesetzlichen Richters in ▸ 101 I bereits in der französischen Verfassung von 1791 enthalten war und auf eine lange verfassungsgeschichtliche Tradition zurückblicken kann, wurde ▸ 101 II auch durch die negativen Erfahrungen mit der willkürlichen NS-Justiz inspiriert. Insgesamt soll durch ▸ 101 eine (politische) Einflussnahme auf die richterliche Zuständigkeit im Einzelfall verhindert werden. Die konkrete gerichtliche Zuständigkeit muss sich aus einer bereits zuvor bestehenden abstrakt-generellen und rechtsstaatlich bestimmten Zuständigkeitsregelung ergeben. Das Bundesverfassungsgericht ist hier vergleichsweise streng und verlangt nicht nur die vorherige gesetzliche Zuweisung an ein bestimmtes Gericht, sondern zusätzlich gerichtsinterne Geschäftsverteilungspläne, die die Verteilung der eingehenden Sachen auf die konkreten Spruchkörper innerhalb des Gerichts nach eindeutigen Regeln vorab abstrakt-generell festlegen.

Während ▸ 102 die Verhängung der Todesstrafe prinzipiell untersagt, ist die Reichweite einiger der in ▸ 103 geregelten (straf)gerichtlichen Prinzipien umstritten. Nach ▸ 103 I hat jedermann vor Gerichten Anspruch auf rechtliches Gehör. Dieser Anspruch gilt nur vor staatlichen Gerichten im Sinne des ▸ 92, nicht aber vor privaten Schiedsgerichten, Verwaltungsbehörden oder der Staatsanwaltschaft. Mittlerweile sind die konkreten Ausprägungen dieses Anspruchs in den Justizgesetzen umfassend normiert. Die Art und Weise des rechtlichen Gehörs ist damit diesen zu entnehmen; sie sind als verfassungsmäßige Konkretisierung anzusehen. In ▸ 103 II wird ein fundamentaler strafrechtlicher Grundsatz normiert, der ideengeschichtlich und auch verfassungsgeschichtlich auf eine jahrhundertelange Tradition zurückblicken kann, in der willkürlichen NS-Justiz jedoch nachgerade mit Füßen getreten wurde. Er verhindert erstens eine Bestrafung ohne bereits zum Tatzeitpunkt bestehende gesetzliche Grundlage, zweitens eine Bestrafung aufgrund ungenauer gesetzlicher Bestimmungen, aus denen sich das strafbare Verhalten nicht konkret ermitteln lässt, und drittens eine Bestrafung aufgrund analoger (entsprechender) Anwendung einer anderen Strafnorm. Das Strafrecht ist hier – mit guten Gründen – strenger, als das im bürgerlichen Recht oder anderen Rechtsgebieten der Fall ist, wo sowohl eine rückwirkende Gesetzgebung als auch eine analoge Anwendung prinzipiell erlaubt und auch die Bestimmtheitsanforderungen weniger strikt ausgeprägt sind. ▸ 103 III schließlich enthält das sogenannte Doppelbestrafungsverbot. Umstritten war, ob diese Regelung einer Bestrafung auch dann im Wege steht, wenn ein erstes Verfahren nicht mit einer Verurteilung, sondern mit einem förmlichen Freispruch geendet ist. Die wohl überwiegende Ansicht in der Literatur will aus Gründen der Rechtssicherheit auch in diesen Fällen das Verbot des ▸ 103 III greifen lassen. Das Bundesverfassungsgericht hat sich dieser Ansicht nunmehr im Kern angeschlossen. Hintergrund des Verfahrens war eine Regelung, wonach bei bestimmten gravierenden Delikten wie Mord und Völkermord ein früheres Verfahren, das mit einem Freispruch geendet ist, erneut aufgenommen werden kann, wenn neue Beweise vorliegen, die den damaligen Angeklagten eindeutig überführen. Das Bundesverfassungsgericht erklärte diese Regelung im Oktober 2023 für verfassungswidrig.

Freiheitsbeschränkungen sind nach ▸ 104 I, II nur unter engen Voraussetzungen und prinzipiell nur auf richterliche Anordnung zulässig. Die Polizei darf eine Person jedoch unter bestimmten Voraussetzungen vorläufig festhalten, muss dann aber unverzüglich die Entscheidung eines Richters oder einer Richterin einholen. Aus eigener Machtvollkommenheit darf die Polizei niemanden länger als bis zum Ende des Tages nach dem Ergreifen in eigenem Gewahrsam halten (▸ 104 II 3) – eine Beschränkung, die man in Kriminalfilmen öfter gehört haben dürfte. Das gilt nach ▸ 104 III auch dann, wenn die Festnahme wegen des Verdachts einer strafbaren Handlung erfolgt ist. Hier muss der Richter oder die Richterin entscheiden, ob die Person in Untersuchungshaft zu nehmen ist, was durch den Erlass eines schriftlichen Haftbefehls möglich wird. Nach ▸ 104 IV ist aber stets ein Angehöriger des Festgehaltenen oder eine Person des Vertrauens von der Festnahme zu benachrichtigen – eine Regelung, die erneut auf den Erfahrungen mit der willkürlichen Festnahmepraxis des NS-Regimes beruht, bei der unliebsame Personen bisweilen einfach verschwanden (und nicht selten getötet wurden).

Abschnitt X

Das Finanzwesen

Artikel 104a

(1) Der Bund und die Länder tragen gesondert die Ausgaben, die sich aus der Wahrnehmung ihrer Aufgaben ergeben, soweit dieses Grundgesetz nichts anderes bestimmt.

(2) Handeln die Länder im Auftrage des Bundes, trägt der Bund die sich daraus ergebenden Ausgaben.

(3) Bundesgesetze, die Geldleistungen gewähren und von den Ländern ausgeführt werden, können bestimmen, daß die Geldleistungen ganz oder zum Teil vom Bund getragen werden. Bestimmt das Gesetz, daß der Bund die Hälfte der Ausgaben oder mehr trägt, wird es im Auftrage des Bundes durchgeführt. Bei der Gewährung von Leistungen für Unterkunft und Heizung auf dem Gebiet der Grundsicherung für Arbeitsuchende wird das Gesetz im Auftrage des Bundes ausgeführt, wenn der Bund drei Viertel der Ausgaben oder mehr trägt.

(4) Bundesgesetze, die Pflichten der Länder zur Erbringung von Geldleistungen, geldwerten Sachleistungen oder vergleichbaren Dienstleistungen gegenüber Dritten begründen und von den Ländern als eigene Angelegenheit oder nach Absatz 3 Satz 2 im Auftrag des Bundes ausgeführt werden, bedürfen der Zustimmung des Bundesrates, wenn daraus entstehende Ausgaben von den Ländern zu tragen sind.

(5) Der Bund und die Länder tragen die bei ihren Behörden entstehenden Verwaltungsausgaben und haften im Verhältnis zueinander für eine ordnungsmäßige Verwaltung. Das Nähere bestimmt ein Bundesgesetz, das der Zustimmung des Bundesrates bedarf.

(6) Bund und Länder tragen nach der innerstaatlichen Zuständigkeits- und Aufgabenverteilung die Lasten einer Verletzung von supranationalen oder völkerrechtlichen Verpflichtungen Deutschlands. In Fällen länderübergreifender Finanzkorrekturen der Europäischen Union tragen Bund und Länder diese Lasten im Verhältnis 15 zu 85. Die Ländergesamtheit trägt in diesen Fällen solidarisch 35 vom Hundert der Gesamtlasten entsprechend einem allgemeinen Schlüssel; 50 vom Hundert der Gesamtlasten tragen die Länder, die die Lasten verursacht haben, anteilig entsprechend der Höhe der erhaltenen Mittel. Das Nähere regelt ein Bundesgesetz, das der Zustimmung des Bundesrates bedarf.

Artikel 104b

(1) Der Bund kann, soweit dieses Grundgesetz ihm Gesetzgebungsbefugnisse verleiht, den Ländern Finanzhilfen für besonders bedeutsame Investitionen der Länder und der Gemeinden (Gemeindeverbände) gewähren, die

1. zur Abwehr einer Störung des gesamtwirtschaftlichen Gleichgewichts oder
2. zum Ausgleich unterschiedlicher Wirtschaftskraft im Bundesgebiet oder
3. zur Förderung des wirtschaftlichen Wachstums

erforderlich sind. Abweichend von Satz 1 kann der Bund im Falle von Naturkatastrophen oder außergewöhnlichen Notsituationen, die sich der Kontrolle des Staates entziehen und die staatliche Finanzlage erheblich beeinträchtigen, auch ohne Gesetzgebungsbefugnisse Finanzhilfen gewähren.

(2) Das Nähere, insbesondere die Arten der zu fördernden Investitionen, wird durch Bundesgesetz, das der Zustimmung des Bundesrates bedarf, oder auf Grund des Bundeshaushalts-

gesetzes durch Verwaltungsvereinbarung geregelt. Das Bundesgesetz oder die Verwaltungsvereinbarung kann Bestimmungen über die Ausgestaltung der jeweiligen Länderprogramme zur Verwendung der Finanzhilfen vorsehen. Die Festlegung der Kriterien für die Ausgestaltung der Länderprogramme erfolgt im Einvernehmen mit den betroffenen Ländern. Zur Gewährleistung der zweckentsprechenden Mittelverwendung kann die Bundesregierung Bericht und Vorlage der Akten verlangen und Erhebungen bei allen Behörden durchführen. Die Mittel des Bundes werden zusätzlich zu eigenen Mitteln der Länder bereitgestellt. Sie sind befristet zu gewähren und hinsichtlich ihrer Verwendung in regelmäßigen Zeitabständen zu überprüfen. Die Finanzhilfen sind im Zeitablauf mit fallenden Jahresbeträgen zu gestalten.

(3) Bundestag, Bundesregierung und Bundesrat sind auf Verlangen über die Durchführung der Maßnahmen und die erzielten Verbesserungen zu unterrichten.

Artikel 104c

Der Bund kann den Ländern Finanzhilfen für gesamtstaatlich bedeutsame Investitionen sowie besondere, mit diesen unmittelbar verbundene, befristete Ausgaben der Länder und Gemeinden (Gemeindeverbände) zur Steigerung der Leistungsfähigkeit der kommunalen Bildungsinfrastruktur gewähren. Artikel 104b Absatz 2 Satz 1 bis 3, 5, 6 und Absatz 3 gilt entsprechend. Zur Gewährleistung der zweckentsprechenden Mittelverwendung kann die Bundesregierung Berichte und anlassbezogen die Vorlage von Akten verlangen.

Artikel 104d

Der Bund kann den Ländern Finanzhilfen für gesamtstaatlich bedeutsame Investitionen der Länder und Gemeinden (Gemeindeverbände) im Bereich des sozialen Wohnungsbaus gewähren. Artikel 104b Absatz 2 Satz 1 bis 5 sowie Absatz 3 gilt entsprechend.

Artikel 105

(1) Der Bund hat die ausschließliche Gesetzgebung über die Zölle und Finanzmonopole.

(2) Der Bund hat die konkurrierende Gesetzgebung über die Grundsteuer. Er hat die konkurrierende Gesetzgebung über die übrigen Steuern, wenn ihm das Aufkommen dieser Steuern ganz oder zum Teil zusteht oder die Voraussetzungen des Artikels 72 Abs. 2 vorliegen.

(2a) Die Länder haben die Befugnis zur Gesetzgebung über die örtlichen Verbrauch- und Aufwandsteuern, solange und soweit sie nicht bundesgesetzlich geregelten Steuern gleichartig sind. Sie haben die Befugnis zur Bestimmung des Steuersatzes bei der Grunderwerbsteuer.

(3) Bundesgesetze über Steuern, deren Aufkommen den Ländern oder den Gemeinden (Gemeindeverbänden) ganz oder zum Teil zufließt, bedürfen der Zustimmung des Bundesrates.

Artikel 106

(1) Der Ertrag der Finanzmonopole und das Aufkommen der folgenden Steuern stehen dem Bund zu:

1. die Zölle,
2. die Verbrauchsteuern, soweit sie nicht nach Absatz 2 den Ländern, nach Absatz 3 Bund und Ländern ge-

meinsam oder nach Absatz 6 den Gemeinden zustehen,

3. die Straßengüterverkehrsteuer, die Kraftfahrzeugsteuer und sonstige auf motorisierte Verkehrsmittel bezogene Verkehrsteuern,
4. die Kapitalverkehrsteuern, die Versicherungsteuer und die Wechselsteuer,
5. die einmaligen Vermögensabgaben und die zur Durchführung des Lastenausgleichs erhobenen Ausgleichsabgaben,
6. die Ergänzungsabgabe zur Einkommensteuer und zur Körperschaftsteuer,
7. Abgaben im Rahmen der Europäischen Gemeinschaften.

(2) Das Aufkommen der folgenden Steuern steht den Ländern zu:

1. die Vermögensteuer,
2. die Erbschaftsteuer,
3. die Verkehrsteuern, soweit sie nicht nach Absatz 1 dem Bund oder nach Absatz 3 Bund und Ländern gemeinsam zustehen,
4. die Biersteuer,
5. die Abgabe von Spielbanken.

(3) Das Aufkommen der Einkommensteuer, der Körperschaftsteuer und der Umsatzsteuer steht dem Bund und den Ländern gemeinsam zu (Gemeinschaftsteuern), soweit das Aufkommen der Einkommensteuer nicht nach Absatz 5 und das Aufkommen der Umsatzsteuer nicht nach Absatz 5a den Gemeinden zugewiesen wird. Am Aufkommen der Einkommensteuer und der Körperschaftsteuer sind der Bund und die Länder je zur Hälfte beteiligt. Die Anteile von Bund und Län-

dern an der Umsatzsteuer werden durch Bundesgesetz, das der Zustimmung des Bundesrates bedarf, festgesetzt. Bei der Festsetzung ist von folgenden Grundsätzen auszugehen:

1. Im Rahmen der laufenden Einnahmen haben der Bund und die Länder gleichmäßig Anspruch auf Deckung ihrer notwendigen Ausgaben. Dabei ist der Umfang der Ausgaben unter Berücksichtigung einer mehrjährigen Finanzplanung zu ermitteln.
2. Die Deckungsbedürfnisse des Bundes und der Länder sind so aufeinander abzustimmen, daß ein billiger Ausgleich erzielt, eine Überbelastung der Steuerpflichtigen vermieden und die Einheitlichkeit der Lebensverhältnisse im Bundesgebiet gewahrt wird.

Zusätzlich werden in die Festsetzung der Anteile von Bund und Ländern an der Umsatzsteuer Steuermindereinnahmen einbezogen, die den Ländern ab 1. Januar 1996 aus der Berücksichtigung von Kindern im Einkommensteuerrecht entstehen. Das Nähere bestimmt das Bundesgesetz nach Satz 3.

(4) Die Anteile von Bund und Ländern an der Umsatzsteuer sind neu festzusetzen, wenn sich das Verhältnis zwischen den Einnahmen und Ausgaben des Bundes und der Länder wesentlich anders entwickelt; Steuermindereinnahmen, die nach Absatz 3 Satz 5 in die Festsetzung der Umsatzsteueranteile zusätzlich einbezogen werden, bleiben hierbei unberücksichtigt. Werden den Ländern durch Bundesgesetz zusätzliche Ausgaben auferlegt oder Einnahmen entzogen, so kann die Mehrbelastung durch Bundesgesetz, das der Zustimmung des Bundesrates bedarf, auch mit Finanzzuweisungen des Bundes ausgeglichen werden, wenn sie auf einen kurzen Zeitraum begrenzt ist. In dem Gesetz sind die Grundsätze für

die Bemessung dieser Finanzzuweisungen und für ihre Verteilung auf die Länder zu bestimmen.

(5) Die Gemeinden erhalten einen Anteil an dem Aufkommen der Einkommensteuer, der von den Ländern an ihre Gemeinden auf der Grundlage der Einkommensteuerleistungen ihrer Einwohner weiterzuleiten ist. Das Nähere bestimmt ein Bundesgesetz, das der Zustimmung des Bundesrates bedarf. Es kann bestimmen, daß die Gemeinden Hebesätze für den Gemeindeanteil festsetzen.

(5a) Die Gemeinden erhalten ab dem 1. Januar 1998 einen Anteil an dem Aufkommen der Umsatzsteuer. Er wird von den Ländern auf der Grundlage eines orts- und wirtschaftsbezogenen Schlüssels an ihre Gemeinden weitergeleitet. Das Nähere wird durch Bundesgesetz, das der Zustimmung des Bundesrates bedarf, bestimmt.

(6) Das Aufkommen der Grundsteuer und Gewerbesteuer steht den Gemeinden, das Aufkommen der örtlichen Verbrauch- und Aufwandsteuern steht den Gemeinden oder nach Maßgabe der Landesgesetzgebung den Gemeindeverbänden zu. Den Gemeinden ist das Recht einzuräumen, die Hebesätze der Grundsteuer und Gewerbesteuer im Rahmen der Gesetze festzusetzen. Bestehen in einem Land keine Gemeinden, so steht das Aufkommen der Grundsteuer und Gewerbesteuer sowie der örtlichen Verbrauch- und Aufwandsteuern dem Land zu. Bund und Länder können durch eine Umlage an dem Aufkommen der Gewerbesteuer beteiligt werden. Das Nähere über die Umlage bestimmt ein Bundesgesetz, das der Zustimmung des Bundesrates bedarf. Nach Maßgabe der Landesgesetzgebung können die Grundsteuer und Gewerbesteuer sowie der Gemeindeanteil vom Aufkommen der Einkommensteuer und der Umsatzsteuer

als Bemessungsgrundlagen für Umlagen zugrunde gelegt werden.

(7) Von dem Länderanteil am Gesamtaufkommen der Gemeinschaftsteuern fließt den Gemeinden und Gemeindeverbänden insgesamt ein von der Landesgesetzgebung zu bestimmender Hundertsatz zu. Im übrigen bestimmt die Landesgesetzgebung, ob und inwieweit das Aufkommen der Landessteuern den Gemeinden (Gemeindeverbänden) zufließt.

(8) Veranlaßt der Bund in einzelnen Ländern oder Gemeinden (Gemeindeverbänden) besondere Einrichtungen, die diesen Ländern oder Gemeinden (Gemeindeverbänden) unmittelbar Mehrausgaben oder Mindereinnahmen (Sonderbelastungen) verursachen, gewährt der Bund den erforderlichen Ausgleich, wenn und soweit den Ländern oder Gemeinden (Gemeindeverbänden) nicht zugemutet werden kann, die Sonderbelastungen zu tragen. Entschädigungsleistungen Dritter und finanzielle Vorteile, die diesen Ländern oder Gemeinden (Gemeindeverbänden) als Folge der Einrichtungen erwachsen, werden bei dem Ausgleich berücksichtigt.

(9) Als Einnahmen und Ausgaben der Länder im Sinne dieses Artikels gelten auch die Einnahmen und Ausgaben der Gemeinden (Gemeindeverbände).

Artikel 106a

Den Ländern steht ab 1. Januar 1996 für den öffentlichen Personennahverkehr ein Betrag aus dem Steueraufkommen des Bundes zu. Das Nähere regelt ein Bundesgesetz, das der Zustimmung des Bundesrates bedarf. Der Betrag nach Satz 1 bleibt bei der Bemessung der Finanzkraft nach Artikel 107 Abs. 2 unberücksichtigt.

Artikel 106b

Den Ländern steht ab dem 1. Juli 2009 infolge der Übertragung der Kraftfahrzeugsteuer auf den Bund ein Betrag aus dem Steueraufkommen des Bundes zu. Das Nähere regelt ein Bundesgesetz, das der Zustimmung des Bundesrates bedarf.

Artikel 107

(1) Das Aufkommen der Landessteuern und der Länderanteil am Aufkommen der Einkommensteuer und der Körperschaftsteuer stehen den einzelnen Ländern insoweit zu, als die Steuern von den Finanzbehörden in ihrem Gebiet vereinnahmt werden (örtliches Aufkommen). Durch Bundesgesetz, das der Zustimmung des Bundesrates bedarf, sind für die Körperschaftsteuer und die Lohnsteuer nähere Bestimmungen über die Abgrenzung sowie über Art und Umfang der Zerlegung des örtlichen Aufkommens zu treffen. Das Gesetz kann auch Bestimmungen über die Abgrenzung und Zerlegung des örtlichen Aufkommens anderer Steuern treffen. Der Länderanteil am Aufkommen der Umsatzsteuer steht den einzelnen Ländern, vorbehaltlich der Regelungen nach Absatz 2, nach Maßgabe ihrer Einwohnerzahl zu.

(2) Durch Bundesgesetz, das der Zustimmung des Bundesrates bedarf, ist sicherzustellen, dass die unterschiedliche Finanzkraft der Länder angemessen ausgeglichen wird; hierbei sind die Finanzkraft und der Finanzbedarf der Gemeinden (Gemeindeverbände) zu berücksichtigen. Zu diesem Zweck sind in dem Gesetz Zuschläge zu und Abschläge von der jeweiligen Finanzkraft bei der Verteilung der Länderanteile am Aufkommen der Umsatzsteuer zu regeln. Die Voraussetzungen für die Gewährung von Zuschlägen und für die Erhebung von Abschlägen sowie die Maßstäbe für die Höhe dieser Zu-

schläge und Abschläge sind in dem Gesetz zu bestimmen. Für Zwecke der Bemessung der Finanzkraft kann die bergrechtliche Förderabgabe mit nur einem Teil ihres Aufkommens berücksichtigt werden. Das Gesetz kann auch bestimmen, dass der Bund aus seinen Mitteln leistungsschwachen Ländern Zuweisungen zur ergänzenden Deckung ihres allgemeinen Finanzbedarfs (Ergänzungszuweisungen) gewährt. Zuweisungen können unabhängig von den Maßstäben nach den Sätzen 1 bis 3 auch solchen leistungsschwachen Ländern gewährt werden, deren Gemeinden (Gemeindeverbände) eine besonders geringe Steuerkraft aufweisen (Gemeindesteuerkraftzuweisungen), sowie außerdem solchen leistungsschwachen Ländern, deren Anteile an den Fördermitteln nach Artikel 91b ihre Einwohneranteile unterschreiten.

Artikel 108

(1) Zölle, Finanzmonopole, die bundesgesetzlich geregelten Verbrauchsteuern einschließlich der Einfuhrumsatzsteuer, die Kraftfahrzeugsteuer und sonstige auf motorisierte Verkehrsmittel bezogene Verkehrsteuern ab dem 1. Juli 2009 sowie die Abgaben im Rahmen der Europäischen Gemeinschaften werden durch Bundesfinanzbehörden verwaltet. Der Aufbau dieser Behörden wird durch Bundesgesetz geregelt. Soweit Mittelbehörden eingerichtet sind, werden deren Leiter im Benehmen mit den Landesregierungen bestellt.

(2) Die übrigen Steuern werden durch Landesfinanzbehörden verwaltet. Der Aufbau dieser Behörden und die einheitliche Ausbildung der Beamten können durch Bundesgesetz mit Zustimmung des Bundesrates geregelt werden. Soweit Mittelbehörden eingerichtet sind, werden deren Leiter im Einvernehmen mit der Bundesregierung bestellt.

(3) Verwalten die Landesfinanzbehörden Steuern, die ganz oder zum Teil dem Bund zufließen, so werden sie im Auftrage des Bundes tätig. Artikel 85 Abs. 3 und 4 gilt mit der Maßgabe, daß an die Stelle der Bundesregierung der Bundesminister der Finanzen tritt.

(4) Durch Bundesgesetz, das der Zustimmung des Bundesrates bedarf, kann bei der Verwaltung von Steuern ein Zusammenwirken von Bundes- und Landesfinanzbehörden sowie für Steuern, die unter Absatz 1 fallen, die Verwaltung durch Landesfinanzbehörden und für andere Steuern die Verwaltung durch Bundesfinanzbehörden vorgesehen werden, wenn und soweit dadurch der Vollzug der Steuergesetze erheblich verbessert oder erleichtert wird. Für die den Gemeinden (Gemeindeverbänden) allein zufließenden Steuern kann die den Landesfinanzbehörden zustehende Verwaltung durch die Länder ganz oder zum Teil den Gemeinden (Gemeindeverbänden) übertragen werden. Das Bundesgesetz nach Satz 1 kann für ein Zusammenwirken von Bund und Ländern bestimmen, dass bei Zustimmung einer im Gesetz genannten Mehrheit Regelungen für den Vollzug von Steuergesetzen für alle Länder verbindlich werden.

(4a) Durch Bundesgesetz, das der Zustimmung des Bundesrates bedarf, können bei der Verwaltung von Steuern, die unter Absatz 2 fallen, ein Zusammenwirken von Landesfinanzbehörden und eine länderübergreifende Übertragung von Zuständigkeiten auf Landesfinanzbehörden eines oder mehrerer Länder im Einvernehmen mit den betroffenen Ländern vorgesehen werden, wenn und soweit dadurch der Vollzug der Steuergesetze erheblich verbessert oder erleichtert wird. Die Kostentragung kann durch Bundesgesetz geregelt werden.

(5) Das von den Bundesfinanzbehörden anzuwendende Verfahren wird durch Bundesgesetz geregelt. Das von den Landesfinanzbehörden und in den Fällen des Absatzes 4 Satz 2 von den Gemeinden (Gemeindeverbänden) anzuwendende Verfahren kann durch Bundesgesetz mit Zustimmung des Bundesrates geregelt werden.

(6) Die Finanzgerichtsbarkeit wird durch Bundesgesetz einheitlich geregelt.

(7) Die Bundesregierung kann allgemeine Verwaltungsvorschriften erlassen, und zwar mit Zustimmung des Bundesrates, soweit die Verwaltung den Landesfinanzbehörden oder Gemeinden (Gemeindeverbänden) obliegt.

Artikel 109

(1) Bund und Länder sind in ihrer Haushaltswirtschaft selbständig und voneinander unabhängig.

(2) Bund und Länder erfüllen gemeinsam die Verpflichtungen der Bundesrepublik Deutschland aus Rechtsakten der Europäischen Gemeinschaft auf Grund des Artikels 104 des Vertrags zur Gründung der Europäischen Gemeinschaft zur Einhaltung der Haushaltsdisziplin und tragen in diesem Rahmen den Erfordernissen des gesamtwirtschaftlichen Gleichgewichts Rechnung.

(3) Die Haushalte von Bund und Ländern sind grundsätzlich ohne Einnahmen aus Krediten auszugleichen. Bund und Länder können Regelungen zur im Auf- und Abschwung symmetrischen Berücksichtigung der Auswirkungen einer von der Normallage abweichenden konjunkturellen Entwicklung sowie eine Ausnahmeregelung für Naturkatastrophen oder außergewöhnliche Notsituationen, die sich der Kontrolle des Staates entziehen und die staatliche Finanzlage erheblich be-

einträchtigen, vorsehen. Für die Ausnahmeregelung ist eine entsprechende Tilgungsregelung vorzusehen. Die nähere Ausgestaltung regelt für den Haushalt des Bundes Artikel 115 mit der Maßgabe, dass Satz 1 entsprochen ist, wenn die Einnahmen aus Krediten 0,35 vom Hundert im Verhältnis zum nominalen Bruttoinlandsprodukt nicht überschreiten. Von den zu berücksichtigenden Einnahmen aus Krediten ist der Betrag abzuziehen, um den die Verteidigungsausgaben, die Ausgaben des Bundes für den Zivil- und Bevölkerungsschutz sowie für die Nachrichtendienste, für den Schutz der informationstechnischen Systeme und für die Hilfe für völkerrechtswidrig angegriffene Staaten 1 vom Hundert im Verhältnis zum nominalen Bruttoinlandsprodukt übersteigen. Die Gesamtheit der Länder entspricht Satz 1, wenn die durch sie erzielten Einnahmen aus Krediten 0,35 vom Hundert im Verhältnis zum nominalen Bruttoinlandsprodukt nicht überschreiten. Die Aufteilung der für die Gesamtheit der Länder zulässigen Kreditaufnahme nach Satz 6 auf die einzelnen Länder regelt ein Bundesgesetz mit Zustimmung des Bundesrates. Die nähere Ausgestaltung für die Haushalte der Länder regeln diese im Rahmen ihrer verfassungsrechtlichen Kompetenzen. Bestehende landesrechtliche Regelungen, die hinter der gemäß Satz 7 festgelegten Kreditobergrenze zurückbleiben, treten außer Kraft.

(4) Durch Bundesgesetz, das der Zustimmung des Bundesrates bedarf, können für Bund und Länder gemeinsam geltende Grundsätze für das Haushaltsrecht, für eine konjunkturgerechte Haushaltswirtschaft und für eine mehrjährige Finanzplanung aufgestellt werden.

(5) Sanktionsmaßnahmen der Europäischen Gemeinschaft im Zusammenhang mit den Bestimmungen in Artikel 104

des Vertrags zur Gründung der Europäischen Gemeinschaft zur Einhaltung der Haushaltsdisziplin tragen Bund und Länder im Verhältnis 65 zu 35. Die Ländergesamtheit trägt solidarisch 35 vom Hundert der auf die Länder entfallenden Lasten entsprechend ihrer Einwohnerzahl; 65 vom Hundert der auf die Länder entfallenden Lasten tragen die Länder entsprechend ihrem Verursachungsbeitrag. Das Nähere regelt ein Bundesgesetz, das der Zustimmung des Bundesrates bedarf.

Artikel 109a

(1) Zur Vermeidung von Haushaltsnotlagen regelt ein Bundesgesetz, das der Zustimmung des Bundesrates bedarf,

1. die fortlaufende Überwachung der Haushaltswirtschaft von Bund und Ländern durch ein gemeinsames Gremium (Stabilitätsrat),
2. die Voraussetzungen und das Verfahren zur Feststellung einer drohenden Haushaltsnotlage,
3. die Grundsätze zur Aufstellung und Durchführung von Sanierungsprogrammen zur Vermeidung von Haushaltsnotlagen.

(2) Dem Stabilitätsrat obliegt ab dem Jahr 2020 die Überwachung der Einhaltung der Vorgaben des Artikels 109 Absatz 3 durch Bund und Länder. Die Überwachung orientiert sich an den Vorgaben und Verfahren aus Rechtsakten auf Grund des Vertrages über die Arbeitsweise der Europäischen Union zur Einhaltung der Haushaltsdisziplin.

(3) Die Beschlüsse des Stabilitätsrats und die zugrunde liegenden Beratungsunterlagen sind zu veröffentlichen.

Artikel 110

(1) Alle Einnahmen und Ausgaben des Bundes sind in den Haushaltsplan einzustellen; bei Bundesbetrieben und bei Sondervermögen brauchen nur die Zuführungen oder die Ablieferungen eingestellt zu werden. Der Haushaltsplan ist in Einnahme und Ausgabe auszugleichen.

(2) Der Haushaltsplan wird für ein oder mehrere Rechnungsjahre, nach Jahren getrennt, vor Beginn des ersten Rechnungsjahres durch das Haushaltsgesetz festgestellt. Für Teile des Haushaltsplanes kann vorgesehen werden, daß sie für unterschiedliche Zeiträume, nach Rechnungsjahren getrennt, gelten.

(3) Die Gesetzesvorlage nach Absatz 2 Satz 1 sowie Vorlagen zur Änderung des Haushaltsgesetzes und des Haushaltsplanes werden gleichzeitig mit der Zuleitung an den Bundesrat beim Bundestage eingebracht; der Bundesrat ist berechtigt, innerhalb von sechs Wochen, bei Änderungsvorlagen innerhalb von drei Wochen, zu den Vorlagen Stellung zu nehmen.

(4) In das Haushaltsgesetz dürfen nur Vorschriften aufgenommen werden, die sich auf die Einnahmen und die Ausgaben des Bundes und auf den Zeitraum beziehen, für den das Haushaltsgesetz beschlossen wird. Das Haushaltsgesetz kann vorschreiben, daß die Vorschriften erst mit der Verkündung des nächsten Haushaltsgesetzes oder bei Ermächtigung nach Artikel 115 zu einem späteren Zeitpunkt außer Kraft treten.

Artikel 111

(1) Ist bis zum Schluß eines Rechnungsjahres der Haushaltsplan für das folgende Jahr nicht durch Gesetz festgestellt,

so ist bis zu seinem Inkrafttreten die Bundesregierung ermächtigt, alle Ausgaben zu leisten, die nötig sind,

a) um gesetzlich bestehende Einrichtungen zu erhalten und gesetzlich beschlossene Maßnahmen durchzuführen,
b) um die rechtlich begründeten Verpflichtungen des Bundes zu erfüllen,
c) um Bauten, Beschaffungen und sonstige Leistungen fortzusetzen oder Beihilfen für diese Zwecke weiter zu gewähren, sofern durch den Haushaltsplan eines Vorjahres bereits Beträge bewilligt worden sind.

(2) Soweit nicht auf besonderem Gesetze beruhende Einnahmen aus Steuern, Abgaben und sonstigen Quellen oder die Betriebsmittelrücklage die Ausgaben unter Absatz 1 decken, darf die Bundesregierung die zur Aufrechterhaltung der Wirtschaftsführung erforderlichen Mittel bis zur Höhe eines Viertels der Endsumme des abgelaufenen Haushaltsplanes im Wege des Kredits flüssig machen.

Artikel 112

Überplanmäßige und außerplanmäßige Ausgaben bedürfen der Zustimmung des Bundesministers der Finanzen. Sie darf nur im Falle eines unvorhergesehenen und unabweisbaren Bedürfnisses erteilt werden. Näheres kann durch Bundesgesetz bestimmt werden.

Artikel 113

(1) Gesetze, welche die von der Bundesregierung vorgeschlagenen Ausgaben des Haushaltsplanes erhöhen oder neue Ausgaben in sich schließen oder für die Zukunft mit sich bringen, bedürfen der Zustimmung der Bundesregierung. Das

gleiche gilt für Gesetze, die Einnahmeminderungen in sich schließen oder für die Zukunft mit sich bringen. Die Bundesregierung kann verlangen, daß der Bundestag die Beschlußfassung über solche Gesetze aussetzt. In diesem Fall hat die Bundesregierung innerhalb von sechs Wochen dem Bundestage eine Stellungnahme zuzuleiten.

(2) Die Bundesregierung kann innerhalb von vier Wochen, nachdem der Bundestag das Gesetz beschlossen hat, verlangen, daß der Bundestag erneut Beschluß faßt.

(3) Ist das Gesetz nach Artikel 78 zustande gekommen, kann die Bundesregierung ihre Zustimmung nur innerhalb von sechs Wochen und nur dann versagen, wenn sie vorher das Verfahren nach Absatz 1 Satz 3 und 4 oder nach Absatz 2 eingeleitet hat. Nach Ablauf dieser Frist gilt die Zustimmung als erteilt.

Artikel 114

(1) Der Bundesminister der Finanzen hat dem Bundestage und dem Bundesrate über alle Einnahmen und Ausgaben sowie über das Vermögen und die Schulden im Laufe des nächsten Rechnungsjahres zur Entlastung der Bundesregierung Rechnung zu legen.

(2) Der Bundesrechnungshof, dessen Mitglieder richterliche Unabhängigkeit besitzen, prüft die Rechnung sowie die Wirtschaftlichkeit und Ordnungsmäßigkeit der Haushalts- und Wirtschaftsführung des Bundes. Zum Zweck der Prüfung nach Satz 1 kann der Bundesrechnungshof auch bei Stellen außerhalb der Bundesverwaltung Erhebungen vornehmen; dies gilt auch in den Fällen, in denen der Bund den Ländern zweckgebundene Finanzierungsmittel zur Erfüllung von Länderaufgaben zuweist. Er hat außer der Bundesregierung un-

mittelbar dem Bundestage und dem Bundesrate jährlich zu berichten. Im übrigen werden die Befugnisse des Bundesrechnungshofes durch Bundesgesetz geregelt.

Artikel 115

(1) Die Aufnahme von Krediten sowie die Übernahme von Bürgschaften, Garantien oder sonstigen Gewährleistungen, die zu Ausgaben in künftigen Rechnungsjahren führen können, bedürfen einer der Höhe nach bestimmten oder bestimmbaren Ermächtigung durch Bundesgesetz.

(2) Einnahmen und Ausgaben sind grundsätzlich ohne Einnahmen aus Krediten auszugleichen. Diesem Grundsatz ist entsprochen, wenn die Einnahmen aus Krediten 0,35 vom Hundert im Verhältnis zum nominalen Bruttoinlandsprodukt nicht überschreiten. Zusätzlich sind bei einer von der Normallage abweichenden konjunkturellen Entwicklung die Auswirkungen auf den Haushalt im Auf- und Abschwung symmetrisch zu berücksichtigen. Von den zu berücksichtigenden Einnahmen aus Krediten ist der Betrag abzuziehen, um den die Verteidigungsausgaben, die Ausgaben des Bundes für den Zivil- und Bevölkerungsschutz sowie für die Nachrichtendienste, für den Schutz der informationstechnischen Systeme und für die Hilfe für völkerrechtswidrig angegriffene Staaten 1 vom Hundert im Verhältnis zum nominalen Bruttoinlandsprodukt übersteigen. Abweichungen der tatsächlichen Kreditaufnahme von der nach den Sätzen 1 bis 4 zulässigen Kreditobergrenze werden auf einem Kontrollkonto erfasst; Belastungen, die den Schwellenwert von 1,5 vom Hundert im Verhältnis zum nominalen Bruttoinlandsprodukt überschreiten, sind konjunkturgerecht zurückzuführen. Näheres, insbesondere die Bereinigung der Einnahmen und Ausgaben um

finanzielle Transaktionen und um Verteidigungsausgaben, die Ausgaben des Bundes für den Zivil- und Bevölkerungsschutz sowie für die Nachrichtendienste, für den Schutz der informationstechnischen Systeme und für die Hilfe für völkerrechtswidrig angegriffene Staaten oberhalb von 1 vom Hundert im Verhältnis zum nominalen Bruttoinlandsprodukt sowie das Verfahren zur Berechnung der Obergrenze der jährlichen Nettokreditaufnahme unter Berücksichtigung der konjunkturellen Entwicklung auf der Grundlage eines Konjunkturbereinigungsverfahrens sowie die Kontrolle und den Ausgleich von Abweichungen der tatsächlichen Kreditaufnahme von der Regelgrenze, regelt ein Bundesgesetz. Im Falle von Naturkatastrophen oder außergewöhnlichen Notsituationen, die sich der Kontrolle des Staates entziehen und die staatliche Finanzlage erheblich beeinträchtigen, können diese Kreditobergrenzen auf Grund eines Beschlusses der Mehrheit der Mitglieder des Bundestages überschritten werden. Der Beschluss ist mit einem Tilgungsplan zu verbinden. Die Rückführung der nach Satz 7 aufgenommenen Kredite hat binnen eines angemessenen Zeitraumes zu erfolgen.

Erläuterungen

Im Bundesstaat (▸ 20 I) muss nicht nur geregelt werden, wie der Staat die finanziellen Mittel erlangt, deren er für die Wahrnehmung seiner Aufgaben bedarf, sondern auch wie diese auf die beiden Ebenen – Bund und Länder – verteilt werden. Diese Fragen werden im ersten Teil des zehnten Abschnitts geregelt (▸ 104a–109a), wobei die hohe verfassungsrechtliche Regelungsdichte im internationalen Vergleich eher untypisch ist. Der zweite Teil (▸ 110–115) behandelt die Haushaltswirtschaft des Bundes, regelt also vor allem wie der Bund über die Verwendung der ihm zugewiesenen Finanzmittel entscheidet.

Das Konnexitätsprinzip

Um eine sinnvolle Verteilung der begrenzten Finanzmittel vornehmen zu können, muss zunächst geklärt werden, wer die finanziellen Lasten für die Wahrnehmung einer Aufgabe trägt, da sich erst daraus der finanzielle Bedarf der beteiligten Ebenen ermitteln lässt. Hier normiert ▸ 104a das sogenannte Konnexitätsprinzip, wonach die Finanzverantwortung der Aufgabenverantwortung (verstanden als Verwaltungsverantwortung) folgt. Es soll stets diejenige Ebene die finanziellen Lasten tragen, die auch über die Art und Weise der Aufgabenwahrnehmung entscheidet und damit das Ausmaß der finanziellen Belastung signifikant beeinflussen kann. Aus diesem Prinzip folgt, dass grundsätzlich nur eine Ebene die finanzielle Verantwortung trägt, Mischfinanzierungen also die Ausnahme darstellen. Dahinter steht die Idee einer klaren Verantwortungszuweisung: Wo eine Aufgabe mit zu wenig finanziellen Mitteln und daher defizitär wahrgenommen wird, können die Bürgerinnen und Bürger entweder den Bund oder das jeweilige Land verantwortlich machen und bei der nächsten Wahl sanktionieren. Bei Mischfinanzierungen durch den Bund und die Länder haben hingegen beide Seiten die Möglichkeit, die Verantwortung auf die jeweils andere abzuschieben. Zudem entsteht die Gefahr, dass der in der Regel finanzstärkere Bund über die Finanzmittelzuweisung faktisch auch bei der Aufgabenwahrnehmung mitwirkt und dadurch die bundesstaatliche Kompetenzordnung unterhöhlt. Das Konnexitätsprinzip ist daher zwingendes Verfassungsrecht, Bund und Länder können nur dann finanziell kooperieren, wenn dies im Grundgesetz ausdrücklich gestattet wird. Solche Ausnahmen finden sich mittlerweile zahlreich, was sich verfassungstheoretisch als problematisch darstellt. Zwar lassen sich für manche Regelungen (etwa ▸ 104b) makroökonomische Gründe angeben. In anderen (neueren) Fällen geht es indes allein um eine Unterstützung der Länder bei der Finanzierung landeseigener Aufgaben. Das gilt vor allem für ▸ 104c und ▸ 104d. Solche Bestimmungen erweisen sich als systemfremd und sind daher auch in der Staatsrechtswissenschaft auf heftige Kritik gestoßen. Nach den Regelungen des Grundgesetzes wäre einem erhöhten Finanzbedarf der Länder nicht durch undurchsichtige Mischfinanzierungsoptionen, sondern durch eine erweiterte Zuweisung allgemeiner Finanzmittel an die Länder nach ▸ 106 III zu begegnen gewesen. Das Grundgesetz strebt nach dieser Regel an, dass jede Ebene die für ihre Aufgabenwahrnehmung erforderlichen Mittel in ausreichender Höhe erhält. Es ist nicht vorgesehen, dass der Bund zu viele und die Länder zu wenige finanzielle Mittel haben. In der Praxis kommt es jedoch nur selten zu einer grundsätzlichen Anpassung der allgemeinen Finanzmittelzuweisung; zunehmend lassen sich die Länder vielmehr Kompetenzen durch Mischfinanzierungsregelungen »abkaufen«. Das ist keine gute Entwicklung. Den Ländern sollte bewusst sein, dass sie ihre Bedeutung im Bundesstaat dadurch selbstverschuldet zusätzlich marginalisieren.

Die Gesetzgebungskompetenzen und die Verteilung der Steuereinnahmen

In ▸ 105 werden die Gesetzgebungskompetenzen für die Besteuerung geregelt. Hier geht es also darum festzulegen, wie die unter Berücksichtigung des Konnexitätsprinzips zu verteilenden Finanzmittel generiert werden – der moderne Staat ist vornehmlich Steuerstaat. Zu unterscheiden ist wie bei den allgemeinen Gesetzgebungsregeln (▸ 70 II) zwischen ausschließlichen und konkurrierenden Kompetenzen des Bundes. Auch hier hat der Bund von seinen Kompetenzen weitgehend Gebrauch gemacht. Die Länder sind im Bereich der Besteuerung dadurch in eine Nebenrolle verdrängt worden. Das Ausmaß der Besteuerung ist dementsprechend (und im Gegensatz zu den USA) im gesamten Bundesgebiet auf einem ähnlichen Niveau, wodurch – der Erwartung in der Bevölkerung entsprechend – bundesweit einheitliche Lebensverhältnisse gesichert werden. Gewisse Unterschiede zeigen sich im Bereich der Grund- und Gewerbesteuer, wo die Gemeinden nach (▸ 106 VI 2) über die Hebesätze entscheiden können. Insbesondere die ertragreichsten Steuern (Einkommen-, Körperschaft-, Umsatz-/ Mehrwertsteuer) sind im gesamten Bundesgebiet aber durch den Bund einheitlich geregelt.

Aus dieser Verteilung der Besteuerungskompetenzen folgt, dass diese nicht mit der Ertragskompetenz – also der Kompetenz, auf die generierten Einnahmen zurückzugreifen – einhergehen können. Die Einnahmen aus den bundeseinheitlich erhobenen Steuern müssen vielmehr nach anderen Kriterien auf die beiden Ebenen – Bund und Länder – angemessen verteilt werden, da die Länder andernfalls praktisch leer ausgehen würden. Diese Ertragsverteilung findet sich in ▸ 106. Danach kommt der Ertrag der in ▸ 106 I aufgeführten Steuern vollständig dem Bund, derjenige der in ▸ 106 II aufgeführten Steuern vollständig den Ländern zu. Bei den Steuern nach ▸ 106 II fallen Kompetenz zur gesetzlichen Einführung und Ausgestaltung der Steuer und zur Nutzung des Ertrags damit unter Umständen auseinander.

Der Großteil des gesamten steuerlichen Ertrags wird über die sogenannten Gemeinschaftsteuern des ▸ 106 III eingenommen. Der Ertrag aus der Einkommen-, der Körperschaft- und der Umsatzsteuer kommt Bund und Ländern gemeinsam zu und wird in den folgenden Absätzen in einer nicht ganz durchsichtigen Art und Weise auf Bund und Länder (und Gemeinden) aufgeteilt. 2024 lag der Ertrag aus den Gemeinschaftsteuern bei 719 Milliarden Euro, was einem Anteil von 75,8 % am Gesamtertrag der Steuereinnahmen in Höhe von 947,7 Milliarden Euro entsprach. Idealerweise sollen Bund und Länder durch die folgende Aufteilung exakt die finanziellen Mittel bekommen, die sie für ihre Aufgabenwahrnehmung nach dem Konnexitätsprinzip benötigen. Sollte dies nicht der Fall sein, sieht ▸ 106 III 3 eine Anpassung der Anteile an der Umsatzsteuer vor. Anstatt zunehmend Mischfinanzierungsmöglichkeiten in das Grundgesetz aufzunehmen, wäre dies der Weg, um finanziellen Engpässen aufseiten der Länder zu begegnen.

Die Zuweisung der Landes- und Gemeinschaftsteuern nach ▸ 106 II, III erfolgt zunächst an die Ländergesamtheit. Diese Ländermittel müssen in einem zweiten Schritt auf die einzelnen Länder aufgeteilt werden. ▸ 107 I sieht dazu vor, dass diese mit Ausnahme der Umsatzsteuer im Grundsatz nach dem örtlichen Aufkommen zu verteilen sind. Die Verteilung der Umsatzsteuer richtet sich hingegen nach der Einwohnerzahl. Nach ▸ 107 II wird vor einer endgültigen Zuweisung der sich daraus ergebenden Finanzmittel an die einzelnen Länder jedoch noch die unterschiedliche Finanzkraft der Länder angemessen ausgeglichen (sogenannter Länderfinanzausgleich). Dahinter steht der Gedanke, dass das Ausmaß der Steuereinnahmen der einzelnen Länder auch von Zufälligkeiten und strukturellen Besonderheiten abhängen kann, die einer politischen Steuerung entzogen sind. Geringere Zuweisungen, die auf solche Gründe zurückzuführen sind, sollen nicht zu einer Unterfinanzierung dieser Länder führen, die sich dann in unterschiedlichen Lebensverhältnissen der Einwohnerinnen und Einwohner in den Bundesländern manifestieren könnte. Es leuchtet ein, dass die konkreten Ausgleichsregelungen nicht nur komplex, sondern auch politisch umstritten sind – Länder, die auf Zuweisungen verzichten müssen, sind dazu nur ungern bereit. Im Ergebnis kommt es zu einem vergleichsweise hohen Ausgleichsniveau, das bei über 90 % liegt und das durch sogenannte Bundesergänzungszuweisungen nach ▸ 107 II 5, 6 noch einmal angehoben wird. Das entspricht aber dem Wunsch der Bürgerinnen und Bürger nach gleichwertigen Lebensverhältnissen im gesamten Bundesgebiet.

Der Sicherstellung gleichwertiger Lebensverhältnisse dient auch die Regelung des ▸ 108 zur Finanzverwaltung, die abweichend von den allgemeinen Bestimmungen der ▸ 83 ff. eine engere Kooperation von Bundes- und Landesfinanzbehörden ermöglicht (siehe vor allem ▸ 108 III). Dadurch wird sichergestellt, dass auch beim Vollzug der Steuergesetze – etwa im Hinblick auf die Auslegung bestimmter Vergünstigungen oder Ausnahmen – eine bundesweite Einheitlichkeit garantiert wird.

Gemeinsame Vorgaben für die Haushaltswirtschaft und die Schuldenbremse

Die Haushaltswirtschaft des Bundes und der Länder erfolgt nach ▸ 109 I zwar selbständig und unabhängig voneinander. Beide Ebenen sind aber nach ▸ 109 II dazu verpflichtet, den europäischen Vorgaben sowie den Erfordernissen des gesamtwirtschaftlichen Gleichgewichts nachzukommen. Was unter dem gesamtwirtschaftlichen Gleichgewicht zu verstehen ist, ist nicht ganz klar und dementsprechend umstritten. In § 1 des Stabilitätsgesetzes hat der Gesetzgeber 1967 dieses Erfordernis durch die vier Teilziele Stabilität des Preisniveaus, hoher Beschäftigungsstand, außenwirtschaftliches Gleichgewicht und angemessenes Wirtschaftswachstum zu konkretisieren versucht, ohne dass sich dadurch aber eindeutige Folgerungen für die Haushaltspolitik des Bundes und der Länder ergeben. Beachtenswert ist jedoch, dass Deutschland mit seinen regelmäßigen Handelsbilanzüberschüssen diese gesetzliche Vorgabe immer wieder unterläuft – »Exportweltmeister« zu sein, ist aus rechtlicher Sicht kein Anlass für besondere Freude (und wird auch europarechtlich zunehmend skeptisch gesehen).

Eine größere Rolle spielt in der politischen und medialen Öffentlichkeit die erst 2009 in ▸ 109 III normierte Schuldenbremse, die sowohl den Bund als auch die Länder darauf verpflichtet, ihre Haushalte grundsätzlich ohne Einnahmen aus Krediten auszugleichen, und deren Einhaltung nach ▸ 109a II durch einen unabhängigen Stabilitätsrat überwacht wird. Für den Bund wird diese Bestimmung in ▸ 115 II (unnötigerweise) noch einmal wiederholt. Nachdem die Schuldenbremse aufgrund einer guten wirtschaftlichen Lage zunächst keine besondere Rolle spielte, wurde im Zusammenhang mit der Coronapandemie und sodann aufgrund des Ukrainekrieges erstmals in größerem Umfang von der sog. Notlagenklausel (▸ 115 II 7) Gebrauch gemacht, die eine erhöhte Kreditaufnahme in Notsituationen ermöglicht, vom Bundesverfassungsgericht in einem Urteil vom November 2023 dann jedoch sehr restriktiv interpretiert wurde. Auch deshalb wurde die Schuldenbremse im März 2025 erstmalig punktuell reformiert. Seitdem werden Verteidigungsausgaben, die über 1 % des Bruttoinlandsprodukts (BIP) hinausgehen, von dieser nicht mehr erfasst. Zudem wird den Ländern wieder eine strukturelle Verschuldung in Höhe von insgesamt 0,35 % des BIP gestattet, was der seit jeher bestehenden Regelung für den Bund entspricht. Im Übrigen bleibt es aber dabei, dass die Haushalte des Bundes und der Länder im Grundsatz ohne Einnahmen aus Krediten auszugleichen sind, wovon außerhalb akuter Notsituationen allein in konjunkturschwachen Zeiten abgewichen werden kann (sog. Konjunkturkomponente). Vor dem Hintergrund der enormen finanziellen Herausforderungen, die sich aufgrund des Klimawandels, aber auch eines massiven Investitionsbedarfs in marode Infrastruktur stellen, bleibt die Schuldenbremse aber weiterhin umstritten, auch wenn mit ▸ 143h bereits ein zusätzliches kreditfinanziertes Infrastruktur-Sondervermögen in Höhe von 500 Milliarden Euro für die nächsten zwölf Jahre ermöglicht wurde. Die Bundesregierung unter Friedrich Merz hat sich daher vorgenommen, in einer mit Fachleuten besetzten Kommission über mögliche grundlegende Neugestaltungen der Schuldenbremse nachzudenken. Dabei gilt es zu berücksichtigen, dass die öffentliche Schuldenaufnahme keineswegs pauschal zu verteufeln ist, im Gegenteil: Sie kann sich auch außerhalb akuter Krisensituationen als vorteilhaft gegenüber einer reinen Steuerfinanzierung erweisen. Eine moderne Schuldenregel sollte diese unterschiedliche Bewertung staatlicher Verschuldung berücksichtigen. Inwieweit es zu einer solchen Reform kommen wird, ist allerdings fraglich – als Grundgesetzänderung bedürfte diese nach ▸ 79 II einer Zweidrittelmehrheit in Bundestag und Bundesrat, die nicht ohne weiteres zu erreichen sein dürfte.

Die Haushaltswirtschaft des Bundes

Der zweite Teil des Abschnitts ab ▸ 110 ist der Haushaltswirtschaft des Bundes gewidmet. Darin wird geregelt, wie der Bund über die konkrete Verwendung der ihm nach den vorherigen Bestimmungen zugewiesenen Finanzmitteln entscheidet. Für die Länder finden sich entsprechende Regelungen in ihren Landesverfassungen. Das Haushaltsrecht des Bundes ist nach einem sich jährlich wiederholenden Kreislauf organisiert, der von einer engen Kooperation der

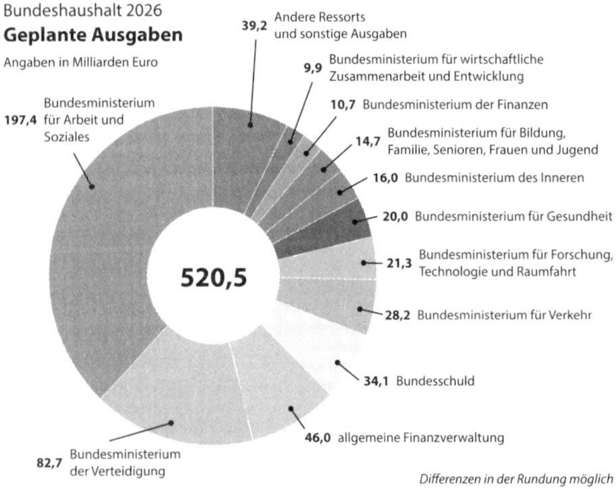

Abb. 9: Der Bundeshaushalt 2026 (Regierungsentwurf).

Legislative und der Exekutive geprägt ist. Er beginnt mit der Einbringung des Haushaltsentwurfs in den Bundestag. Wie sich aus ▸ 110 III ergibt, kann abweichend von ▸ 76 I allein die Bundesregierung diese besondere Form des Gesetzgebungsverfahrens einleiten (das geschieht meist um die Mitte des Jahres). Das ist schon deshalb sinnvoll, weil nur sie über die erforderlichen Ressourcen zur Aufstellung des umfangreichen Bundeshaushaltsplans verfügt und zudem den konkreten Finanzbedarf der zahlreichen Ministerien und Bundesbehörden sinnvoll einschätzen kann. Zudem bildet der Haushalt die konkrete Regierungspolitik in Zahlen ab – es geht um fundamentale Fragen der Staatsleitung, die zunächst in der Verantwortung der Bundesregierung liegen. Im zweiten Schritt erfolgt nach ▸ 110 II 1 die parlamentarische Feststellung des Haushaltsplanes durch das Haushaltsgesetz. Probleme können (theoretisch) auftreten, wenn sich die rechtzeitige Feststellung verzögert oder sogar (vorläufig) verweigert wird – wobei eine Verweigerung im parlamentarischen Regierungssystem schwer vorstellbar ist und mindestens eine schwere Regierungskrise zur Folge hätte, vermutlich aber über ▸ 68 zur Auflösung des Bundestages und zu Neuwahlen führen würde – so verhielt es sich denn auch Ende 2024, nachdem sich die damalige Ampel-Regierung auf keinen neuen Haushalt einigen konnte. In ▸ 111 findet sich jedoch eine Regelung für einen solchen »etatlosen Zustand«, die es der Regierung erlaubt, gewisse Ausgaben weiter zu tätigen, gleichzeitig aber einen Anreiz liefert, sich möglichst schnell mit dem Parlament auf einen formellen Haushalt zu einigen. Anders als in den USA kommt es in einer solchen Situation folglich nicht zu einem »Government-Shutdown« – dort darf die Regierung ohne haushaltsrechtliche Ermächtigung formal keinen Cent ausgeben. Nach der parlamentarischen Bewilligung folgt der Vollzug des Haushalts durch die Bundesregierung. ▸ 112 stellt auch hier die Handlungsfähigkeit der Bundesregierung sicher, falls es im Haushaltsvollzug zu überplanmäßigen oder außerplanmäßigen Ausgaben kommen sollte. Es folgt die unabhängige Kontrolle des Haushaltsvollzugs durch den in ▸ 114 normierten Bundesrechnungshof und schließlich die Entlastung der Bundesregierung durch den Bundestag und den Bundesrat, die den Haushaltskreislauf formal abschließt. Er beginnt im Anschluss von neuem.

Abschnitt Xa

Verteidigungsfall

Artikel 115a

(1) Die Feststellung, daß das Bundesgebiet mit Waffengewalt angegriffen wird oder ein solcher Angriff unmittelbar droht (Verteidigungsfall), trifft der Bundestag mit Zustimmung des Bundesrates. Die Feststellung erfolgt auf Antrag der Bundesregierung und bedarf einer Mehrheit von zwei Dritteln der abgegebenen Stimmen, mindestens der Mehrheit der Mitglieder des Bundestages.

(2) Erfordert die Lage unabweisbar ein sofortiges Handeln und stehen einem rechtzeitigen Zusammentritt des Bundestages unüberwindliche Hindernisse entgegen oder ist er nicht beschlußfähig, so trifft der Gemeinsame Ausschuß diese Feststellung mit einer Mehrheit von zwei Dritteln der abgegebenen Stimmen, mindestens der Mehrheit seiner Mitglieder.

(3) Die Feststellung wird vom Bundespräsidenten gemäß Artikel 82 im Bundesgesetzblatte verkündet. Ist dies nicht rechtzeitig möglich, so erfolgt die Verkündung in anderer Weise; sie ist im Bundesgesetzblatte nachzuholen, sobald die Umstände es zulassen.

(4) Wird das Bundesgebiet mit Waffengewalt angegriffen und sind die zuständigen Bundesorgane außerstande, sofort die Feststellung nach Absatz 1 Satz 1 zu treffen, so gilt diese Feststellung als getroffen und als zu dem Zeitpunkt verkündet, in dem der Angriff begonnen hat. Der Bundespräsident gibt diesen Zeitpunkt bekannt, sobald die Umstände es zulassen.

(5) Ist die Feststellung des Verteidigungsfalles verkündet und wird das Bundesgebiet mit Waffengewalt angegriffen, so

kann der Bundespräsident völkerrechtliche Erklärungen über das Bestehen des Verteidigungsfalles mit Zustimmung des Bundestages abgeben. Unter den Voraussetzungen des Absatzes 2 tritt an die Stelle des Bundestages der Gemeinsame Ausschuß.

Artikel 115b

Mit der Verkündung des Verteidigungsfalles geht die Befehls- und Kommandogewalt über die Streitkräfte auf den Bundeskanzler über.

Artikel 115c

(1) Der Bund hat für den Verteidigungsfall das Recht der konkurrierenden Gesetzgebung auch auf den Sachgebieten, die zur Gesetzgebungszuständigkeit der Länder gehören. Diese Gesetze bedürfen der Zustimmung des Bundesrates.

(2) Soweit es die Verhältnisse während des Verteidigungsfalles erfordern, kann durch Bundesgesetz für den Verteidigungsfall

1. bei Enteignungen abweichend von Artikel 14 Abs. 3 Satz 2 die Entschädigung vorläufig geregelt werden,
2. für Freiheitsentziehungen eine von Artikel 104 Abs. 2 Satz 3 und Abs. 3 Satz 1 abweichende Frist, höchstens jedoch eine solche von vier Tagen, für den Fall festgesetzt werden, daß ein Richter nicht innerhalb der für Normalzeiten geltenden Frist tätig werden konnte.

(3) Soweit es zur Abwehr eines gegenwärtigen oder unmittelbar drohenden Angriffs erforderlich ist, kann für den Verteidigungsfall durch Bundesgesetz mit Zustimmung des Bundesrates die Verwaltung und das Finanzwesen des Bundes und der Länder abweichend von den Abschnitten VIII, VIIIa

und X geregelt werden, wobei die Lebensfähigkeit der Länder, Gemeinden und Gemeindeverbände, insbesondere auch in finanzieller Hinsicht, zu wahren ist.

(4) Bundesgesetze nach den Absätzen 1 und 2 Nr. 1 dürfen zur Vorbereitung ihres Vollzuges schon vor Eintritt des Verteidigungsfalles angewandt werden.

Artikel 115d

(1) Für die Gesetzgebung des Bundes gilt im Verteidigungsfalle abweichend von Artikel 76 Abs. 2, Artikel 77 Abs. 1 Satz 2 und Abs. 2 bis 4, Artikel 78 und Artikel 82 Abs. 1 die Regelung der Absätze 2 und 3.

(2) Gesetzesvorlagen der Bundesregierung, die sie als dringlich bezeichnet, sind gleichzeitig mit der Einbringung beim Bundestage dem Bundesrate zuzuleiten. Bundestag und Bundesrat beraten diese Vorlagen unverzüglich gemeinsam. Soweit zu einem Gesetze die Zustimmung des Bundesrates erforderlich ist, bedarf es zum Zustandekommen des Gesetzes der Zustimmung der Mehrheit seiner Stimmen. Das Nähere regelt eine Geschäftsordnung, die vom Bundestage beschlossen wird und der Zustimmung des Bundesrates bedarf.

(3) Für die Verkündung der Gesetze gilt Artikel 115a Abs. 3 Satz 2 entsprechend.

Artikel 115e

(1) Stellt der Gemeinsame Ausschuß im Verteidigungsfalle mit einer Mehrheit von zwei Dritteln der abgegebenen Stimmen, mindestens mit der Mehrheit seiner Mitglieder fest, daß dem rechtzeitigen Zusammentritt des Bundestages unüberwindliche Hindernisse entgegenstehen oder daß dieser nicht beschlußfähig ist, so hat der Gemeinsame Ausschuß die Stel-

lung von Bundestag und Bundesrat und nimmt deren Rechte einheitlich wahr.

(2) Durch ein Gesetz des Gemeinsamen Ausschusses darf das Grundgesetz weder geändert noch ganz oder teilweise außer Kraft oder außer Anwendung gesetzt werden. Zum Erlaß von Gesetzen nach Artikel 23 Abs. 1 Satz 2, Artikel 24 Abs. 1 oder Artikel 29 ist der Gemeinsame Ausschuß nicht befugt.

Artikel 115f

(1) Die Bundesregierung kann im Verteidigungsfalle, soweit es die Verhältnisse erfordern,

1. den Bundesgrenzschutz im gesamten Bundesgebiete einsetzen;
2. außer der Bundesverwaltung auch den Landesregierungen und, wenn sie es für dringlich erachtet, den Landesbehörden Weisungen erteilen und diese Befugnis auf von ihr zu bestimmende Mitglieder der Landesregierungen übertragen.

(2) Bundestag, Bundesrat und der Gemeinsame Ausschuß sind unverzüglich von den nach Absatz 1 getroffenen Maßnahmen zu unterrichten.

Artikel 115g

Die verfassungsmäßige Stellung und die Erfüllung der verfassungsmäßigen Aufgaben des Bundesverfassungsgerichtes und seiner Richter dürfen nicht beeinträchtigt werden. Das Gesetz über das Bundesverfassungsgericht darf durch ein Gesetz des Gemeinsamen Ausschusses nur insoweit geändert werden, als dies auch nach Auffassung des Bundesverfassungsgerichtes zur Aufrechterhaltung der Funktionsfähigkeit des Gerichtes erforderlich ist. Bis zum Erlaß eines solchen Gesetzes kann das Bundesverfassungsgericht die zur Erhaltung der Arbeitsfähigkeit des Gerichtes erforderlichen Maßnahmen treffen. Beschlüsse nach Satz 2 und Satz 3 faßt das Bundesverfassungsgericht mit der Mehrheit der anwesenden Richter.

Artikel 115h

(1) Während des Verteidigungsfalles ablaufende Wahlperioden des Bundestages oder der Volksvertretungen der Länder enden sechs Monate nach Beendigung des Verteidigungsfalles. Die im Verteidigungsfalle ablaufende Amtszeit des Bundespräsidenten sowie bei vorzeitiger Erledigung seines Amtes die Wahrnehmung seiner Befugnisse durch den Präsidenten des Bundesrates enden neun Monate nach Beendigung des Verteidigungsfalles. Die im Verteidigungsfalle ablaufende Amtszeit eines Mitgliedes des Bundesverfassungsgerichtes endet sechs Monate nach Beendigung des Verteidigungsfalles.

(2) Wird eine Neuwahl des Bundeskanzlers durch den Gemeinsamen Ausschuß erforderlich, so wählt dieser einen neuen Bundeskanzler mit der Mehrheit seiner Mitglieder; der Bundespräsident macht dem Gemeinsamen Ausschuß einen Vorschlag. Der Gemeinsame Ausschuß kann dem Bundeskanzler das Mißtrauen nur dadurch aussprechen, daß er mit der Mehrheit von zwei Dritteln seiner Mitglieder einen Nachfolger wählt.

(3) Für die Dauer des Verteidigungsfalles ist die Auflösung des Bundestages ausgeschlossen.

Artikel 115i

(1) Sind die zuständigen Bundesorgane außerstande, die notwendigen Maßnahmen zur Abwehr der Gefahr zu treffen, und erfordert die Lage unabweisbar ein sofortiges selbständiges Handeln in einzelnen Teilen des Bundesgebietes, so sind die Landesregierungen oder die von ihnen bestimmten Behörden oder Beauftragten befugt, für ihren Zuständigkeitsbereich Maßnahmen im Sinne des Artikels 115f Abs. 1 zu treffen.

(2) Maßnahmen nach Absatz 1 können durch die Bundesregierung, im Verhältnis zu Landesbehörden und nachgeordneten Bundesbehörden auch durch die Ministerpräsidenten der Länder, jederzeit aufgehoben werden.

Artikel 115k

(1) Für die Dauer ihrer Anwendbarkeit setzen Gesetze nach den Artikeln 115c, 115e und 115g und Rechtsverordnungen, die auf Grund solcher Gesetze ergehen, entgegenstehendes Recht außer Anwendung. Dies gilt nicht gegenüber früherem Recht, das auf Grund der Artikel 115c, 115e und 115g erlassen worden ist.

(2) Gesetze, die der Gemeinsame Ausschuß beschlossen hat, und Rechtsverordnungen, die auf Grund solcher Gesetze ergangen sind, treten spätestens sechs Monate nach Beendigung des Verteidigungsfalles außer Kraft.

(3) Gesetze, die von den Artikeln 91a, 91b, 104a, 106 und 107 abweichende Regelungen enthalten, gelten längstens bis zum Ende des zweiten Rechnungsjahres, das auf die Beendigung des Verteidigungsfalles folgt. Sie können nach Beendigung des Verteidigungsfalles durch Bundesgesetz mit Zustimmung des Bundesrates geändert werden, um zu der Regelung gemäß den Abschnitten VIIIa und X überzuleiten.

Artikel 115l

(1) Der Bundestag kann jederzeit mit Zustimmung des Bundesrates Gesetze des Gemeinsamen Ausschusses aufheben. Der Bundesrat kann verlangen, daß der Bundestag hierüber beschließt. Sonstige zur Abwehr der Gefahr getroffene Maßnahmen des Gemeinsamen Ausschusses oder der Bundesregierung sind aufzuheben, wenn der Bundestag und der Bundesrat es beschließen.

(2) Der Bundestag kann mit Zustimmung des Bundesrates jederzeit durch einen vom Bundespräsidenten zu verkündenden Beschluß den Verteidigungsfall für beendet erklären. Der Bundesrat kann verlangen, daß der Bundestag hierüber beschließt. Der Verteidigungsfall ist unverzüglich für beendet zu erklären, wenn die Voraussetzungen für seine Feststellung nicht mehr gegeben sind.

(3) Über den Friedensschluß wird durch Bundesgesetz entschieden.

Erläuterungen

Der 1968 als Teil der umstrittenen Notstandsverfassung in das Grundgesetz aufgenommene Abschnitt Xa enthält Bestimmungen zum sogenannten Verteidigungsfall, den der Bundestag nach ▸ 115a I mit Zustimmung des Bundesrates für den Fall eines bewaffneten Angriffs auf das Bundesgebiet mit einer Zweidrittelmehrheit der abgegebenen Stimmen, mindestens der Mehrheit seiner Mitglieder feststellt. Sofern ein Zusammentritt des Bundestages und des Bundesrates nicht möglich ist, kann die Feststellung auch durch den Gemeinsamen Ausschuss getroffen werden (▸ 53a), der nach ▸ 115e dann auch die wesentlichen Funktionen des Bundestages und des Bundesrates übernehmen kann. Die von ihm erlassenen Gesetze können aber jederzeit vom Bundestag mit Zustimmung des Bundesrates aufgehoben werden (▸ 115l).

Die Regelungen dieses Abschnitts wollen sicherstellen, dass eine nach Gewalten gegliederte, demokratisch angemessen legitimierte Staatsleitung auch im Verteidigungsfall möglich bleibt. Die Normen steigern durch die Ausweitung der Gesetzgebungsbefugnisse des Bundes (▸ 115c) sowie verfahrensrechtliche Erleichterungen (▸ 115d) die Handlungsfähigkeit des Bundes, ohne allerdings der Bundesregierung völlig freie Hand zu geben. Auch ihre Befugnisse werden zwar erweitert (▸ 115f), bleiben aber an den Bundestag beziehungsweise den Gemeinsamen Ausschuss rückgekoppelt und damit demokratisch eingehegt. Die Wahlperiode dieser Verfassungsorgane wird allerdings unter Umständen verlängert, da eine Neuwahl im Verteidigungsfall nicht möglich ist (▸ 115h). Auch das Bundesverfassungsgericht wird in seinen Aufgaben formal nicht beeinträchtigt (▸ 115g). In ▸ 115b ist darüber hinaus geregelt, dass die Befehls- und Kommandogewalt über die Streitkräfte im Verteidigungsfall vom Bundesminister der Verteidigung (▸ 65a) auf den Bundeskanzler oder die Bundeskanzlerin übergeht. Der Verteidigungsfall endet, wenn dies vom Bundestag mit Zustimmung des Bundesrates durch einen vom Bundespräsidenten oder von der Bundespräsidentin zu verkündenden Beschluss festgestellt wird, was unverzüglich zu erfolgen hat, sobald die Voraussetzungen des Verteidigungsfalles nach ▸ 115a I nicht mehr vorliegen (▸ 115l II).

Abschnitt XI

Übergangs- und Schlußbestimmungen

Artikel 116

(1) Deutscher im Sinne dieses Grundgesetzes ist vorbehaltlich anderweitiger gesetzlicher Regelung, wer die deutsche Staatsangehörigkeit besitzt oder als Flüchtling oder Vertriebener deutscher Volkszugehörigkeit oder als dessen Ehegatte oder Abkömmling in dem Gebiete des Deutschen Reiches nach dem Stande vom 31. Dezember 1937 Aufnahme gefunden hat.

(2) Frühere deutsche Staatsangehörige, denen zwischen dem 30. Januar 1933 und dem 8. Mai 1945 die Staatsangehörigkeit aus politischen, rassischen oder religiösen Gründen entzogen worden ist, und ihre Abkömmlinge sind auf Antrag wieder einzubürgern. Sie gelten als nicht ausgebürgert, sofern sie nach dem 8. Mai 1945 ihren Wohnsitz in Deutschland genommen haben und nicht einen entgegengesetzten Willen zum Ausdruck gebracht haben.

Artikel 117

(1) Das dem Artikel 3 Abs. 2 entgegenstehende Recht bleibt bis zu seiner Anpassung an diese Bestimmung des Grundgesetzes in Kraft, jedoch nicht länger als bis zum 31. März 1953.

(2) Gesetze, die das Recht der Freizügigkeit mit Rücksicht auf die gegenwärtige Raumnot einschränken, bleiben bis zu ihrer Aufhebung durch Bundesgesetz in Kraft.

Artikel 118

Die Neugliederung in dem die Länder Baden, Württemberg-Baden und Württemberg-Hohenzollern umfassenden

Gebiete kann abweichend von den Vorschriften des Artikels 29 durch Vereinbarung der beteiligten Länder erfolgen. Kommt eine Vereinbarung nicht zustande, so wird die Neugliederung durch Bundesgesetz geregelt, das eine Volksbefragung vorsehen muß.

Artikel 118a

Die Neugliederung in dem die Länder Berlin und Brandenburg umfassenden Gebiet kann abweichend von den Vorschriften des Artikels 29 unter Beteiligung ihrer Wahlberechtigten durch Vereinbarung beider Länder erfolgen.

Artikel 119

In Angelegenheiten der Flüchtlinge und Vertriebenen, insbesondere zu ihrer Verteilung auf die Länder, kann bis zu einer bundesgesetzlichen Regelung die Bundesregierung mit Zustimmung des Bundesrates Verordnungen mit Gesetzeskraft erlassen. Für besondere Fälle kann dabei die Bundesregierung ermächtigt werden, Einzelweisungen zu erteilen. Die Weisungen sind außer bei Gefahr im Verzuge an die obersten Landesbehörden zu richten.

Artikel 120

(1) Der Bund trägt die Aufwendungen für Besatzungskosten und die sonstigen inneren und äußeren Kriegsfolgelasten nach näherer Bestimmung von Bundesgesetzen. Soweit diese Kriegsfolgelasten bis zum 1. Oktober 1969 durch Bundesgesetze geregelt worden sind, tragen Bund und Länder im Verhältnis zueinander die Aufwendungen nach Maßgabe dieser Bundesgesetze. Soweit Aufwendungen für Kriegsfolgelasten, die in Bundesgesetzen weder geregelt worden sind noch geregelt

werden, bis zum 1. Oktober 1965 von den Ländern, Gemeinden (Gemeindeverbänden) oder sonstigen Aufgabenträgern, die Aufgaben von Ländern oder Gemeinden erfüllen, erbracht worden sind, ist der Bund zur Übernahme von Aufwendungen dieser Art auch nach diesem Zeitpunkt nicht verpflichtet. Der Bund trägt die Zuschüsse zu den Lasten der Sozialversicherung mit Einschluß der Arbeitslosenversicherung und der Arbeitslosenhilfe. Die durch diesen Absatz geregelte Verteilung der Kriegsfolgelasten auf Bund und Länder läßt die gesetzliche Regelung von Entschädigungsansprüchen für Kriegsfolgen unberührt.

(2) Die Einnahmen gehen auf den Bund zu demselben Zeitpunkte über, an dem der Bund die Ausgaben übernimmt.

Artikel 120a

(1) Die Gesetze, die der Durchführung des Lastenausgleichs dienen, können mit Zustimmung des Bundesrates bestimmen, daß sie auf dem Gebiete der Ausgleichsleistungen teils durch den Bund, teils im Auftrage des Bundes durch die Länder ausgeführt werden und daß die der Bundesregierung und den zuständigen obersten Bundesbehörden auf Grund des Artikels 85 insoweit zustehenden Befugnisse ganz oder teilweise dem Bundesausgleichsamt übertragen werden. Das Bundesausgleichsamt bedarf bei Ausübung dieser Befugnisse nicht der Zustimmung des Bundesrates; seine Weisungen sind, abgesehen von den Fällen der Dringlichkeit, an die obersten Landesbehörden (Landesausgleichsämter) zu richten.

(2) Artikel 87 Abs. 3 Satz 2 bleibt unberührt.

Artikel 121

Mehrheit der Mitglieder des Bundestages und der Bundesversammlung im Sinne dieses Grundgesetzes ist die Mehrheit ihrer gesetzlichen Mitgliederzahl.

Artikel 122

(1) Vom Zusammentritt des Bundestages an werden die Gesetze ausschließlich von den in diesem Grundgesetze anerkannten gesetzgebenden Gewalten beschlossen.

(2) Gesetzgebende und bei der Gesetzgebung beratend mitwirkende Körperschaften, deren Zuständigkeit nach Absatz 1 endet, sind mit diesem Zeitpunkt aufgelöst.

Artikel 123

(1) Recht aus der Zeit vor dem Zusammentritt des Bundestages gilt fort, soweit es dem Grundgesetze nicht widerspricht.

(2) Die vom Deutschen Reich abgeschlossenen Staatsverträge, die sich auf Gegenstände beziehen, für die nach diesem Grundgesetze die Landesgesetzgebung zuständig ist, bleiben, wenn sie nach allgemeinen Rechtsgrundsätzen gültig sind und fortgelten, unter Vorbehalt aller Rechte und Einwendungen der Beteiligten in Kraft, bis neue Staatsverträge durch die nach diesem Grundgesetze zuständigen Stellen abgeschlossen werden oder ihre Beendigung auf Grund der in ihnen enthaltenen Bestimmungen anderweitig erfolgt.

Artikel 124

Recht, das Gegenstände der ausschließlichen Gesetzgebung des Bundes betrifft, wird innerhalb seines Geltungsbereiches Bundesrecht.

Artikel 125

Recht, das Gegenstände der konkurrierenden Gesetzgebung des Bundes betrifft, wird innerhalb seines Geltungsbereiches Bundesrecht,

1. soweit es innerhalb einer oder mehrerer Besatzungszonen einheitlich gilt,
2. soweit es sich um Recht handelt, durch das nach dem 8. Mai 1945 früheres Reichsrecht abgeändert worden ist.

Artikel 125a

(1) Recht, das als Bundesrecht erlassen worden ist, aber wegen der Änderung des Artikels 74 Abs. 1, der Einfügung des Artikels 84 Abs. 1 Satz 7, des Artikels 85 Abs. 1 Satz 2 oder des Artikels 105 Abs. 2a Satz 2 oder wegen der Aufhebung der Artikel 74a, 75 oder 98 Abs. 3 Satz 2 nicht mehr als Bundesrecht erlassen werden könnte, gilt als Bundesrecht fort. Es kann durch Landesrecht ersetzt werden.

(2) Recht, das auf Grund des Artikels 72 Abs. 2 in der bis zum 15. November 1994 geltenden Fassung erlassen worden ist, aber wegen Änderung des Artikels 72 Abs. 2 nicht mehr als Bundesrecht erlassen werden könnte, gilt als Bundesrecht fort. Durch Bundesgesetz kann bestimmt werden, dass es durch Landesrecht ersetzt werden kann.

(3) Recht, das als Landesrecht erlassen worden ist, aber wegen Änderung des Artikels 73 nicht mehr als Landesrecht erlassen werden könnte, gilt als Landesrecht fort. Es kann durch Bundesrecht ersetzt werden.

Artikel 125b

(1) Recht, das auf Grund des Artikels 75 in der bis zum 1. September 2006 geltenden Fassung erlassen worden ist und das auch nach diesem Zeitpunkt als Bundesrecht erlassen werden könnte, gilt als Bundesrecht fort. Befugnisse und Verpflichtungen der Länder zur Gesetzgebung bleiben insoweit bestehen. Auf den in Artikel 72 Abs. 3 Satz 1 genannten Gebieten können die Länder von diesem Recht abweichende Regelungen treffen, auf den Gebieten des Artikels 72 Abs. 3 Satz 1 Nr. 2, 5 und 6 jedoch erst, wenn und soweit der Bund ab dem 1. September 2006 von seiner Gesetzgebungszuständigkeit Gebrauch gemacht hat, in den Fällen der Nummern 2 und 5 spätestens ab dem 1. Januar 2010, im Falle der Nummer 6 spätestens ab dem 1. August 2008.

(2) Von bundesgesetzlichen Regelungen, die auf Grund des Artikels 84 Abs. 1 in der vor dem 1. September 2006 geltenden Fassung erlassen worden sind, können die Länder abweichende Regelungen treffen, von Regelungen des Verwaltungsverfahrens bis zum 31. Dezember 2008 aber nur dann, wenn ab dem 1. September 2006 in dem jeweiligen Bundesgesetz Regelungen des Verwaltungsverfahrens geändert worden sind.

(3) Auf dem Gebiet des Artikels 72 Absatz 3 Satz 1 Nummer 7 darf abweichendes Landesrecht der Erhebung der Grundsteuer frühestens für Zeiträume ab dem 1. Januar 2025 zugrunde gelegt werden.

Artikel 125c

(1) Recht, das auf Grund des Artikels 91a Abs. 2 in Verbindung mit Abs. 1 Nr. 1 in der bis zum 1. September 2006 geltenden Fassung erlassen worden ist, gilt bis zum 31. Dezember 2006 fort.

(2) Die nach Artikel 104a Abs. 4 in der bis zum 1. September 2006 geltenden Fassung in den Bereichen der Gemeindeverkehrsfinanzierung und der sozialen Wohnraumförderung geschaffenen Regelungen gelten bis zum 31. Dezember 2006 fort. Die im Bereich der Gemeindeverkehrsfinanzierung für die besonderen Programme nach § 6 Absatz 1 des Gemeindeverkehrsfinanzierungsgesetzes sowie die mit dem Gesetz über Finanzhilfen des Bundes nach Artikel 104a Absatz 4 des Grundgesetzes an die Länder Bremen, Hamburg, Mecklenburg-Vorpommern, Niedersachsen sowie Schleswig-Holstein für Seehäfen vom 20. Dezember 2001 nach Artikel 104a Absatz 4 in der bis zum 1. September 2006 geltenden Fassung geschaffenen Regelungen gelten bis zu ihrer Aufhebung fort. Eine Änderung des Gemeindeverkehrsfinanzierungsgesetzes durch Bundesgesetz ist zulässig. Die sonstigen nach Artikel 104a Absatz 4 in der bis zum 1. September 2006 geltenden Fassung geschaffenen Regelungen gelten bis zum 31. Dezember 2019 fort, soweit nicht ein früherer Zeitpunkt für das Außerkrafttreten bestimmt ist oder wird. Artikel 104b Absatz 2 Satz 4 gilt entsprechend.

(3) Artikel 104b Absatz 2 Satz 5 ist erstmals auf nach dem 31. Dezember 2019 in Kraft getretene Regelungen anzuwenden.

Artikel 126

Meinungsverschiedenheiten über das Fortgelten von Recht als Bundesrecht entscheidet das Bundesverfassungsgericht.

Artikel 127

Die Bundesregierung kann mit Zustimmung der Regierungen der beteiligten Länder Recht der Verwaltung des Vereinigten Wirtschaftsgebietes, soweit es nach Artikel 124 oder 125 als Bundesrecht fortgilt, innerhalb eines Jahres nach Verkündung dieses Grundgesetzes in den Ländern Baden, Groß-Berlin, Rheinland-Pfalz und Württemberg-Hohenzollern in Kraft setzen.

Artikel 128

Soweit fortgeltendes Recht Weisungsrechte im Sinne des Artikels 84 Abs. 5 vorsieht, bleiben sie bis zu einer anderweitigen gesetzlichen Regelung bestehen.

Artikel 129

(1) Soweit in Rechtsvorschriften, die als Bundesrecht fortgelten, eine Ermächtigung zum Erlasse von Rechtsverordnungen oder allgemeinen Verwaltungsvorschriften sowie zur Vornahme von Verwaltungsakten enthalten ist, geht sie auf die nunmehr sachlich zuständigen Stellen über. In Zweifelsfällen entscheidet die Bundesregierung im Einvernehmen mit dem Bundesrate; die Entscheidung ist zu veröffentlichen.

(2) Soweit in Rechtsvorschriften, die als Landesrecht fortgelten, eine solche Ermächtigung enthalten ist, wird sie von den nach Landesrecht zuständigen Stellen ausgeübt.

(3) Soweit Rechtsvorschriften im Sinne der Absätze 1 und 2 zu ihrer Änderung oder Ergänzung oder zum Erlaß von Rechtsvorschriften an Stelle von Gesetzen ermächtigen, sind diese Ermächtigungen erloschen.

(4) Die Vorschriften der Absätze 1 und 2 gelten entsprechend, soweit in Rechtsvorschriften auf nicht mehr geltende Vorschriften oder nicht mehr bestehende Einrichtungen verwiesen ist.

Artikel 130

(1) Verwaltungsorgane und sonstige der öffentlichen Verwaltung oder Rechtspflege dienende Einrichtungen, die nicht auf Landesrecht oder Staatsverträgen zwischen Ländern beruhen, sowie die Betriebsvereinigung der südwestdeutschen Eisenbahnen und der Verwaltungsrat für das Post- und Fernmeldewesen für das französische Besatzungsgebiet unterstehen der Bundesregierung. Diese regelt mit Zustimmung des Bundesrates die Überführung, Auflösung oder Abwicklung.

(2) Oberster Disziplinarvorgesetzter der Angehörigen dieser Verwaltungen und Einrichtungen ist der zuständige Bundesminister.

(3) Nicht landesunmittelbare und nicht auf Staatsverträgen zwischen den Ländern beruhende Körperschaften und Anstalten des öffentlichen Rechtes unterstehen der Aufsicht der zuständigen obersten Bundesbehörde.

Artikel 131

Die Rechtsverhältnisse von Personen einschließlich der Flüchtlinge und Vertriebenen, die am 8. Mai 1945 im öffentlichen Dienste standen, aus anderen als beamten- oder tarifrechtlichen Gründen ausgeschieden sind und bisher nicht oder nicht ihrer früheren Stellung entsprechend verwendet werden, sind durch Bundesgesetz zu regeln. Entsprechendes gilt für Personen einschließlich der Flüchtlinge und Vertriebenen, die am 8. Mai 1945 versorgungsberechtigt waren und aus anderen als beamten- oder tarifrechtlichen Gründen keine oder keine entsprechende Versorgung mehr erhalten. Bis zum Inkrafttreten des Bundesgesetzes können vorbehaltlich anderweitiger landesrechtlicher Regelung Rechtsansprüche nicht geltend gemacht werden.

Artikel 132

(1) Beamte und Richter, die im Zeitpunkte des Inkrafttretens dieses Grundgesetzes auf Lebenszeit angestellt sind, können binnen sechs Monaten nach dem ersten Zusammentritt des Bundestages in den Ruhestand oder Wartestand oder in ein Amt mit niedrigerem Diensteinkommen versetzt werden, wenn ihnen die persönliche oder fachliche Eignung für ihr Amt fehlt. Auf Angestellte, die in einem unkündbaren Dienstverhältnis stehen, findet diese Vorschrift entsprechende Anwendung. Bei Angestellten, deren Dienstverhältnis kündbar ist, können über die tarifmäßige Regelung hinausgehende Kündigungsfristen innerhalb der gleichen Frist aufgehoben werden.

(2) Diese Bestimmung findet keine Anwendung auf Angehörige des öffentlichen Dienstes, die von den Vorschriften über die »Befreiung von Nationalsozialismus und Militarismus« nicht betroffen oder die anerkannte Verfolgte des Nationalsozialismus sind, sofern nicht ein wichtiger Grund in ihrer Person vorliegt.

(3) Den Betroffenen steht der Rechtsweg gemäß Artikel 19 Abs. 4 offen.

(4) Das Nähere bestimmt eine Verordnung der Bundesregierung, die der Zustimmung des Bundesrates bedarf.

Artikel 133

Der Bund tritt in die Rechte und Pflichten der Verwaltung des Vereinigten Wirtschaftsgebietes ein.

Artikel 134

(1) Das Vermögen des Reiches wird grundsätzlich Bundesvermögen.

(2) Soweit es nach seiner ursprünglichen Zweckbestimmung überwiegend für Verwaltungsaufgaben bestimmt war, die nach diesem Grundgesetze nicht Verwaltungsaufgaben des Bundes sind, ist es unentgeltlich auf die nunmehr zuständigen Aufgabenträger und, soweit es nach seiner gegenwärtigen, nicht nur vorübergehenden Benutzung Verwaltungsaufgaben dient, die nach diesem Grundgesetze nunmehr von den Ländern zu erfüllen sind, auf die Länder zu übertragen. Der Bund kann auch sonstiges Vermögen den Ländern übertragen.

(3) Vermögen, das dem Reich von den Ländern und Gemeinden (Gemeindeverbänden) unentgeltlich zur Verfügung gestellt wurde, wird wiederum Vermögen der Länder und Gemeinden (Gemeindeverbände), soweit es nicht der Bund für eigene Verwaltungsaufgaben benötigt.

(4) Das Nähere regelt ein Bundesgesetz, das der Zustimmung des Bundesrates bedarf.

Artikel 135

(1) Hat sich nach dem 8. Mai 1945 bis zum Inkrafttreten dieses Grundgesetzes die Landeszugehörigkeit eines Gebietes geändert, so steht in diesem Gebiete das Vermögen des Landes, dem das Gebiet angehört hat, dem Lande zu, dem es jetzt angehört.

(2) Das Vermögen nicht mehr bestehender Länder und nicht mehr bestehender anderer Körperschaften und Anstalten des öffentlichen Rechtes geht, soweit es nach seiner ursprünglichen Zweckbestimmung überwiegend für Verwaltungsaufgaben bestimmt war, oder nach seiner gegenwärtigen, nicht nur vorübergehenden Benutzung überwiegend Verwaltungsaufgaben dient, auf das Land oder die Körper-

schaft oder Anstalt des öffentlichen Rechtes über, die nunmehr diese Aufgaben erfüllen.

(3) Grundvermögen nicht mehr bestehender Länder geht einschließlich des Zubehörs, soweit es nicht bereits zu Vermögen im Sinne des Absatzes 1 gehört, auf das Land über, in dessen Gebiet es belegen ist.

(4) Sofern ein überwiegendes Interesse des Bundes oder das besondere Interesse eines Gebietes es erfordert, kann durch Bundesgesetz eine von den Absätzen 1 bis 3 abweichende Regelung getroffen werden.

(5) Im übrigen wird die Rechtsnachfolge und die Auseinandersetzung, soweit sie nicht bis zum 1. Januar 1952 durch Vereinbarung zwischen den beteiligten Ländern oder Körperschaften oder Anstalten des öffentlichen Rechtes erfolgt, durch Bundesgesetz geregelt, das der Zustimmung des Bundesrates bedarf.

(6) Beteiligungen des ehemaligen Landes Preußen an Unternehmen des privaten Rechtes gehen auf den Bund über. Das Nähere regelt ein Bundesgesetz, das auch Abweichendes bestimmen kann.

(7) Soweit über Vermögen, das einem Lande oder einer Körperschaft oder Anstalt des öffentlichen Rechtes nach den Absätzen 1 bis 3 zufallen würde, von dem danach Berechtigten durch ein Landesgesetz, auf Grund eines Landesgesetzes oder in anderer Weise bei Inkrafttreten des Grundgesetzes verfügt worden war, gilt der Vermögensübergang als vor der Verfügung erfolgt.

Artikel 135a

(1) Durch die in Artikel 134 Abs. 4 und Artikel 135 Abs. 5 vorbehaltene Gesetzgebung des Bundes kann auch bestimmt

werden, daß nicht oder nicht in voller Höhe zu erfüllen sind

1. Verbindlichkeiten des Reiches sowie Verbindlichkeiten des ehemaligen Landes Preußen und sonstiger nicht mehr bestehender Körperschaften und Anstalten des öffentlichen Rechts,
2. Verbindlichkeiten des Bundes oder anderer Körperschaften und Anstalten des öffentlichen Rechts, welche mit dem Übergang von Vermögenswerten nach Artikel 89, 90, 134 und 135 im Zusammenhang stehen, und Verbindlichkeiten dieser Rechtsträger, die auf Maßnahmen der in Nummer 1 bezeichneten Rechtsträger beruhen,
3. Verbindlichkeiten der Länder und Gemeinden (Gemeindeverbände), die aus Maßnahmen entstanden sind, welche diese Rechtsträger vor dem 1. August 1945 zur Durchführung von Anordnungen der Besatzungsmächte oder zur Beseitigung eines kriegsbedingten Notstandes im Rahmen dem Reich obliegender oder vom Reich übertragener Verwaltungsaufgaben getroffen haben.

(2) Absatz 1 findet entsprechende Anwendung auf Verbindlichkeiten der Deutschen Demokratischen Republik oder ihrer Rechtsträger sowie auf Verbindlichkeiten des Bundes oder anderer Körperschaften und Anstalten des öffentlichen Rechts, die mit dem Übergang von Vermögenswerten der Deutschen Demokratischen Republik auf Bund, Länder und Gemeinden im Zusammenhang stehen, und auf Verbindlichkeiten, die auf Maßnahmen der Deutschen Demokratischen Republik oder ihrer Rechtsträger beruhen.

Artikel 136

(1) Der Bundesrat tritt erstmalig am Tage des ersten Zusammentrittes des Bundestages zusammen.

(2) Bis zur Wahl des ersten Bundespräsidenten werden dessen Befugnisse von dem Präsidenten des Bundesrates ausgeübt. Das Recht der Auflösung des Bundestages steht ihm nicht zu.

Artikel 137

(1) Die Wählbarkeit von Beamten, Angestellten des öffentlichen Dienstes, Berufssoldaten, freiwilligen Soldaten auf Zeit und Richtern im Bund, in den Ländern und den Gemeinden kann gesetzlich beschränkt werden.

(2) Für die Wahl des ersten Bundestages, der ersten Bundesversammlung und des ersten Bundespräsidenten der Bundesrepublik gilt das vom Parlamentarischen Rat zu beschließende Wahlgesetz.

(3) Die dem Bundesverfassungsgerichte gemäß Artikel 41 Abs. 2 zustehende Befugnis wird bis zu seiner Errichtung von dem Deutschen Obergericht für das Vereinigte Wirtschaftsgebiet wahrgenommen, das nach Maßgabe seiner Verfahrensordnung entscheidet.

Artikel 138

Änderungen der Einrichtungen des jetzt bestehenden Notariats in den Ländern Baden, Bayern, Württemberg-Baden und Württemberg-Hohenzollern bedürfen der Zustimmung der Regierungen dieser Länder.

Artikel 139

Die zur »Befreiung des deutschen Volkes vom Nationalsozialismus und Militarismus« erlassenen Rechtsvorschriften werden von den Bestimmungen dieses Grundgesetzes nicht berührt.

Artikel 140

Die Bestimmungen der Artikel 136, 137, 138, 139 und 141 der deutschen Verfassung vom 11. August 1919 sind Bestandteil dieses Grundgesetzes.

Artikel 136 Weimarer Reichsverfassung (WRV)

(1) Die bürgerlichen und staatsbürgerlichen Rechte und Pflichten werden durch die Ausübung der Religionsfreiheit weder bedingt noch beschränkt.

(2) Der Genuß bürgerlicher und staatsbürgerlicher Rechte sowie die Zulassung zu öffentlichen Ämtern sind unabhängig von dem religiösen Bekenntnis.

(3) Niemand ist verpflichtet, seine religiöse Überzeugung zu offenbaren. Die Behörden haben nur soweit das Recht, nach der Zugehörigkeit zu einer Religionsgesellschaft zu fragen, als davon Rechte und Pflichten abhängen oder eine gesetzlich angeordnete statistische Erhebung dies erfordert.

(4) Niemand darf zu einer kirchlichen Handlung oder Feierlichkeit oder zur Teilnahme an religiösen Übungen oder zur Benutzung einer religiösen Eidesform gezwungen werden.

Artikel 137 WRV

(1) Es besteht keine Staatskirche.

(2) Die Freiheit der Vereinigung zu Religionsgesellschaften wird gewährleistet. Der Zusammenschluß von Religionsgesellschaften innerhalb des Reichsgebiets unterliegt keinen Beschränkungen.

(3) Jede Religionsgesellschaft ordnet und verwaltet ihre Angelegenheiten selbständig innerhalb der Schranken des für alle geltenden

Gesetzes. Sie verleiht ihre Ämter ohne Mitwirkung des Staates oder der bürgerlichen Gemeinde.

(4) Religionsgesellschaften erwerben die Rechtsfähigkeit nach den allgemeinen Vorschriften des bürgerlichen Rechtes.

(5) Die Religionsgesellschaften bleiben Körperschaften des öffentlichen Rechtes, soweit sie solche bisher waren. Anderen Religionsgesellschaften sind auf ihren Antrag gleiche Rechte zu gewähren, wenn sie durch ihre Verfassung und die Zahl ihrer Mitglieder die Gewähr der Dauer bieten. Schließen sich mehrere derartige öffentlich-rechtliche Religionsgesellschaften zu einem Verbande zusammen, so ist auch dieser Verband eine öffentlich-rechtliche Körperschaft.

(6) Die Religionsgesellschaften, welche Körperschaften des öffentlichen Rechtes sind, sind berechtigt, auf Grund der bürgerlichen Steuerlisten nach Maßgabe der landesrechtlichen Bestimmungen Steuern zu erheben.

(7) Den Religionsgesellschaften werden die Vereinigungen gleichgestellt, die sich die gemeinschaftliche Pflege einer Weltanschauung zur Aufgabe machen.

(8) Soweit die Durchführung dieser Bestimmungen eine weitere Regelung erfordert, liegt diese der Landesgesetzgebung ob.

Artikel 138 WRV

(1) Die auf Gesetz, Vertrag oder besonderen Rechtstiteln beruhenden Staatsleistungen an die Religionsgesellschaften werden durch die Landesgesetzgebung abgelöst. Die Grundsätze hierfür stellt das Reich auf.

(2) Das Eigentum und andere Rechte der Religionsgesellschaften und religiösen Vereine an ihren für Kultus-, Unterrichts- und Wohltätigkeitszwecke bestimmten Anstalten, Stiftungen und sonstigen Vermögen werden gewährleistet.

Artikel 139 WRV

Der Sonntag und die staatlich anerkannten Feiertage bleiben als Tage der Arbeitsruhe und der seelischen Erhebung gesetzlich geschützt.

Artikel 141 WRV
Soweit das Bedürfnis nach Gottesdienst und Seelsorge im Heer, in Krankenhäusern, Strafanstalten oder sonstigen öffentlichen Anstalten besteht, sind die Religionsgesellschaften zur Vornahme religiöser Handlungen zuzulassen, wobei jeder Zwang fernzuhalten ist.

Artikel 141
Artikel 7 Abs. 3 Satz 1 findet keine Anwendung in einem Lande, in dem am 1. Januar 1949 eine andere landesrechtliche Regelung bestand.

Artikel 142
Ungeachtet der Vorschrift des Artikels 31 bleiben Bestimmungen der Landesverfassungen auch insoweit in Kraft, als sie in Übereinstimmung mit den Artikeln 1 bis 18 dieses Grundgesetzes Grundrechte gewährleisten.

Artikel 142a
(weggefallen)

Artikel 143
(1) Recht in dem in Artikel 3 des Einigungsvertrags genannten Gebiet kann längstens bis zum 31. Dezember 1992 von Bestimmungen dieses Grundgesetzes abweichen, soweit und solange infolge der unterschiedlichen Verhältnisse die völlige Anpassung an die grundgesetzliche Ordnung noch nicht erreicht werden kann. Abweichungen dürfen nicht gegen Artikel 19 Abs. 2 verstoßen und müssen mit den in Artikel 79 Abs. 3 genannten Grundsätzen vereinbar sein.
(2) Abweichungen von den Abschnitten II, VIII, VIIIa, IX, X und XI sind längstens bis zum 31. Dezember 1995 zulässig.

(3) Unabhängig von Absatz 1 und 2 haben Artikel 41 des Einigungsvertrags und Regelungen zu seiner Durchführung auch insoweit Bestand, als sie vorsehen, daß Eingriffe in das Eigentum auf dem in Artikel 3 dieses Vertrags genannten Gebiet nicht mehr rückgängig gemacht werden.

Artikel 143a

(1) Der Bund hat die ausschließliche Gesetzgebung über alle Angelegenheiten, die sich aus der Umwandlung der in bundeseigener Verwaltung geführten Bundeseisenbahnen in Wirtschaftsunternehmen ergeben. Artikel 87e Abs. 5 findet entsprechende Anwendung. Beamte der Bundeseisenbahnen können durch Gesetz unter Wahrung ihrer Rechtsstellung und der Verantwortung des Dienstherrn einer privat-rechtlich organisierten Eisenbahn des Bundes zur Dienstleistung zugewiesen werden.

(2) Gesetze nach Absatz 1 führt der Bund aus.

(3) Die Erfüllung der Aufgaben im Bereich des Schienenpersonennahverkehrs der bisherigen Bundeseisenbahnen ist bis zum 31. Dezember 1995 Sache des Bundes. Dies gilt auch für die entsprechenden Aufgaben der Eisenbahnverkehrsverwaltung. Das Nähere wird durch Bundesgesetz geregelt, das der Zustimmung des Bundesrates bedarf.

Artikel 143b

(1) Das Sondervermögen Deutsche Bundespost wird nach Maßgabe eines Bundesgesetzes in Unternehmen privater Rechtsform umgewandelt. Der Bund hat die ausschließliche Gesetzgebung über alle sich hieraus ergebenden Angelegenheiten.

(2) Die vor der Umwandlung bestehenden ausschließli-

chen Rechte des Bundes können durch Bundesgesetz für eine Übergangszeit den aus der Deutschen Bundespost POSTDIENST und der Deutschen Bundespost TELEKOM hervorgegangenen Unternehmen verliehen werden. Die Kapitalmehrheit am Nachfolgeunternehmen der Deutschen Bundespost POSTDIENST darf der Bund frühestens fünf Jahre nach Inkrafttreten des Gesetzes aufgeben. Dazu bedarf es eines Bundesgesetzes mit Zustimmung des Bundesrates.

(3) Die bei der Deutschen Bundespost tätigen Bundesbeamten werden unter Wahrung ihrer Rechtsstellung und der Verantwortung des Dienstherrn bei den privaten Unternehmen beschäftigt. Die Unternehmen üben Dienstherrenbefugnisse aus. Das Nähere bestimmt ein Bundesgesetz.

Artikel 143c

(1) Den Ländern stehen ab dem 1. Januar 2007 bis zum 31. Dezember 2019 für den durch die Abschaffung der Gemeinschaftsaufgaben Ausbau und Neubau von Hochschulen einschließlich Hochschulkliniken und Bildungsplanung sowie für den durch die Abschaffung der Finanzhilfen zur Verbesserung der Verkehrsverhältnisse der Gemeinden und zur sozialen Wohnraumförderung bedingten Wegfall der Finanzierungsanteile des Bundes jährlich Beträge aus dem Haushalt des Bundes zu. Bis zum 31. Dezember 2013 werden diese Beträge aus dem Durchschnitt der Finanzierungsanteile des Bundes im Referenzzeitraum 2000 bis 2008 ermittelt.

(2) Die Beträge nach Absatz 1 werden auf die Länder bis zum 31. Dezember 2013 wie folgt verteilt:

1. als jährliche Festbeträge, deren Höhe sich nach dem Durchschnittsanteil eines jeden Landes im Zeitraum 2000 bis 2003 errechnet;

2. jeweils zweckgebunden an den Aufgabenbereich der bisherigen Mischfinanzierungen.

(3) Bund und Länder überprüfen bis Ende 2013, in welcher Höhe die den Ländern nach Absatz 1 zugewiesenen Finanzierungsmittel zur Aufgabenerfüllung der Länder noch angemessen und erforderlich sind. Ab dem 1. Januar 2014 entfällt die nach Absatz 2 Nr. 2 vorgesehene Zweckbindung der nach Absatz 1 zugewiesenen Finanzierungsmittel; die investive Zweckbindung des Mittelvolumens bleibt bestehen. Die Vereinbarungen aus dem Solidarpakt II bleiben unberührt.

(4) Das Nähere regelt ein Bundesgesetz, das der Zustimmung des Bundesrates bedarf.

Artikel 143d

(1) Artikel 109 und 115 in der bis zum 31. Juli 2009 geltenden Fassung sind letztmals auf das Haushaltsjahr 2010 anzuwenden. Artikel 109 und 115 in der ab dem 1. August 2009 geltenden Fassung sind erstmals für das Haushaltsjahr 2011 anzuwenden; am 31. Dezember 2010 bestehende Kreditermächtigungen für bereits eingerichtete Sondervermögen bleiben unberührt. Die Länder dürfen im Zeitraum vom 1. Januar 2011 bis zum 31. Dezember 2019 nach Maßgabe der geltenden landesrechtlichen Regelungen von den Vorgaben des Artikels 109 Absatz 3 abweichen. Die Haushalte der Länder sind so aufzustellen, dass im Haushaltsjahr 2020 die Vorgabe aus Artikel 109 Absatz 3 Satz 5 erfüllt wird. Der Bund kann im Zeitraum vom 1. Januar 2011 bis zum 31. Dezember 2015 von der Vorgabe des Artikels 115 Absatz 2 Satz 2 abweichen. Mit dem Abbau des bestehenden Defizits soll im Haushaltsjahr 2011 begonnen werden. Die jährlichen Haushalte sind so aufzustellen, dass im Haushaltsjahr 2016 die Vorgabe aus Artikel 115

Absatz 2 Satz 2 erfüllt wird; das Nähere regelt ein Bundesgesetz.

(2) Als Hilfe zur Einhaltung der Vorgaben des Artikels 109 Absatz 3 ab dem 1. Januar 2020 können den Ländern Berlin, Bremen, Saarland, Sachsen-Anhalt und Schleswig-Holstein für den Zeitraum 2011 bis 2019 Konsolidierungshilfen aus dem Haushalt des Bundes in Höhe von insgesamt 800 Millionen Euro jährlich gewährt werden. Davon entfallen auf Bremen 300 Millionen Euro, auf das Saarland 260 Millionen Euro und auf Berlin, Sachsen-Anhalt und Schleswig-Holstein jeweils 80 Millionen Euro. Die Hilfen werden auf der Grundlage einer Verwaltungsvereinbarung nach Maßgabe eines Bundesgesetzes mit Zustimmung des Bundesrates geleistet. Die Gewährung der Hilfen setzt einen vollständigen Abbau der Finanzierungsdefizite bis zum Jahresende 2020 voraus. Das Nähere, insbesondere die jährlichen Abbauschritte der Finanzierungsdefizite, die Überwachung des Abbaus der Finanzierungsdefizite durch den Stabilitätsrat sowie die Konsequenzen im Falle der Nichteinhaltung der Abbauschritte, wird durch Bundesgesetz mit Zustimmung des Bundesrates und durch Verwaltungsvereinbarung geregelt. Die gleichzeitige Gewährung der Konsolidierungshilfen und Sanierungshilfen auf Grund einer extremen Haushaltsnotlage ist ausgeschlossen.

(3) Die sich aus der Gewährung der Konsolidierungshilfen ergebende Finanzierungslast wird hälftig von Bund und Ländern, von letzteren aus ihrem Umsatzsteueranteil, getragen. Das Nähere wird durch Bundesgesetz mit Zustimmung des Bundesrates geregelt.

(4) Als Hilfe zur künftig eigenständigen Einhaltung der Vorgaben des Artikels 109 Absatz 3 können den Ländern Bremen und Saarland ab dem 1. Januar 2020 Sanierungshilfen in

Höhe von jährlich insgesamt 800 Millionen Euro aus dem Haushalt des Bundes gewährt werden. Die Länder ergreifen hierzu Maßnahmen zum Abbau der übermäßigen Verschuldung sowie zur Stärkung der Wirtschafts- und Finanzkraft. Das Nähere regelt ein Bundesgesetz, das der Zustimmung des Bundesrates bedarf. Die gleichzeitige Gewährung der Sanierungshilfen und Sanierungshilfen auf Grund einer extremen Haushaltsnotlage ist ausgeschlossen.

Artikel 143e

(1) Die Bundesautobahnen werden abweichend von Artikel 90 Absatz 2 längstens bis zum 31. Dezember 2020 in Auftragsverwaltung durch die Länder oder die nach Landesrecht zuständigen Selbstverwaltungskörperschaften geführt. Der Bund regelt die Umwandlung der Auftragsverwaltung in Bundesverwaltung nach Artikel 90 Absatz 2 und 4 durch Bundesgesetz mit Zustimmung des Bundesrates.

(2) Auf Antrag eines Landes, der bis zum 31. Dezember 2018 zu stellen ist, übernimmt der Bund abweichend von Artikel 90 Absatz 4 die sonstigen Bundesstraßen des Fernverkehrs, soweit sie im Gebiet dieses Landes liegen, mit Wirkung zum 1. Januar 2021 in Bundesverwaltung.

(3) Durch Bundesgesetz mit Zustimmung des Bundesrates kann geregelt werden, dass ein Land auf Antrag die Aufgabe der Planfeststellung und Plangenehmigung für den Bau und für die Änderung von Bundesautobahnen und von sonstigen Bundesstraßen des Fernverkehrs, die der Bund nach Artikel 90 Absatz 4 oder Artikel 143e Absatz 2 in Bundesverwaltung übernommen hat, im Auftrage des Bundes übernimmt und unter welchen Voraussetzungen eine Rückübertragung erfolgen kann.

Artikel 143f

Artikel 143d, das Gesetz über den Finanzausgleich zwischen Bund und Ländern sowie sonstige auf der Grundlage von Artikel 107 Absatz 2 in seiner ab dem 1. Januar 2020 geltenden Fassung erlassene Gesetze treten außer Kraft, wenn nach dem 31. Dezember 2030 die Bundesregierung, der Bundestag oder gemeinsam mindestens drei Länder Verhandlungen über eine Neuordnung der bundesstaatlichen Finanzbeziehungen verlangt haben und mit Ablauf von fünf Jahren nach Notifikation des Verhandlungsverlangens der Bundesregierung, des Bundestages oder der Länder beim Bundespräsidenten keine gesetzliche Neuordnung der bundesstaatlichen Finanzbeziehungen in Kraft getreten ist. Der Tag des Außerkrafttretens ist im Bundesgesetzblatt bekannt zu geben.

Artikel 143g

Für die Regelung der Steuerertragsverteilung, des Länderfinanzausgleichs und der Bundesergänzungszuweisungen bis zum 31. Dezember 2019 ist Artikel 107 in seiner bis zum Inkrafttreten des Gesetzes zur Änderung des Grundgesetzes vom 13. Juli 2017 geltenden Fassung weiter anzuwenden.

Artikel 143h

(1) Der Bund kann ein Sondervermögen mit eigener Kreditermächtigung für zusätzliche Investitionen in die Infrastruktur und für zusätzliche Investitionen zur Erreichung der Klimaneutralität bis zum Jahr 2045 mit einem Volumen von bis zu 500 Milliarden Euro errichten. Zusätzlichkeit liegt vor, wenn im jeweiligen Haushaltsjahr eine angemessene Investitionsquote im Bundeshaushalt erreicht wird. Auf die Kreditermächtigung sind Artikel 109 Absatz 3 und Artikel 115 Absatz 2 nicht

anzuwenden. Investitionen aus dem Sondervermögen können innerhalb einer Laufzeit von zwölf Jahren bewilligt werden. Zuführungen aus dem Sondervermögen in den Klima- und Transformationsfonds werden in Höhe von 100 Milliarden Euro vorgenommen. Das Nähere regelt ein Bundesgesetz.

(2) Aus dem Sondervermögen nach Absatz 1 Satz 1 stehen den Ländern 100 Milliarden Euro auch für Investitionen der Länder in deren Infrastruktur zur Verfügung. Die Länder haben dem Bund über die Mittelverwendung Bericht zu erstatten. Der Bund ist zur Prüfung der zweckentsprechenden Mittelverwendung berechtigt. Das Nähere regelt ein Bundesgesetz mit Zustimmung des Bundesrates.

Artikel 144

(1) Dieses Grundgesetz bedarf der Annahme durch die Volksvertretungen in zwei Dritteln der deutschen Länder, in denen es zunächst gelten soll.

(2) Soweit die Anwendung dieses Grundgesetzes in einem der in Artikel 23 aufgeführten Länder oder in einem Teile eines dieser Länder Beschränkungen unterliegt, hat das Land oder der Teil des Landes das Recht, gemäß Artikel 38 Vertreter in den Bundestag und gemäß Artikel 50 Vertreter in den Bundesrat zu entsenden.

Artikel 145

(1) Der Parlamentarische Rat stellt in öffentlicher Sitzung unter Mitwirkung der Abgeordneten Groß-Berlins die Annahme dieses Grundgesetzes fest, fertigt es aus und verkündet es.

(2) Dieses Grundgesetz tritt mit Ablauf des Tages der Verkündung in Kraft.

(3) Es ist im Bundesgesetzblatte zu veröffentlichen.

Artikel 146

Dieses Grundgesetz, das nach Vollendung der Einheit und Freiheit Deutschlands für das gesamte deutsche Volk gilt, verliert seine Gültigkeit an dem Tage, an dem eine Verfassung in Kraft tritt, die von dem deutschen Volke in freier Entscheidung beschlossen worden ist.

Erläuterungen

Der besondere Inhalt des letzten Abschnitts

Der letzte Abschnitt des Grundgesetzes enthält zunächst typische Übergangs- und Schlussbestimmungen, deren Lektüre für das Verständnis der grundgesetzlichen Ordnung nicht zwingend erforderlich ist und die bisweilen sprachlich als verunglückt angesehen werden müssen. Insbesondere in den letzten Jahren lässt der verfassungsändernde Gesetzgeber oftmals die sprachliche Eleganz vermissen, die die Ursprungsversion des Grundgesetzes durchweg geprägt hatte, und sieht sich dazu hingerissen, detaillierte politische Kompromisse mit Verfassungsrang zu nobilitieren. Beispiele finden sich in ▸ 125b, ▸ 125c, ▸ 143c, ▸ 143d, ▸ 143f und ▸ 143g. Hier sollte der verfassungsändernde Gesetzgeber die integrative Funktion der Verfassung wieder stärker in den Blick nehmen, die durch solche Bestimmungen nicht gefördert wird. Einige der in dem Abschnitt aufgeführten Bestimmungen waren demgegenüber zur Regelung des Übergangs von der unmittelbaren Nachkriegszeit in die demokratische Neuordnung erforderlich, spielen deshalb aber heute keine oder zumindest keine besondere Rolle mehr. Das betrifft etwa ▸ 117, ▸ 118, ▸ 119, ▸ 120, ▸ 120a sowie ▸ 128–139. Gleiches gilt für ▸ 143. Daneben finden sich aber einige bedeutende Regelungen auch in diesem Abschnitt.

Der Begriff des oder der Deutschen

So definiert ▸ 116 I, wer als Deutscher beziehungsweise Deutsche anzusehen ist, und knüpft diesen Status richtigerweise nicht an irgendwelche ethnischen, religiösen oder kulturellen Voraussetzungen, sondern allein an die Inhaberschaft der deutschen Staatsangehörigkeit. Der zweite Teil des Absatzes spielt heute kaum noch eine Rolle, ebenso wie das in ▸ 116 II normierte Recht auf Wiedereinbürgerung. Die Kriterien, nach denen man die deutsche Staatsangehörigkeit erwirbt, sind im Grundgesetz allerdings nicht näher konkretisiert und werden dem einfachen Gesetzgeber überlassen, der diese im Staatsangehörigkeitsgesetz geregelt hat. Umstritten ist immer wieder die Frage, unter welchen Voraussetzungen eine Einbürgerung von auf deutschem Boden lebenden Ausländerinnen und Ausländern möglich sein soll. Dass ein demokratischer Staat über die Zugehörigkeit zum Volk formal entscheiden muss, ist eine zwingende Folge des in ▸ 20 II 1 normierten Grundsatzes: Wenn die Staatsgewalt vom Volk ausgehen soll, muss geklärt sein, wer zu diesem Volk gehört. Demokratische Ordnungen gehen daher immer mit Abgrenzung (nicht aber mit Ausgrenzung) einher.

Von Bedeutung ist auch ▸ 140, der zentrale staatskirchenrechtliche Bestimmungen der Weimarer Verfassung (WRV) in das Grundgesetz inkorporiert. ▸ 136–139 und 141 WRV werden dadurch zu vollwertigem Verfassungsrecht der Bundesrepublik Deutschland. Die etwas seltsam anmutende Normierungstechnik ist das Ergebnis eines im Parlamentarischen Rat gefundenen Kompromisses, der sich einerseits nicht in der Lage sah, das Staatskirchenrecht – heute spricht man eher von Religionsverfassungsrecht – gänzlich neu zu regeln, andererseits aber auf entsprechende Bestimmungen nicht verzichten wollte. Aufgrund des anvisierten provisorischen Charakters des Grundgesetzes verständigte man sich daher auf die Übernahme der genannten Artikel der WRV, machte mit der Inkorporation aber zugleich den Wunsch deutlich, den gesamten Komplex zu einem späteren Zeitpunkt einer endgültigen Regelung zuzuführen. Dazu ist es bis heute nicht gekommen.

Die religionsverfassungsrechtlichen Bestimmungen gehen von einer Trennung von Staat und Kirche aus, was auch in der Ablehnung einer Staatskirche zum Ausdruck kommt (▸ 137 I WRV), weisen den Religionsgesellschaften aber eine besondere Rolle zu und statten diese mit Privilegien aus, die anderen gesellschaftlichen Zusammenschlüssen nicht zukommen und die in letzter Zeit immer häufiger hinterfragt werden. Dazu gehört ein weitgehendes Selbstverwaltungsrecht nach ▸ 137 III WRV. Es gewährleistet die Freiheit der Religionsgesellschaften vor staatlicher Bevormundung, Aufsicht und sonstiger Einschränkung. Es ist damit unter anderem Grundlage des »kirchlichen Arbeitsrechts«, das es den Religionsgemeinschaften gestattet, die Mitarbeitenden besonderen Loyalitäts- und Tendenzpflichten im Hinblick auf die von der jeweiligen Kirche vertretene Lehre zu unterwerfen. Das erscheint da, wo die Mitarbeitenden unmittelbar in die kirchliche Verkündungslehre involviert sind, nachvollziehbar, wird aber problematisch, wo Religionsgemeinschaften der allgemeinen Daseinsvorsorge zugehörige Dienstleistungen für die Allgemeinheit anbieten (etwa Betrieb von Krankenhäusern und Kindertagesstätten). In den letzten Jahren hat es immer wieder gerichtliche Auseinandersetzungen gegeben, wenn etwa Ärztinnen und Ärzte eines katholischen Krankenhauses nach einer Scheidung und anschließender Wiederheirat allein aus diesem Grund entlassen werden sollten. In diesem Bereich ist zuletzt viel in Bewegung geraten, zumal der gesamte Komplex vom Europarecht überlagert wird, das einem solchen Tendenzschutz skeptisch gegenübersteht.

In ▸ 137 II, IV WRV wird die Freiheit zur Vereinigung zu Religionsgesellschaften gewährleistet, die ihre Rechtsfähigkeit nach den allgemeinen Vorschriften des Bürgerlichen Rechts erwerben. Von besonderer Bedeutung ist die Regelung des ▸ 137 V WRV, wonach Religionsgesellschaften Körperschaften des öffentlichen Rechts bleiben (das betrifft die großen christlichen Kirchen) oder solche werden können, wenn sie durch ihre Verfassung und die Zahl ihrer Mitglieder die Gewähr für Dauer bieten. Durch diese Bestimmung entsteht eine enge Verflechtung der Religionsgesellschaften mit dem Staat, weil diese in einem solchen Fall nach ▸ 137 VI WRV berechtigt sind, Steuern zu erheben. Dass auch diese Regelung mittlerweile umstritten ist, dürfte nicht überraschen. Dabei geht es auch um die Frage, inwieweit anderen Religionen (etwa dem Islam) der Status einer öffentlich-rechtlichen Körperschaft zugewiesen werden kann. Der ▸ 138 I WRV sieht vor, dass die im Wesentlichen auf den Reichsdeputationshauptschluss von 1803 (!) zurückgehenden Staatsleistungen an die Religionsgesellschaften abzulösen sind. Bei diesen Staatsleistungen handelt es sich um jährlich vom Staat zu entrichtende finanzielle Entschädigungsbeiträge für im Zusammenhang mit den napoleonischen Neuordnungen des Heiligen Römischen Reiches Deutscher Nation erfolgte Enteignungen. Sie beliefen sich für das Jahr 2024 auf insgesamt 618 Millionen Euro. Die Frage der verfassungsrechtlich vorgeschriebenen Ablösung blieb lange unbeantwortet, zuletzt ist sie wieder auf die Tagesordnung gerückt und soll nun (endlich) angegangen werden. In ▸ 139 WRV findet sich zudem ein besonderer Sonn- und Feiertagsschutz, der es ausschließt, diese umfassend wie normale Werktage zu behandeln. Die Anzahl sogenannter verkaufsoffener Sonntage ist verfassungsrechtlich daher begrenzt.

Das Sondervermögen Infrastruktur

Vor dem Hintergrund eines bereits länger bekannten Investitionsstaus auf Bundes- wie auf Länderebene wurde mit ▸ 143h die Möglichkeit für ein kreditfinanziertes Sondervermögen zur (zusätzlichen) Ertüchtigung der Infrastruktur in Höhe von insgesamt 500 Milliarden Euro für die nächsten zwölf Jahre geschaffen. Davon sollen 100 Milliarden Euro in den Klima- und Transformationsfonds fließen und stehen folglich für besondere Klimaschutzmaßnahmen zur Verfügung. Weitere 100 Milliarden sind nach ▸ 143h II für Investitionen der Länder vorgesehen. Damit verbleiben insgesamt 300 Milliarden Euro, die von Seiten des Bundes für zusätzliche Investitionen in die Infrastruktur oder in Maßnahmen zur Erreichung der Klimaneutralität bis 2045 genutzt werden können. Wenngleich der Betrag von 500 Milliarden zunächst einmal hoch klingt, geht es angesichts der Laufzeit des Sondervermögens von zwölf Jahren effektiv lediglich um zusätzliche jährliche kreditfinanzierte Investitionen des Bundes in Höhe von 33,3 Milliarden bzw. einschließlich des Länderanteils von 41,6 Milliarden Euro. Angesichts eines deutlich höheren Investitionsbedarfs wird es daher nötig sein, dass sowohl der Bund als auch die Länder erhebliche Investitionen zusätzlich über den regulären Haushalt finanzieren. Darüber hinaus muss weiterhin über eine grundlegende Reform der Schuldenbremse (▸ 109 III, ▸ 115 II) nachgedacht werden.

Die Ablösung des Grundgesetzes

Das Grundgesetz endet in ▸ 146 mit einer Regelung zu seiner eigenen Überwindung, die die bereits in der ▸ Präambel angelegte Unterscheidung zwischen verfassungsgebender und verfasster Gewalt des deutschen Volkes aufnimmt. Anders als in ▸ 20 II wird hier demnach erneut (wie in der ▸ Präambel) das verfassungsgebende Volk adressiert. Eine solche Ablösungsregelung ist formal nicht erforderlich, da das Grundgesetz die vor der Verfassung stehende verfassungsgebende Gewalt des Volkes weder einschränken kann noch explizit zur Verfassungsgebung ermächtigen muss.

Im Gegensatz zu anderen Verfassungen baut das Grundgesetz durch diese Regelung aber gewissermaßen eine legale Brücke zu einer nachfolgenden Verfassungsordnung, so dass ein ansonsten typischer »Legalitätsbruch« (Horst Dreier) nicht auftritt, jedenfalls nicht auftreten muss. Da die verfassungsgebende Gewalt aber an keine Vorgaben des Grundgesetzes gebunden ist, bildet in diesen Fällen richtigerweise auch die Ewigkeitsklausel des ▸ 79 III keine Grenze für die Gestaltung der neuen Verfassungsordnung. Die Ewigkeitsklausel gilt mithin nicht ewig, sondern nur, solange das Grundgesetz den Rahmen für das politische und gesellschaftliche Leben des deutschen Volkes bildet, also bis zu seiner Ablösung durch eine neue Verfassungsordnung.

Ausblick

Die Funktionsfähigkeit demokratischer Ordnungen ist, wie der Blick in andere Staaten der Welt zeigt, keine Selbstverständlichkeit. Sie hängt davon ab, dass viele größere und kleinere Rädchen geschmeidig ineinandergreifen – Demokratien sind zwar nicht per se fragiler als andere (autoritäre) Herrschaftsordnungen, in ihrem Bestand aber gleichwohl fragil. Die Existenz einer demokratischen Verfassungsordnung, die mit ihren Regelungen den Erwartungen der Bürgerinnen und Bürger entspricht und einen Rahmen setzt, der eine demokratische Gestaltung des Gemeinwesens theoretisch wie praktisch ermöglicht, gehört zu diesen Funktionsvoraussetzungen. Sie ist damit allerdings, wie uns die Erfahrungen mit der Weimarer Republik gezeigt haben, zwar eine bedeutende, aber eben noch keine hinreichende Bedingung für die Gewährleistung einer stabilen demokratischen Ordnung. Die Weimarer Verfassung war für sich genommen weit besser als ihr Ruf, der ihr gerade in der unmittelbaren Nachkriegszeit angeheftet wurde – eine Erkenntnis, die mittlerweile nicht ernsthaft bestritten wird. Wir könnten heute vermutlich gut mit ihr leben. Zu einer angemessenen demokratischen Verfassungsordnung muss insofern noch die Bereitschaft der Bevölkerung, insbesondere der politischen, kulturellen und ökonomischen Eliten hinzutreten, die (neue) Verfassung als legitime Ordnung anzuerkennen und sich ihren Vorgaben im politischen Alltag und im gesellschaftlichen Zusammenleben zu unterwerfen. Genau das war der Weimarer Republik und ihrer Verfassung nicht vergönnt.

Eine solche demokratische (politische und gesellschaftliche) Kultur lässt sich normativ jedoch nicht verordnen, sondern muss frühzeitig erlernt, immer wieder praktisch geprobt und aktiv gefördert werden. Eine Demokratie ist – anders als autoritäre Herrschaftsordnungen – darauf angewiesen, von ihren Bürgerinnen und Bürgern getragen und gepflegt zu werden. Wo niemand mehr zur Wahl geht, keiner sich an politischen Diskussionen beteiligt und jeder nur noch mit sich selbst beschäftigt ist, wird eine demokratische Ordnung Schaden nehmen und mittelfristig nicht bestehen können. Wie bedrohlich es sein kann, wenn sich einzelne politische Eliten sogar offen gegen das »System« aussprechen und vorgeben, die »wahren« Interessen des Volkes zu vertreten, wird aktuell erneut in den USA sichtbar – ob und wie die amerikanische Verfassungsordnung die zweite Amtszeit Donald Trumps überstehen wird, ist eine offene Frage.

Auch das Grundgesetz ist mit seinen Regelungen zu den Grundrechten und zur Staatsorganisation vor solchen Erosionserscheinungen nicht gefeit. Es hat das politische und gesellschaftliche Leben zwar seit mittlerweile mehr als 75 Jahren mitgeprägt. Daraus folgt aber keine Garantie, dass das auch in den nächsten 75 Jahren so sein wird. Der zumindest implizit erhobene Anspruch demokratischer Herrschaftsordnungen, das politisch-gesellschaftliche Zusammenleben vielleicht nicht ewig, aber jedenfalls für eine sehr lange Zeit zu organisieren, erfüllt sich nicht von selbst. Sogar in etablierten Demokratien wie Großbritannien und Indien zeigen sich mittlerweile autoritäre Tendenzen, scheint ihre langfristige Funktionsfähigkeit zumindest weniger sicher, als wir vermutet oder gehofft haben. Auch in Südamerika stehen demokratische Ordnungen unter

Druck (Brasilien, Peru, Chile), und die Schwierigkeiten jüngerer Demokratien offenbaren sich aktuell unter anderem nicht zuletzt in Ungarn. In Tunesien – einem Hoffnungsstaat der »Arabellion« – ist die Demokratisierung vorerst gescheitert, gleiches gilt für die Türkei und Russland ohnehin. Wer auch zukünftig unter der durch das Grundgesetz mit seinen hier erläuterten Regelungen begründeten demokratischen Ordnung leben will, trägt für ihre Funktionsfähigkeit eine Mitverantwortung. Es lohnt also nicht nur die Lektüre seiner 146 Artikel, sondern auch, sich für deren Wirksamwerden im täglichen Leben aktiv zu engagieren.

Literaturhinweise

Zur Verfassungsgeschichte

Richter, Hedwig: Demokratie. Eine deutsche Affäre. München ^{4}2021.

Thiele, Alexander: Der konstituierte Staat. Eine Verfassungsgeschichte der Neuzeit. Frankfurt a. M. / New York ^{2}2025.

Zur Entstehung des Grundgesetzes

Bommarius, Christian: Das Grundgesetz. Eine Biographie. Berlin 2009.

Niclauß, Karlheinz: Der Weg zum Grundgesetz. Paderborn 1998.

Feldkamp, Michael F.: Adenauer, die Alliierten und das Grundgesetz. München 2023.

Zur Bedeutung des Grundgesetzes für die Geschichte der BRD

Grimm, Dieter: Die Historiker und die Verfassung. Ein Beitrag zur Wirkungsgeschichte des Grundgesetzes. München 2022.

Zum Inhalt des Grundgesetzes im Überblick

Heun, Werner / Thiele, Alexander: Die Verfassungsordnung der Bundesrepublik Deutschland. Tübingen ^{2}2024.

Möllers, Christoph: Das Grundgesetz. Geschichte und Inhalt. München ^{4}2024.

Niclauß, Karlheinz: Das Grundgesetz. Eine kleine Einführung. Stuttgart 2009.

Oswald, Georg M. (Hrsg.): Das Grundgesetz. Ein literarischer Kommentar. München 2022.

Zum Zustand der heutigen demokratischen Ordnung

Thiele, Alexander: Verlustdemokratie. Die drei Verlustebenen der Demokratie. Tübingen ^{2}2018.

Zur Vertiefung

Wer mehr zu Geschichte, Inhalt und Systematik des Grundgesetzes wissen will, findet in diesen juristischen Kommentaren eine unterschiedlich umfangreiche Erläuterung jedes einzelnen Artikels:

Dreier, Horst (Hrsg.): Grundgesetz. Kommentar. Bd. 1. Tübingen ^{4}2023. Bd. 2. ^{4}2026. Bd. 3. ^{3}2018.

Hömig, Dieter / Wolff, Heinrich Amadeus (Hrsg.): Grundgesetz für die Bundesrepublik Deutschland. Handkommentar. Baden-Baden ^{14}2025.

Jarass, Hans D. / Pieroth, Bodo: Grundgesetz für die Bundesrepublik Deutschland. Kommentar. München ^{18}2024.

Huber, Peter Michael / Voßkuhle, Andreas (Hrsg.): Grundgesetz. Kommentar. 3 Bde. München ^{8}2024.

Dank

Zu bedanken habe ich mich zunächst bei Jagoda Marinić, die sogleich bereit war, ein Geleitwort zu verfassen. Schon lange bewundere ich ihren ebenso eloquenten wie inhaltlich überzeugenden und dabei stets optimistischen Einsatz für die Werte des Grundgesetzes – auch und gerade durch ihren Podcast FREIHEIT DELUXE. Dass sie an dem Band weiterhin beteiligt ist, ehrt mich sehr.

Dank schulde ich zudem – wie immer – meinem wunderbaren Berliner Team, namentlich Tabea Nalik, Johannes Rohrer, Lasse Schaffarczyk, Lara Schmidt, Mara Schröder, Sarah Schulmeyer und Mila Streicher. Sie alle haben das Manuskript Korrektur gelesen, eigene Ideen eingebracht und damit zu seiner Verbesserung beigetragen. Annabelle Meier, Thomas Meyer und Marwin Kerlen haben wichtige Impulse geliefert. Danke!

Bedanken möchte ich mich schließlich beim Reclam Verlag, der von meiner Idee schnell überzeugt war und mich zu jeder Zeit unterstützt hat. Die Zusammenarbeit lief auch bei dieser zweiten Auflage von Anfang an problemlos und hochprofessionell. Mit einem eigenen Band in der Universal-Bibliothek vertreten zu sein, erfüllt mich mit großer Freude.

Gewidmet ist die zweite Auflage den ersten Examenskandidatinnen und -kandidaten an der BSP Business & Law School, namentlich Pia Cox, Xenia Dettke, Anand Niemann und Tabea Schulz – tolle Studierende, die ihren Weg gehen werden.

Berlin, im November 2025 Alexander Thiele

Zu den Autor*innen

ALEXANDER THIELE, geboren 1979 in Uelzen; 1999–2004 Studium der Rechtswissenschaften an der Georg-August-Universität in Göttingen; 2004 Erstes Staatsexamen; 2006 Promotion zum Dr. jur.; 2006–2008 Referendariat und Zweites Staatsexamen in Hamburg und Brüssel; ab 2009 wissenschaftlicher Mitarbeiter an der Georg-August-Universität in Göttingen, dort 2013 Habilitation und Erteilung der *venia legendi* für Öffentliches Recht, Europarecht und Finanzrecht; Lehrstuhlvertretungen in Bochum, Jena, Göttingen, Hannover, Berlin, Augsburg, Osnabrück und München; seit 2021 Inhaber einer Professur für Staatstheorie und Öffentliches Recht, insbesondere Staats- und Europarecht an der universitären rechtswissenschaftlichen Fakultät der BSP Business & Law School in Berlin, dort auch Prorektor für Forschung und Interdisziplinarität.

Publikationen (Auswahl): Finanzaufsicht. Der Staat und die Finanzmärkte, 2014. – Verlustdemokratie. Die drei Verlustebenen der Demokratie, 2. Aufl. 2018. – Der gefräßige Leviathan. Entstehung, Ausbreitung und Zukunft des modernen Staates, 2019. – Die Europäische Zentralbank. Von technokratischer Behörde zu politischem Akteur?, 2. Aufl. 2022. – Allgemeine Staatslehre. Begriff, Möglichkeit, Fragen im 21. Jahrhundert, 2. Aufl. 2022 – Defekte Visionen. Eine Intervention zur Zukunft der Europäischen Union, 2024. – Der konstituierte Staat. Eine Verfassungsgeschichte der Neuzeit, 2. Aufl. 2025. – Machtfaktor Karlsruhe. Das Bundesverfassungsgericht im System des Grundgesetzes, 2025.

JAGODA MARINIĆ, geboren 1977, ist Schriftstellerin und Publizistin. Sie schreibt Kolumnen für die *Süddeutsche Zeitung*, *stern*, *taz* und *Deutsche Welle*; international publiziert sie in der *New York Times*. Regelmäßig gelingt es ihr, Debatten anzustoßen und mit ihren Texten ein Höchstmaß an Reaktionen hervorzurufen. Für ihr politisches Engagement und ihr bei S. Fischer erschienenes Sachbuch *Sheroes. Neue Held*innen braucht das Land* (2019) wurde sie 2022 mit dem Luise-Büchner-Preis für Publizistik ausgezeichnet. Bekannt wurde sie mit ihren preisgekrönten Romanen, Erzählungen, Essays und Theaterstücken. Marinić studierte Politikwissenschaft, Germanistik und Anglistik und hat danach viel im Ausland gearbeitet, etwa in Kroatien, den USA, Kanada und Rumänien. Heute lebt sie in Heidelberg, wo sie als Kulturmanagerin das Interkulturelle Zentrum und seit 2023 die Heidelberger Literaturtage leitet. Mit ihrem Podcast FREIHEIT DELUXE beim Hessischen Rundfunk / ARD hostet sie ein Format, in dem sie mit spannenden Persönlichkeiten des öffentlichen Lebens auf sehr persönliche Weise Freiheitsfragen auslotet.